LE RÉVEIL
DE BUÑUEL

JEAN-CLAUDE CARRIÈRE

LE RÉVEIL DE BUÑUEL

3, rue Auguste-Comte, 75006 Paris

www.odilejacob.fr

ISBN 978-2-7381-2625-2

1

Un soir, il n'y a pas si longtemps, je repris le livre de Luis Buñuel, *Mon dernier soupir,* que nous avions écrit ensemble en 1980, trois ans avant sa mort, et je relus, presque distraitement, le dernier paragraphe.

Il dit ceci :

Un regret : ne plus savoir ce qui va se passer. Abandonner le monde en plein mouvement, comme au milieu d'un feuilleton. Je crois que cette curiosité de l'après-mort n'existait pas autrefois, ou existait moins, dans un monde qui ne changeait guère. Un aveu : malgré ma haine de l'information, j'aimerais pouvoir me relever d'entre les morts tous les dix ans, m'avancer jusqu'à un kiosque à journaux et en acheter quelques-uns. Je ne demanderais rien de plus. Mes journaux sous le bras, pâle, frôlant les murs, je reviendrais au cimetière et je lirais les désastres du monde avant de me rendormir, satisfait, à l'abri rassurant de la tombe.

Je me dis soudain : et si je tentais le coup ? Qu'est-ce que je risque ?

Le lendemain, un soir de printemps, j'achetai une dizaine de périodiques, en espagnol, en français, en anglais, et je me rendis à la tombée de la nuit, d'un pas discret, dans les allées du cimetière Montparnasse. Je marchais lentement, sans bruit, parmi de rares promeneurs, attentif à ne pas me faire repérer par les gardiens, au cas où. Par moments, lorsque je croyais entendre des pas, je me dissimulais derrière un arbre, ou une stèle. Enfin, lorsque l'ombre m'enveloppa, je m'y laissai enfermer.

Quand Luis vivait à Paris, il descendait toujours, et cela depuis sa jeunesse, à l'hôtel Aiglon, boulevard Raspail, dans une chambre dont les fenêtres donnaient sur ce cimetière, qu'il affectionnait.

« Un paysage bienfaisant », disait-il, ce qui surprenait quelques-uns de ses visiteurs. Il s'y promenait parfois, en solitaire, avec une canne. Il y tourna même une scène du *Fantôme de la liberté*, celle où le préfet de police en personne s'y aventure, au milieu de la nuit, croyant avoir reçu un appel téléphonique d'une femme morte et enterrée là.

Il arrivait à Buñuel de s'asseoir sur une chaise, dans sa chambre, près de la fenêtre, et de laisser son regard se poser au hasard sur les sépultures ; pendant une heure ou deux, certains jours. Il ne regardait que les tombes. Je l'ai plusieurs fois surpris dans cette méditation panoramique, qu'il n'interrompait qu'à regret pour me recevoir, et pour travailler.

Je m'avançai donc parmi les tombes, ce soir-là, et j'atteignis la sienne. Il s'agissait d'un caveau, dont je savais l'emplacement. La façade ne portait aucun nom. J'en ouvris facilement la porte, un peu usée, un peu rouillée, j'entrai dans une odeur de vieille poussière, en écartant des toiles d'araignées, et, sans trop de peine, je parvins à desceller la pierre tombale. J'apportai ciseau et marteau, dans un sac en cuir, ainsi qu'une lampe électrique et plusieurs bougies. Pour atténuer le bruit des coups, j'avais enroulé un morceau de velours autour de la tête du marteau.

Je déplaçai la pierre, qui était lourde. Au-dessous s'ouvrait une cavité assez sombre, comportant six étagères – trois de chaque côté – pour accueillir les cercueils. Deux seulement y étaient disposés. L'un des deux, à gauche en descendant, me parut si ancien, si détruit, presque un tas de débris – peut-être se trouvait-il là depuis deux siècles, ou plus –, que je ne m'y attardai pas.

L'autre était le sien, j'en étais sûr. Je ne sais pas d'où me venait cette certitude.

Je descendis dans le caveau, j'allumai une bougie que je plaçai sur une des étagères vides, j'écartai d'autres araignées (je ne les crains pas) et je me mis, non sans une très vive émotion, à ouvrir le bon cercueil, en m'efforçant au moindre bruit. Qu'on n'imagine pas que j'ai récité des formules magiques, ni pratiqué quelque nécromancie. Rien de tout ça. Je voulais voir, tout simplement. Voir et savoir.

Il me fallut plus d'une heure d'efforts. Un peu de sueur tombait de mon front. Quand enfin le couvercle plombé se souleva, et que je pus l'arracher sans briser le bois, je ne sentis – contrairement à ce que je craignais – aucune odeur de putréfaction. Toujours ce parfum tenace de poussière.

Luis parlait autrefois, assez souvent, de l'« odeur douceâtre des cadavres ». Je me demandais, et je me demande encore, d'où lui venait cette expression. Pourquoi « douceâtre » ? Ici, en tout cas, dans sa tombe, il n'en était rien.

J'approchai ma lampe électrique et je le vis. Son visage apparaissait blême et amaigri, usé par l'ombre, mais je le reconnus aussitôt : tête carrée, mâchoires fortes, joues creuses, cheveux rares. Il gardait les yeux fermés et, comme il était sans vie, il ne respirait pas. Ma main, qui tremblait un peu, faisait tressaillir la lumière sur son front, sur ses joues. J'approchai mon oreille et je la posai sur sa poitrine immobile : aucun cœur n'y battait. Étrangement, il me rappela, à première vue, certaines images de ces personnages incorruptibles, dont on dit que les corps restent intacts au long des siècles, dans l'au-delà, dégageant même une odeur suave, gage de sainteté.

Je l'appelai à mi-voix :

— Luis…

Rien ne frémit dans son visage. J'attendis quelques secondes et je dis encore, un peu plus fort :

— Luis… C'est moi…

Je répétai ces mêmes mots à plusieurs reprises : « C'est moi… C'est moi… »

À la troisième ou quatrième fois, je vis frémir le bord inférieur de ses paupières. J'ajoutai, vite :

— Vous m'entendez ? Je vous ai apporté les journaux…

Ses yeux s'ouvrirent alors, très lentement, comme avec prudence. Je répétai :

— Oui, les journaux…

D'abord, il ne bougea pas la tête, et ses lèvres restèrent collées l'une à l'autre. Il ne me regardait pas. Impossible de dire s'il s'était mis à respirer, si sa poitrine se soulevait. Je ne voyais rien bouger et je n'entendais aucun souffle : à peine un soupir, peut-être, mais je n'en étais pas sûr.

J'éteignis ma lampe, j'écartai un peu la bougie, pour que la lueur ne fût pas trop vive à ses yeux, qui craignaient peut-être de s'ouvrir. Et je lui dis encore quelques mots, pour le rassurer, car je redoutais de le surprendre, de l'effrayer.

J'étais en train, du moins je le croyais, de le ramener à la vie. Aussi simplement que ça. Sans rituel, sans contrat, sans autorisation spéciale. Je me sentais moins ému que je craignais de l'être.

Un instant plus tard, je vis que ses lèvres serrées se décollaient l'une de l'autre et laissaient passer, bien que très faiblement, ce qui ressemblait maintenant à un souffle. J'entendis, comme si les sons montaient du fond d'un puits sec :

— *Que ?... Que ?...*

Il parlait espagnol, ce qui me sembla normal. Mais puisque, la plupart du temps, quand nous nous trouvions ensemble, nous parlions français, je poursuivis dans cette langue :

— C'est moi... Je suis venu vous voir... Oui... Et j'ai apporté les journaux...

Après un silence, sa voix demanda, en français :

— Journaux ?

— Oui, des magazines surtout. D'ici et d'ailleurs. Pour savoir ce qui se passe dans le monde. Vous disiez que cela vous intéresserait, vous vous rappelez ? Que vous aimeriez les lire de temps en temps. Pour le feuilleton. Les journaux.

— Feuilleton ?

— Oui. Pour connaître la suite du feuilleton.

Lentement, sans bouger la tête, il tourna ses yeux vers moi, ces yeux profonds, d'un brun doré qui tirait par moments sur le gris, assez globuleux, auxquels jadis rien n'échappait, et que j'avais vus se poser sur moi chaque jour, pendant des heures, tout au long des vingt années de notre travail.

Je penchai mon visage, pour qu'il pût me voir.

Je ne sais pas s'il me reconnut, je ne crois pas, en tout cas pas tout de suite. Car j'avais vieilli, depuis notre dernière rencontre en 1983, deux mois avant sa mort, à Mexico. Vieilli de près de trente ans.

Je le vis ce jour-là chez lui, dans sa maison de la Cerrada Felix Cuevas. Nous passâmes une heure ensemble à bavarder de tout et de rien, sans même tenter de rire. Affaibli, il ne parlait que par courtes phrases et il regardait sans cesse sa montre. Lorsque je voulus partir, il me raccompagna jusque sur le trottoir. Il savait qu'il était condamné, qu'il arrivait à la fin, à ses dernières semaines, peut-être à ses derniers jours ; et il savait que je le savais. Nous vivions notre *despedida,* ce mot espagnol qui évoque un adieu pour toujours.

Dehors, au soleil, il me regarda sans dire un mot, trois ou quatre secondes peut-être, et me prit dans ses bras pour un dernier *abrazo.* En le serrant contre moi, je sentis tous les os saillants de ses bras, de ses épaules. Il se sépara avec brusquerie, fit demi-tour et rentra rapidement chez lui, sans un autre regard. Je revins seul à mon hôtel, non loin de là, à pied.

Je devais rentrer à Paris le lendemain, ou le jour suivant. Je ne l'ai plus revu.

— Vous me reconnaissez ? C'est moi…

Il resta un moment silencieux, me regardant sans me répondre. Pouvait-il reconnaître mon image d'autrefois dans ce vieil homme qui se penchait vers lui ? Je ne saurais dire. Je ne crois pas. Savait-il même encore ce que signifient les mots « vieillir », « autrefois », « jeunesse », « temps passé ? ». Je ne pense pas qu'il m'ait reconnu tout de suite. Sûrement pas. Je lui dis mon nom. Il hocha la tête, mais je sentais qu'il ne me voyait pas, que même mon nom ne le touchait pas, ne réveillait rien.

Soudain il me demanda, en espagnol, de l'aider :

— *Favor de ayudarme…*

De l'aider à quoi ? Je crus comprendre, à un mouvement du cou, à la direction de ses regards, qu'il voulait se relever, dans son cercueil, bouger un peu, se mettre à l'aise.

Je le saisis au-dessous des épaules et je retrouvai, à l'instant même, au toucher, cette même sensation de maigreur squelettique, et presque de légèreté cassante, la dernière que j'avais gardée de lui, en le quittant dans la rue. Je le redressai tant bien que mal, je calai derrière lui le petit coussin brodé, quelque peu fané, qui se trouvait dans le cercueil.

Je lui demandai même :

— Je ne vous fais pas mal ?

— Non, non…

Il portait une veste sombre qui n'avait pas trop souffert de toutes ces années de caveau, et une chemise grise. Pas de cravate.

Il me demanda qui j'étais. Je le lui dis, je répétai mon nom. Il hocha encore la tête et cette fois il dit :

— Ah oui…

Je n'étais toujours pas certain qu'il se souvenait de mon nom, de moi.

Il éleva ses deux mains devant lui. Je lui tendis les magazines tout en approchant la bougie. Je vis qu'il essayait de lire, en tout cas de regarder les photographies, mais sa main droite cherchait quelque chose dans sa pochette. Ses lunettes, bien sûr. Par hasard, elles étaient là. Qui y avait pensé ? Je l'aidai à les saisir et à les poser sur son nez. Il se mit alors à tourner lentement les pages. Il se replongeait dans le feuilleton, celui dont nous ne connaîtrons jamais la fin, même en vivant très vieux.

L'éboulement du communisme, le sida, Internet, le 11 Septembre : un grand magasin de nouveautés en moins de trente ans. Que de choses à lui dire ! Sans parler des alarmes des ours polaires.

Après quatre ou cinq minutes, je lui demandai :

— Pourquoi tenez-vous tellement à ces journaux ?

— *Que ?*

— Vous disiez souvent, rappelez-vous, que vous détestiez l'information, qu'elle était pour vous un des cavaliers de l'Apocalypse. Alors ?

Il tenta d'élever sa main droite, puis il la laissa retomber. Vingt ou trente secondes plus tard ses lèvres bougèrent et j'entendis sa première phrase claire. Faible, mais claire :

— Je disais ça ?

— Oui, Luis. Vous lisiez les journaux tous les jours, je vous le garantis. Et vous trouviez cette lecture « angoissante ».

— Mais je les lisais ?

— Du début à la fin.

— Ah bon… (un silence) Eh bien, oui… Oui, je vous crois… J'étais... j'étais curieux... C'est bien possible… (Un autre silence.) Personne n'est sans défaut…

— Vous l'êtes encore ?

— Quoi ?

— Curieux.

Il se tut un instant avant de me demander (sa voix s'affermissait peu à peu) :

— Curieux de quoi ?

— De ce qui se passe dans le monde.

— Oui… Peut-être… Oui, malgré moi, vous avez raison… Même ici…

— Curieux de ce qui se passe à l'extérieur ?

— Évidemment. Ici, il ne se passe rien.

Il savait donc où il se trouvait. C'était au moins ça.

Je dis alors, assez bêtement, comme si nous reprenions une banale conversation d'autrefois :

— Il n'y a pas de raison de détester l'information. Ce n'est pas l'information qui provoque l'événement. Elle le fait connaître, voilà tout.

Il agita sa main droite. Pas d'accord. Pas d'accord du tout. « Vous êtes naïf », me disait-il en ce temps-là. Et je l'étais sans doute. Peut-être le suis-je encore. Naïf tenace.

Alors que nous étions en train d'écrire *Cet obscur objet du désir*, en Espagne, nous lûmes un jour dans un journal français une nouvelle qui nous parut aussi inattendue que rare et intéressante : une bombe avait été déposée – mais hélas vite désamorcée – dans la basilique du Sacré-Cœur, à Montmartre, à Paris, un édifice élevé en action de grâce, après 1871, pour célébrer la victoire des Versaillais sur les Communards, et que Buñuel trouvait « abominable » et « répugnant ».

Le lendemain, anormalement excités, nous nous précipitons sur le même journal. Plus un mot. L'information ? Avalée par la nuit, ou par une autre information. Dans les jours suivants, rien. Personne, jamais, ne reparla de cette bombe escamotée. Qui l'avait posée ? Dans quelle intention ? Sur l'ordre de qui ? Pourquoi dans cette basilique-là ? L'avait-on dénoncé, arrêté ? Nous ne l'avons jamais su.

Par dépit, peut-être, dans notre scénario, nous avons inventé le GAREJ, « Groupe armé révolutionnaire de l'Enfant Jésus », un organisme activiste dont une voix parle, à la radio, vers la fin du film.

Un organisme sans pitié.

« Oui, me disait-il alors (en ce temps-là, souvent), savez-vous combien de criminels ont égorgé leur femme pour voir leur photo dans un journal ? Pour sortir du gris, de l'inconnu ? Pour laisser une trace de sang derrière eux ? Et le terrorisme, hein ? Un attentat à Beyrouth fait quarante morts. Aucun effet. Cela ne change rien, car comment une bombe pourrait-elle changer quoi que ce soit ? Mais on parle du Liban, voilà, on parle de la guerre entre clans, d'un pays déchiré, d'un gouvernement contesté. C'est ça, le but. Un attentat, c'est de la publicité. Et gratuite. Les victimes, on s'en fout. Tout le monde s'en fout. Une seule chose importe : que le sang versé coule dans les veines de tous les journaux. »

Et moi je lui répondais, autrefois :

« Oui, Luis, mais on s'en lasse. Tout cela devient monotone, fastidieux même. Un attentat de plus : à quoi bon en parler ? »

« C'est bien pour ça, me disait-il (en général le soir, dans un bar, devant quelque alcool), qu'il faut en inventer de nouveaux, encore et encore. Sinon l'opinion s'endort. Les crimes répétés nous assoupissent. Très vite, c'est la barbe. Il faut, pour accaparer les gros titres, du jamais vu, de l'inédit. Je parie qu'il y a des comités qui s'en préoccupent, et qui y travaillent dans l'ombre. En plus, ne vous y trompez pas : quand je lis une information, n'importe laquelle, c'est comme si j'en étais le personnage principal. Je suis, comme chaque lecteur, coupable de tous les crimes du monde. J'existe par ce que je lis. Et les marchands de journaux le savent. »

Il disait aussi, je m'en souviens, que les terroristes ne sont pas véritablement des assassins. Loin de là. « Ce n'est pas si facile que ça d'être un assassin », assurait-il. Il prétendait, il affirmait que les assassins, les vrais, sont secrets. Ils ne tuent que pour leur seule joie, loin de tout exhibitionnisme. En cachette. Leur joie profonde. Ils ne désirent pas être connus, ils n'ont pas de cause à défendre. Des solitaires, des renfermés. Aux États-Unis, dans une petite ville du Missouri, la police découvre soudain qu'un paisible dentiste a enterré vingt-quatre cadavres dans son jardin. « Un homme aimable et sans histoires, disent ses voisins, il ne faisait pas de bruit, et même il se montrait serviable, à l'occasion. »

Ça oui, disait Buñuel, ça, c'est un pur, un vrai criminel. Admirable, en un sens. D'ailleurs, l'Amérique est sans conteste le pays des très beaux crimes.

Il est là maintenant, lunettes sur le nez, tournant lentement les pages des magazines de ses mains effilées et blanchies. Je lui rappelle – nous en avons souvent parlé, jadis – que les surréalistes portent peut-être quelque responsabilité dans la vulgarisation mondiale du terrorisme. André Breton n'a-t-il pas écrit, dans le *Second Manifeste du surréalisme,* que le geste surréaliste le plus simple consiste à sortir dans la rue, revolver au poing, et « à tirer au hasard dans la foule » ? Une phrase pareille est facile à écrire, mais dure à oublier.

Pendant le mois de mai 1968, nous allions ensemble, parfois, le matin, dans les rues encore enfumées du Quartier latin, enjambant des arbres abattus, évitant les voitures brûlées, et Luis découvrait avec émotion, sur les murs, les slogans de sa propre jeunesse : *L'imagination au pouvoir ! Il est interdit d'interdire ! Soyez réalistes : demandez l'impossible !*

« Non, non, me disait-il alors, nous n'étions nullement responsables. Mais non. Et André pas plus que les autres. Nous avions trop peu de lecteurs. Tout ça, c'était de la frime, de l'esthétique.

De la pose. André tirant au revolver dans la foule ? Impensable, trop bien élevé pour ça, voyons. Trop civil. Et vous croyez que les terroristes ont lu les *Manifestes du surréalisme ?* »

Là, dans le caveau protecteur, il ajoute :

— Et puis, là où j'en suis, je m'en fous, franchement.

— Mais vous vous rappelez ce que vous disiez ?

— Non. Je ne me rappelle rien.

Il ment, un peu. Il se rappelle certaines choses. Sa mémoire, je m'en aperçois, ne s'est pas irrémédiablement effacée. Peut-être lui revient-elle avec lenteur, par bribes intemporelles, comme on déchiffre une pierre gravée, usée par le temps, un signe ici, un autre là. Son esprit semble se remettre en mouvement, pareil à un moteur longtemps éteint et qu'on réchauffe un jour d'hiver, et qui tousse.

Je lui dis encore :

— Le terrorisme ne s'est pas calmé, depuis ce temps-là, je peux vous l'assurer.

— Jamais pensé qu'il se calmerait.

— Il est devenu une fabrique de martyrs. Un peu partout.

— C'était déjà le cas. La mort est très séduisante, très attirante. Je vous le disais, vous ne vouliez pas me croire.

— Donner la mort ?

— La donner et la recevoir. Les deux. Le sommet de la joie, peut-être.

— Mais vous croyez qu'on pourrait aller encore plus loin ?

— Plus loin que quoi ?

— Jusqu'à un terrorisme chimique ? Nucléaire ? Bactériologique ?

— Pire encore.

— Pire ?

— Jusqu'à un terrorisme domestique, mon cher ami. Familial. Un gendre mécontent va cacher une petite bombe dans la chambre de sa belle-mère paralysée. Et menace de la massacrer à distance si elle ne lui donne pas l'argent liquide qu'il exige. Vous le verrez, ça. Vous le verrez.

— Il y a sans cesse du progrès dans la terreur, c'est vrai.

— Parce que la terreur est une technique. Elle est donc perfectible. Vous verrez des raffinements inimaginables. Je vous le confie : moi-même, ici, sous la terre, dans l'antre tiède de la tombe, il y a des jours où je ne me sens pas tranquille.

— Qu'est-ce qui peut encore vous alarmer ?

— Tenez (il me montre un des magazines) : vous voyez ? On viole les tombes des juifs, et aussi des musulmans. Imaginez qu'un jour on viole les tombes des surréalistes !

Il m'a appelé « mon cher ami », comme autrefois, ce qui me laisse penser qu'il m'a reconnu. Cette tombe, cette mort dont nous parlions si souvent. Il disait, dans les dix ou quinze dernières années, qu'il avait l'impression qu'une « menace » s'approchait. De la ceinture aux orteils, il se sentait à peu près bien. Mais la partie supérieure de son corps pouvait à chaque instant lui faire défaut.

Une fois je lui demandai : « Vous préféreriez être vivant et malade, ou mort ? » Il me répondit : « Je ne sais pas. Je n'ai jamais été mort. »

Une réponse qu'il ne pourrait plus me donner.

Il ne cesse de tourner les pages, comme s'il ne pouvait s'arrêter sur aucune. Tout son esprit, ou presque, est de retour. À le voir ainsi, je me rappelle les premières lignes de son livre, où il évoque sa mère, qu'il aimait. Frappée, à la fin de sa vie, de la maladie d'Alzheimer, elle prenait un magazine, le feuilletait lentement de la première à la dernière page, puis recommençait, inlassablement. La lecture du rien. Et encore du rien.

Quand il venait la visiter, elle le recevait courtoisement, sans le reconnaître. Elle lui montra un jour une de ses photographies, sur un mur, en lui disant, avec fierté : « C'est mon fils. »

— Ce qui m'étonne, lui dis-je, c'est que vous vous préoccupiez encore de notre sort.

— De votre sort ? Mais non, je m'en fous.

— De l'avenir aussi ?

— Évidemment. C'est quoi, l'avenir ?

— Alors pourquoi les journaux ? Les magazines ?

Je lui posais déjà cette question de son vivant. Qu'est-ce qu'ils en ont à foutre, les vieux, de l'avenir ? Ils ne le verront pas. Personne ne leur en parlera. De toute façon l'avenir, bon ou mauvais, n'est pas pour eux (à plus forte raison pour les morts, mais ça, par délicatesse, je me défends de le lui dire, je fais attention à ne pas prononcer ce mot-là).

« Oui, mais c'est comme ça, me répondait-il. Les vieux sont curieux, d'abord. Ils aiment voir ce qu'ils ont fait du monde, vous comprenez, les splendides catastrophes qu'ils ont accomplies, les malheurs qu'ils ont minutieusement préparés, leurs aberrations, leurs ravages. Ils les dégustent. Et même ils se font du souci pour les temps qui viennent. Pour les temps où ils ne seront plus. »

Et il répète, aujourd'hui, comme si ce sentiment l'étonnait :

— Je vais même vous dire : même mort, je m'inquiète.

— Vous ?

— Oui.

— Je sais pourquoi.

— Dites-moi.

— Parce que, même si vous avez du mal à l'admettre, vous l'avez aimée, cette planète.

— La planète ? Aimée ? La Terre ? (Un assez long silence, ses yeux se ferment et se rouvrent.) Oui, c'est bien possible. Quelques endroits, en tout cas. Beaucoup, même. En Espagne, au Mexique... Et Paris, oui. Paris.

— Et les arbres ? Les animaux ?

— Oui, oui, tous les animaux, même les cloportes et les araignées.

— Et les hommes ?

— Quelques-uns, oui. Quelques femmes aussi. Surtout la mienne. Mais j'ai toujours eu horreur de la foule, j'ai dû vous le dire souvent. Des hommes et des femmes mis ensemble. De la cohue, de la *marabunta.* Horreur. C'est une des raisons qui me font apprécier la tombe. Pour un amoureux de la solitude, je suis comblé.

Je crois le moment venu de lui demander, prudemment, de me décrire la situation particulière où nous nous trouvons. Au début, je voulais éviter de parler de la « mort », puisque je suis assis à côté d'un mort qui me parle. Ce mot aurait pu l'étonner, le choquer, le renvoyer brutalement dans le néant. Mais il m'a délivré très vite de cette crainte. Il en a parlé lui-même. Il a dit : « Même mort. » Et il sait qu'il est dans une tombe, dans un cercueil. Il le voit.

Dans ces propos que je retranscris après coup, je ne me souviens pas très bien de l'ordre exact des paroles et des silences. Il lui arrivait d'hésiter, de bafouiller un peu, de redire plusieurs phrases. Je n'ai pas compris certains mots, sans oser lui demander de les répéter. Et c'est pour ça que, dès cette page, je préfère écrire au présent. Je ne sais pas ce qui va se passer. Tout peut s'effacer brutalement, comme un mirage. Même son corps pourrait disparaître. Oublions donc le passé, le futur.

Quand, ce premier soir, il me parle de nouveau de la mort, répondant à une de mes questions, il me dit, je me le rappelle avec précision :

— C'est comme une grande salle pleine de lustres qui s'éteignent. D'un seul coup, tout est noir. Panne totale. On ne voit plus rien, on n'entend plus rien, on ne sent plus rien. Comme un film qui se casse. Et nous n'avons plus rien à dire, plus rien à faire.

— Mais vous avez conscience d'être mort ?

— Quand ?

— Là, maintenant, ce soir.

— Très franchement, je n'en sais rien. Je dis que je suis mort, puisque ça arrange tout le monde. Mais je n'en suis pas vraiment sûr. (Une demi-minute de silence.) C'est quoi, exactement, la mort ? (Je ne réponds pas, par incompétence.) Et la conscience ? Vous le savez, vous ?

— C'est-à-dire : moi, oui, il me semble bien que je suis là, avec vous, dans l'ombre ; et que je suis vivant. Je le crois, j'en suis presque certain. Mais vous ? Où en êtes-vous ?

— En ce moment, là, oui, bien sûr, je suis mort. Je ne le discute pas. Je ne suis plus vivant ; donc, je suis mort. C'est l'un ou l'autre. Et je me souviens vaguement de ma vie. Et même de vous.

— Merci.

— Depuis combien de temps suis-je ici ? Vous pouvez me le dire ?

— Depuis près de trente ans.

— Trente ans ?

Il réfléchit un instant. Sans doute, comme il me l'avouera une autre nuit, ne sait-il plus ce que veut dire une année, trente années.

Il me demande :

— C'est long, trente ans ?

— C'est entre la moitié et le tiers d'une vie. En moyenne.

— Mais une vie, c'est long ?

— Oui et non.

— Et vous ? Vous êtes mort ou vous êtes vivant ?

— Je suis vivant.

— Vous en êtes sûr ?

— Oui. Je crois bien. Je vous l'ai déjà dit.

— Vous n'êtes pas un spectre ?

— Non.

— Comment en êtes-vous sûr ?

— À cause des journaux que je vous ai apportés. Je les ai achetés aujourd'hui même, au kiosque de Montparnasse, là, à côté du Dôme. Je connais la date. Vous pouvez vérifier. Et si j'ai acheté des journaux, ça prouve tout de même que je suis vivant.

— Vous trouvez ?

— Oui, je trouve.

— Libre à vous.

— On n'aurait pas vendu des journaux à un spectre.

Il hoche ta tête. C'est un argument qu'il admet.

Autrefois, il nous arrivait parfois de nous engueuler, et pas seulement à propos du travail. Au début non, bien sûr. J'étais trop impressionné – lui maître reconnu, moi débutant – pour le contredire en quoi que ce fût. Assis en face de lui dans un appartement de la Torre de Madrid, en 1963, lorsque nous nous attelions au scénario du *Journal d'une femme de chambre,* d'après Octave Mirbeau, j'approuvais chacune de ses idées et je n'osais en proposer aucune. Une dizaine de jours passèrent ainsi, et Serge Silberman, notre producteur, vint nous voir. Il m'invita à dîner en tête à tête. Cela me parut étrange, car je partageais déjà tous les repas de Luis. Ce soir-là, celui-ci se trouvait absent.

Silberman me parla de tout et de rien, de la politique française (la guerre d'Algérie s'était arrêtée une année plus tôt), de sa famille, des récents ragots. Au dessert, enfin, il me dit que Luis était content de moi, qu'il me trouvait sérieux, travailleur, mais…

J'attendais ce « mais ». Serge ajouta :

— Mais vous devez lui dire « non » de temps en temps.

Je crus comprendre – ce que Luis me confirma un peu plus tard – que Serge avait fait le voyage à Madrid, à la demande de Buñuel, pour me dire ces quelques mots (qu'il répéta). Luis ne sentait pas le besoin d'un secrétaire docile et silencieux, d'un monsieur *yes*, mais d'un partenaire, et même d'un contradicteur, d'un opposant ; ce que j'ai essayé de devenir peu à peu, par la suite.

De là des conflits, des éclats, qui pouvaient nous dresser l'un contre l'autre pour des raisons qui n'avaient rien à voir avec le script ; conflits qui se résolvaient toujours à l'amiable, lorsque sonnait l'heure attendue de l'apéritif.

Mais là, dans ce caveau, cela vaut-il la peine de protester, de hausser le ton, pour montrer que je suis vivant ?

Je me tais, sur ce point-là en tout cas. Que le vivant cède devant le mort. Qu'il pense de moi ce qu'il voudra, du moment qu'il me parle.

Je passe à autre chose. Je lui rappelle à quel point, tout au long de sa vie, en bon Espagnol, il a été fasciné par la mort, par le spectacle et la représentation de la mort. Sans aucune crainte de quelque jugement funeste dans l'au-delà, il se demandait comment le vivant peut concevoir le non-vivant, comment un esprit actif et agile peut imaginer le néant.

Il me demandait souvent : « Le rien, c'est quoi ? », sachant très bien que je n'avais pas la réponse. Ni moi, ni personne. Aux questions sur l'éternité, seule réponse : le haussement d'épaules. Il rêvait longuement, à chaque visite, devant la statue gisante du cardinal Tavera, à Tolède ; une forme de marbre où le sculpteur, Berruguete, au XVIe siècle, a déjà marqué les signes du pourrissement. Une pierre dure attaquée par la mort humaine, sur laquelle se penche lentement Catherine Deneuve, dans *Tristana.*

Cette fascination allait jusqu'au jeu, jusqu'à la *broma.* À plusieurs reprises, alors que j'allais le rejoindre dans sa chambre, à l'hôtel Aiglon ou ailleurs (sourd, il laissait toujours sa porte entrouverte quand il attendait quelqu'un), je l'ai trouvé mort ; étendu sur le sol, immobile, un pied encore sur une chaise, les yeux révulsés, ne respirant pas, un pan de chemise hors du pantalon. La première fois, je me précipitai, croyant à une attaque, je me mis à genoux, je lui pris les mains, il se releva en riant.

Les fois suivantes – il me fit le coup à trois ou quatre reprises, au long des années – j'étais prévenu. Je lui demandais seulement de se relever, ce qu'il faisait de bonne grâce : « Pardonnez-moi, j'avais oublié que j'étais déjà mort devant vous. » Une fois même j'arrivai en compagnie d'une comédienne qu'il désirait connaître. Oubliant ce rendez-vous, il me resservit le coup de la mort subite, fauteuil renversé, papiers en désordre. La fille était épouvantée. Je la rassurai, Luis se releva un peu confus, en remettant sa chemise en place. Ce genre de blagues.

Je lui demande :

— En savez-vous davantage maintenant ?

— Non. J'en suis toujours au même point. Croyez-moi ou non, la mort ne nous apprend rien sur la mort. Absolument rien. Elle est aussi silencieuse que la vie. Les deux font la paire, je vous jure. J'ai bien fait d'imaginer la mort avant de mourir, d'en rire, et même d'en jouir. Car après, voyez-vous, il est trop tard.

— Pourtant vous parlez, vous me reconnaissez, vous entendez ce que je vous dis, vous me répondez !

— Oui, mais je suis mort. C'est vous qui me l'avez appris, en venant me réveiller, justement. Sans cela, je n'en saurais rien. Rien du tout. Je vais même vous dire : tout ce que je sais de la mort, je l'ai appris pendant ma vie.

Il reste quelques instants silencieux, ôte ses lunettes, se frotte les yeux, ferme les paupières, les rouvre, puis il reprend (avec des mots entrecoupés, dont je fais des phrases) :

— Oui, j'ai bien fait d'y penser souvent, le plus souvent possible. Et de l'imaginer, de la jouer. Car c'est peut-être pour cette raison – qui sait ? – que j'ai été préservé. Mis sous cloche. Au fait, j'ai fini de vivre à quel âge ?

— Quatre-vingt-trois ans et cinq mois.

— Tant que ça ?

— Oui.

— Moi qui pensais mourir beaucoup plus tôt.

— Je sais. Vous le disiez souvent. Vous affirmiez, dès le début, dès que je vous ai rencontré : « Ce sera sans doute mon dernier film. »

— Et j'en étais sûr.

— Vous m'avez dit ça pour plusieurs films. C'était une sorte d'exorcisme, je parie.

— Ça veut dire quoi, exorcisme ?

Je renonce à lui expliquer. Trop difficile. Et il se fait tard.

Il me dit encore :

— Mais vous savez, une fois passé de l'autre côté, peu importe votre âge.

Il devine, sans doute – car il m'a souvent deviné –, que j'ai envie de l'entendre parler de son état, encore et encore. C'est une si belle occasion, si rare. Je le pousse un peu, il me dit :

— La mort confirme toutes choses. Tout ce que nous sentions, tout ce de quoi nous avions peur.

— Par exemple ?

— Que la vie est toute petite et toute seule, mon cher ami, dans l'infinité du néant. Une anomalie, peut-être une erreur. Seule et égarée loin de tout. Et si brève... Qu'elle est perdue dans un océan d'indifférence et de hasard... Que nos voisins et amis s'en foutent, tout aussi bien que les fourmis et les étoiles. (Il s'arrête un moment, comme pour reprendre souffle.) Que toutes les mémoires s'oublient, et que celles qui prétendent survivre sont des mensonges.

Comme à la fin d'un effort excessif (c'est la première fois qu'il parle aussi longtemps, avec des pauses encore. Qui sait si son cœur s'est remis à battre ?), il se repose un court moment, ferme encore les paupières. Je prends des notes sur un carnet que j'ai posé, mais sans qu'il me voie, sur mes genoux. Des notes brèves, maladroites, que je mettrai en forme plus tard. D'ailleurs, il parle mal, il se coupe, il s'arrête, il hésite. Parfois, il prononce des mots que je ne peux pas distinguer.

Il me dit encore :

— La vie n'a rien que la vie. Pas autre chose. Inutile de rêver.

— Nous allons d'un néant à l'autre ?

— Voilà.

— Vous n'avez pas rencontré d'archanges ? De démons ?

— Ne riez pas.

— Vous l'auriez souhaité ?

— Oui, pourquoi pas ? Pour me distraire. Ce spectacle de music-hall qui nous attend après notre mort, les trompettes des chérubins, les hurlements dans les marmites, les nuées qui s'ouvrent comme des rideaux. (Tout ça le fait rire.) Et les harpes, et les fourches, tout le folklore de l'au-delà, le côté Méliès... Mais vous savez bien que nous n'avons rien d'autre que notre vie. Vous le savez. Ne m'obligez pas à vous le redire.

— J'aime vous entendre.

— Même les diables aux sabots fourchus sont des Terriens. Nous n'avons, quand nous sommes vivants, que notre minuscule fenêtre qui bientôt va se refermer ; et l'histoire de ceux qui nous ont précédés, et qui sont tous anéantis. Tous.

— Pour nous consoler, tout de même, nous avons inventé des dieux immortels.

— Disparus eux aussi, les uns après les autres. Brûlés, cassés, enterrés. Oubliés. Pire : exposés dans des musées. Tout ce qui reste d'eux : une étiquette. J'ai été dieu à tel endroit, à telle date. La mort confirme tout cela, mon cher ami. Elle referme pour toujours la fenêtre.

— Mais pour vous, il me semble, elle fait une exception.

— Non. Ne croyez pas ça. Je vous entends et je vous parle, je vous vois, mais je suis bel et bien mort. N'en doutez surtout pas, je vous le conseille. Et ne le racontez pas, par pitié.

— Pourquoi ?

— Je ne voudrais, pour rien au monde, être à l'origine d'un nouveau culte ! Vous imaginez les titres, dans les journaux ? « La tombe miraculeuse de Luis Buñuel ! » Des pèlerinages ! Des processions ! Des prières ! Mais quelle horreur !

Il rit de nouveau, plus fort, il rit brièvement mais franchement, lui qui répétait autrefois qu'une journée sans rire n'était qu'une journée perdue.

Le rire, preuve de vie. Ce rire violent qui éclata si fréquemment en face de moi, un rire qui montre les dents, qui secoue le souffle, et que je n'ai pas oublié. Aux larmes, quelquefois. À s'en frotter les yeux du revers de la main. Le même rire. Il est vrai que l'idée de miracles accomplis sur sa tombe a de quoi nous divertir cinq minutes. Est-ce que le Vatican enverrait des observateurs ?

Et ceux qui se réclament encore du surréalisme ? Iraient-ils hurler au scandale ? À quelque manipulation de l'Opus Dei ? Ah, si Breton était encore vivant, là oui, d'accord, ça vaudrait la peine de faire un miracle. Rien que pour lui. Quelle colère !

Je ris, moi aussi.

Puis il se calme, fait le geste de se rallonger dans le cercueil et me dit avec un peu de lassitude :

— J'en ai assez. Laissez-moi les journaux et une bougie. Revenez une autre fois si cela vous dit, nous verrons. Mais je suis fatigué. J'ai besoin de repos. De repos éternel.

— Vous voulez que je vous aide à vous recoucher ?

— Non, je vais lire un peu. Je me débrouillerai.

— Vous pourrez remettre le couvercle ?

— Mais oui. C'est facile.

— Vous avez vos lunettes ?

— Oui, oui, elles sont là (il les tient encore à la main). Merci d'être venu, d'avoir pensé à moi. Sincèrement. Faites mes amitiés à votre famille.

— À ma famille ? Vraiment ? Vous voulez que je leur en parle ?

— Non, bien sûr. Qu'est-ce que je raconte ? Pas un mot à qui que ce soit. Promettez-moi.

— Promis.

— Je compte sur vous.

— La prochaine fois, je vous apporte un peu de vin ?

— Mais non ! Je ne pourrais pas le boire, voyons ! Je n'ai plus d'organes, là-dedans. Je suis vide comme un sarcophage.

Je le regarde avant de m'en aller. J'essaie de me rappeler ses paroles. Je sens que j'oublie déjà des détails.

Il a remis ses lunettes. Il est en train de feuilleter un des magazines. Il tourne des pages.

Au moment où je me hisse hors du caveau, non sans quelque peine, et avant que je ne referme la pierre, je l'entends dire :

— Une petite bouteille, quand même. On ne sait jamais.

2

Une semaine plus tard, j'inventai quelque rendez-vous de travail, le soir, pour quitter notre appartement vers vingt-deux heures, en disant à ma femme :

— Ça ne sera pas long.

J'emportai une bouteille de rioja, ce vin rouge espagnol qu'il aimait autrefois, un tire-bouchon et deux verres que je glissai dans ma serviette, auprès de la torche et de quelques bougies neuves, odorantes.

J'atteignis sans encombre le caveau, j'entrai, je dégageai la pierre, je descendis, j'allumai une première bougie, j'ôtai le couvercle du cercueil – plus facilement que la première fois.

Luis m'apparut, très pâle encore, mais il reprit ses esprits plus vivement que je ne m'y attendais. Il parut hésiter à me reconnaître, fronça les sourcils et me dit :

— Ah ! C'est vous !

— Espériez-vous quelqu'un d'autre ?

— Non, vous êtes le seul à venir.

— Vous m'attendiez ?

— Ça veut dire quoi, « attendre » ?

Je manquerai de patience pour lui préciser le sens de ce mot. Je préfère lui demander :

— Il vous arrive de vous ennuyer ? De trouver le temps long ?

— Décidément, vous ne comprenez rien. Le temps, mon cher ami, je ne sais plus ce que c'est. Ce n'est qu'un mot. Ce n'est plus une sensation.

— Je comprends.

— Non, je ne suis pas sûr que vous compreniez.

— Alors, expliquez-moi.

— Les morts n'ont aucun avenir, c'est bien connu, mais ils n'ont pas davantage de passé, mettez-vous bien ça dans la tête.

— Ils ont vécu, pourtant ?

— Mais non. Ils n'ont rien fait, ils n'ont pas eu de vie. Un mort de l'époque d'Altamira et moi, c'est la même chose. Nous ne sommes plus. Nous ne sommes rien. Absolument rien. Nous n'avons pas été vivants, puisque maintenant nous sommes morts. Voilà. Fini, le temps. Disparu, avalé. Même les temps de la conjugaison ne s'appliquent plus aux morts.

— Par exemple ?

— Comment un mort pourrait-il parler au futur ? Dire « je serai », « je ferai » ? La grammaire est faite pour les vivants.

Autrefois, trente et une années nous séparaient. Aujourd'hui, si je le comprends bien, nous sommes presque du même âge.

— Il faudra tout de même que vous m'expliquiez comment il se fait que vous me parliez.

— C'est comme ça ! Vous autres Français, pourquoi voulez-vous toujours tout expliquer ? Vous vous trouvez en présence de quelque chose d'inexplicable ? Mais c'est une chance ! Profitez-en ! Peut-être ça ne durera qu'un moment !

— Vous disiez la même chose de votre vivant.

— Qu’est-ce que je disais ?

— Que tout le monde voulait vous expliquer.

— M’expliquer quoi ?

— Vous. Vos films. Vous expliquer, vous clarifier. Faire comprendre ce que vous aviez voulu dire.

— Mes films ? Quoi ? (Il paraît avoir oublié ce qu’il faisait de son vivant, mais cela ne dure que cinq ou six secondes.) Ah oui, peut-être... Des films, oui, je faisais des films... Qui n’étaient pas clairs pour tout le monde...

— Voilà.

— Et des crétins voulaient les expliquer. Et après ma mort, ça continue, j’en suis presque sûr.

— Inguérissable, cette manie. Vous me demandiez souvent : comprendre quoi ? Que veut dire ce mot ? Est-ce que nous comprenons quelque chose à la réalité, autour de nous ? Quelle satanée manie, disiez-vous, de vouloir comprendre, toujours ! Est-ce que nous comprenons quelque chose au vol d’une mouche ? Aux déplacements des galaxies ? À la lumière et à l’obscurité ? Est-ce que nous avons compris quelque chose aux camps d’extermination, au goulag ? Et que sont mes « films », comme vous disiez, à côté de la constante horreur mondiale ? De petites crottes ironiques. Que je n’ai pas pu m’empêcher de laisser tomber. Des exercices de soulagement, peut-être. Trois fois rien.

Il me parlait ainsi. Souvent. Je le lui rappelle, puis je lui demande :

— D’où vient cette faveur qui vous est faite ?

— Quoi donc ?

— D’être là, les yeux ouverts, et de me parler.

— Vous appelez ça une faveur ?

— Bien entendu. Un privilège. Dites-le comme vous voudrez. Une exception.

— Personne n'est venu me l'expliquer, comme vous dites. Il paraît que les choses ne sont pas aussi simples que nous le croyons.

— Dalí le disait, dans sa jeunesse. Il avait peut-être raison.

— Qui disait quoi ?

— Dalí. Salvador Dalí. (Il fronce les sourcils, ce nom lui rappelle quelqu'un.) Il y avait une chose, disait-il, qu'il détestait, partout et toujours : la simplicité. Ce qui n'était pas votre cas.

Il réfléchit brièvement avant de répondre (cette fois, aucun doute, il se souvient) :

— Il y avait discussion là-dessus. J'étais plus objectif que lui. Plus brutal, plus déterminé. Sa pensée était une anguille.

— Donc, vous êtes mort et vivant ?

— Je suis mort, il n'y a pas de doute, vous le voyez bien. Mort et enterré. Mais dans certaines occasions, je suis un peu vivant. Juste un petit peu. Une partie de moi revient provisoirement à la vie. Comme les soirs où vous venez me voir…

— Vous avez d'autres visiteurs ?

— Personne.

— Peut-être vous réveillez-vous, quand je viens vous visiter, par simple réflexe.

— C'est-à-dire ?

— Vous vous dites : « Ça y est, Jean-Claude arrive, merde, il va falloir se mettre au travail. » Comme nous l'avons fait pendant vingt ans. Votre corps réagit malgré lui.

— Se mettre au travail pour quoi faire ?

— Pour écrire un nouveau scénario.

— Ah non ! Par pitié ! Plus de scénario, plus de cinéma ! Non ! Fini, tout ça !

— Mais vous aimiez ça, autrefois !

— Moi ?

— Vous disiez que rien ne vous semblait plus agréable que nos longs moments d'écriture. Seuls tous les deux, comme des moines, chacun dans une cellule, sans femmes, sans amis, sans visites, et ces deux séances par jour dans ma chambre, trois heures chaque fois, pendant des semaines, parfois des mois. Vous adoriez ces périodes d'isolement. Vous me le disiez, en tout cas.

— Pas vous ?

— Si, bien sûr, à y repenser maintenant. Dans mes souvenirs, cela me semble intense. Merveilleux, même. Mais sur le moment, ce n'était pas facile de quitter le monde et de s'enfermer, loin de tout. Avec vous.

— Dans des endroits agréables, tout de même.

— C'est vrai. Vous saviez très bien les choisir.

— Si nous devions travailler dans ce caveau, avec des toiles d'araignées partout, et cette odeur de ciment mouillé, avouez que ce serait moins confortable. Et sans bar, en plus.

— À ce propos, j'ai une mauvaise nouvelle.

— Toutes les nouvelles sont déjà mauvaises. Allez-y.

— L'hôtel de San José Purúa a fermé.

— Quel hôtel ?

— Celui où nous allions souvent, au Mexique.

— Quoi ? Le *balneario ?*

— Oui.

— Dans le... comment déjà ?

— Dans le Michoacán.

— Voilà.

— Cela s'appelait un « paradis tropical », rappelez-vous. (Il hoche la tête, je crois qu'il se rappelle.) Là où nous avons travaillé si souvent. Avec l'eau boueuse de la piscine, les bains radioactifs, le bowling, le *rio* en bas, les vautours qui planaient lentement au-dessus du cañon, ils s'appelaient des *zopilotes,* des fleurs rouges partout et ces arbres extraordinaires, entrelacés, à la peau blanche, les *zirandas.* Vous vous en souvenez ?

— Vaguement. Oui, peut-être... Les *zopilotes,* oui, il me semble...

— Quelquefois ils se perchaient sur les piquets des palissades, au bord des chemins, et ils nous regardaient passer.

— Ah ?

— Vous disiez : « Ils évaluent la consistance de notre chair. Ils nous attendent. »

Je donne des détails, pour le forcer à se souvenir de cet endroit-là. Pour gonfler sa mémoire. Je lui parle des grenouilles, des petits crabes dans les rigoles et des lourds orages d'été. J'évoque Jungapeo, le village voisin, où nous nous rendions parfois le dimanche en promenade. Là, nous rencontrions Enrique, notre serveur au restaurant, redevenu pour un jour paysan mexicain, machette à la ceinture, vêtements blancs. Je rappelle à Luis qu'il avait lui-même recommandé l'hôtel à John Huston, lequel s'y installa pour le tournage du *Trésor de la sierra Madre.*

Il ne se souvient pas de John Huston. J'ajoute :

— J'y suis passé il y a deux ans. Fermé. La salle à manger est défoncée, détruite, les jardins sont abandonnés, les herbes et les arbres sauvages s'installent peu à peu dans tous les bâtiments. En faillite, le paradis. J'ai même retrouvé nos deux chambres, côte à côte, qui donnaient sur le cañon, au rez-de-chaussée.

Fenêtres brisées, carrelages en miettes. Le bruit des débris sous mes pas. Ça m'a fait quelque chose.

— Oui, en vous écoutant je revois peut-être quelques images. C'est fermé ? Très bien. Mais je m'en fous. De toute manière, je ne comptais pas y retourner.

Tout à coup, il saisit un des magazines, me le montre, demande :

— Dites donc, qu'est-ce que c'est que cette histoire de tours détruites, à Manhattan ?

— Un attentat. On en a beaucoup parlé. C'est pour ça que je vous ai apporté ce journal.

— Mais c'est vrai ?

— Tout ce qu'il y a de plus vrai.

Je lui raconte que ce jour-là je me trouvais chez moi, à Paris. Ma fille Iris m'appela et me dit : « Papa, mets-toi tout de suite devant la télé. » Ce que je fis. Et j'y suis resté jusqu'au soir, comme des centaines de millions de gens dans le monde. Impossible de ne pas regarder. Je vis même, en direct, l'impact du second avion.

— Je vous envie un peu, me dit Luis. Ça devait être magnifique.

— Ce n'est pas l'aspect esthétique qui a frappé les gens, sur le moment.

— Pourtant !...

— On a surtout parlé des islamistes, des victimes innocentes, d'un certain Ben Laden, de l'Amérique attaquée sur son propre sol...

— Attaquée ? Vous voulez dire violée ! Pour une fois ! Ces deux tours n'étaient que des phallus imbéciles qui bandaient en l'honneur du commerce ! Oui, un viol ! Un double viol ! Mortel, en plus ! Et pour une fois, les phallus eux-mêmes ont été violés ! Par d'autres petits phallus à réaction ! Ah oui ! Ça devait être magnifique…

— On peut le voir comme ça, mais ce n'est pas l'opinion dominante. En fait, le gouvernement américain, apparemment stupéfait, en a profité pour se lancer dans une guerre contre le terrorisme, comme leur président d'alors l'a appelée. Et nous n'en sommes pas encore sortis.

— Une guerre contre le terrorisme ? Comment ça ?

— Les Américains et leurs alliés ont envahi l'Afghanistan, puis l'Irak. Si vous voulez, je vous raconterai.

— Pour attaquer le terrorisme ? Ils ont envahi des pays ?

— On sentait aussi quelques odeurs de pétrole, là-derrière.

— Mais le terrorisme n'a pas d'armée, pas de territoire, pas de frontières ! Il est à l'intérieur de chacun de nous ! Là, bien caché ! Nous en avons tous notre part !

— Vous aussi ?

— Et comment ! Il m'arrivait souvent, je m'en souviens très bien, d'avoir envie de tuer quelqu'un, de faire sauter quelque chose.

— Un gratte-ciel ?

— Oui, ou un musée, ou une caserne. Ou Montmartre. Surtout Montmartre. Juste pour l'exquise beauté du geste. Je suppose que ces guerres n'ont rien donné ?

— Rien du tout. Au contraire. Elles ne sont pas finies, d'ailleurs. Aujourd'hui, nous avons un attentat presque chaque jour.

— *Que barbaridad.*

— Ce qui a changé, par exemple, c'est notre manière de prendre l'avion.

— Comment ?

— Il faut passer par des contrôles de police, enlever ses chaussures, sa ceinture. Des appareils peuvent nous voir tout nus. Vous détesteriez ça. Et surtout, interdit de prendre une bouteille avec vous.

— Pourquoi ?

— Parce que ça pourrait exploser, dans l'avion.

— Du gin ? Exploser ?

— Oui, si on le mélange à autre chose. Même le dentifrice est interdit.

— Et les gens voyagent quand même ?

— Plus encore qu'avant. Nous nous sommes habitués au soupçon.

— Parce que nous sommes tous coupables.

Tandis que je remplace une bougie défaillante par une autre, il me laisse entendre que nous sommes peut-être revenus aux temps anciens, où les dieux d'un peuple s'enrôlaient aux côtés de leurs fidèles pour combattre leurs ennemis – lesquels comptaient sur leurs propres dieux pour les soutenir.

Oui, nous en sommes peut-être là. Le monothéisme est revenu au polythéisme. Il n'y a qu'un dieu, mais il n'est pas le même partout. Autant dire qu'il est légion. Dieu contre Dieu.

Je lui dis que les musulmans, aujourd'hui, sont divisés, comme ils l'ont toujours été, comme les chrétiens le furent (sauvagement) et le sont encore, à armes feutrées. Je lui apprends que des Espagnols de souche se convertissent à l'islam (ce qui le surprend, sans plus), et que, chaque jour, des musulmans tuent d'autres musulmans, au Pakistan, en Afghanistan, en Irak, en Indonésie, ailleurs. Et même qu'ils se tuent pour tuer.

— C'est triste. Qu'est-ce qu'ils espèrent ?

— Je ne sais pas, Luis. Personne ne le sait.

— Les vieilles leçons sont oubliées. Les chrétiens aussi, autrefois, disaient que leur vérité, leur foi, allait conquérir toute la terre, non ? Que tous les peuples, sans exception, étaient appelés à devenir chrétiens un jour.

— C'était établi par le dogme.

— Résultat…

— Le goût du sang, la joie de tuer effacent les paroles qui nous calmaient autrefois.

— Quelles paroles ? me demande-t-il en me regardant. Vous connaissez des paroles qui calment, vous ?

Quelques mois plus tôt, lui dis-je alors, j'ai pris un livre derrière moi, parmi ceux auxquels je reviens, pour en lire au hasard quelques pages, ce que je fais de temps en temps.

— Il s'agissait du *Don Quijote*. Le titre vous dit quelque chose ?

— Oui, vaguement. L'histoire d'un vieil imbécile espagnol qui veut rétablir la justice, c'est ça ?

— Oui, plus ou moins. Redresser les torts.

— Avec un gros crétin qui l'accompagne sur un âne ?

— Sancho, oui.

— Qu'est-ce qu'on a pu nous casser les pieds avec ce livre, dans notre jeunesse ! Vous n'imaginez pas ! Des passages à apprendre par cœur ! Et quand les touristes sont venus, des images, des statuettes abominables un peu partout ! L'Espagne est soumise depuis des siècles à la dictature de *Don Quijote* ! Impossible de nous en défaire !

— Il a toujours sa statue sur la plaza de España, à Madrid. Avec le gros Sancho sur son âne. Vous vous rappelez ? Nous les voyions chaque jour de nos fenêtres.

— Pourquoi vous me parlez de ces deux-là ?

— Je voudrais vous en lire une page. Celle sur laquelle je suis tombé.

— *Quijote* me poursuit jusque dans la tombe ! Pitié ! Je n'aurai donc jamais la paix ?

— Juste quelques lignes. Écoutez.

J'ai apporté le livre.

Il hausse les épaules, détourne la tête et se tait. Je crois qu'il boude.

— C'est dans la seconde partie, lui dis-je. Sancho revient de son île, qui se trouve en réalité à l'intérieur des terres. On lui a fait croire qu'il en exerçait le gouvernement.

— Oui, et alors ?

Chemin faisant, lui dis-je, Sancho rencontre un cortège de pèlerins, qui demandent l'aumône en chantant. Parmi eux chemine un certain Ricote, dit le Morisque, mercier dans son village, déguisé en Allemand. Les deux hommes du peuple se reconnaissent, s'asseyent à l'écart, mangent et boivent. Ricote raconte.

Nous sommes au début du XVIIe siècle. Le roi Philippe III, plus de cent ans après la fin de la reconquête, a décidé de renvoyer en Berbérie, c'est-à-dire en Afrique du Nord, un grand nombre de *conversos,* anciens musulmans convertis qu'il soupçonne de déloyauté, et même de complot, à l'égard de la monarchie espagnole. Ricote est de ceux-là. Il a pris les devants, avec « les malheureux restes de sa nation », il a quitté son village pour chercher refuge en France, puis en Allemagne. Il revient déguisé, pour récupérer un trésor qu'il dit avoir enfoui, avant d'obéir à l'édit du roi et de quitter, par force, la péninsule.

Il parle de l'effroi où cette décision les a jetés. Et il dit :

Où que nous soyons, nous pleurons l'Espagne ; car enfin nous y sommes nés, et c'est notre patrie naturelle. Nulle part nous ne trouvons l'accueil que souhaite notre infortune : en Berbérie et dans toutes les parties de l'Afrique où nous espérions être reçus, accueillis, traités comme des frères, c'est là qu'on nous insulte et qu'on nous maltraite le plus...

Ricote n'a qu'un souhait : aller là-bas, puisqu'il le faut, puisqu'il ne peut pas faire autrement, dans ce pays qu'il ne connaît pas, qui n'est pas le sien, et revenir le plus vite possible en Espagne, sa « patrie naturelle ». Ses ancêtres y sont nés, ses parents, sa femme, ses enfants, ignorent tout de la langue arabe, de la religion musulmane. Ricote lui-même se dit « plus chrétien que maure ».

— Pourquoi vous me racontez tout ça ? me demande Buñuel.

— Parce que, aujourd'hui, le problème reste le même, aussi aigu. En France, en Espagne, partout. Parce que nous parlions du passé. Et des phrases qui nous calmaient jadis.

— Je ne connais pas une seule famille espagnole qui n'ait pas au moins quelques gouttes de sang arabe.

— Même la vôtre ?

— Évidemment. Arabe ou juif. L'Espagne est un pays totalement mêlé. Nous avons eu des Ibères, des Romains, des Wisigoths, des juifs, des Arabes, des Berbères ! Et maintenant des touristes français ! Quand on me parlait de nation, ça me faisait rire, ou bien hurler, selon les jours. Qu'est-ce que ça veut dire, le sang ? Hein ?

— Je vous le demande.

— Autrefois l'Inquisition exigeait la pureté du sang, *la limpieza de sangre.* Mais ça n'a aucun sens, ça n'existe pas, tout simplement ! C'est un fantasme misérable. De la foutaise, de la canaillerie. Et ça, tout de même, nous le savons !

— Non. Nous ne le savons toujours pas. Au cours de guerres en Yougoslavie, récemment, des guerres que vous n'avez pas connues, des soldats chassaient les habitants de certains villages au nom de la pureté ethnique. Ce qui veut dire à peu près la même chose.

— Toujours au même point, alors ?

— Pas d'amélioration depuis Philippe III.

— On n'a pas restauré l'Inquisition, tout de même ?

— Pas sous sa forme ancienne.

— Aujourd'hui, l'Inquisition installerait des caméras et des micros dans toutes les rues.

— Oui. Même dans ses bureaux.

— D'abord là.

Il murmure à deux ou trois reprises le mot « horrible » (qu'il emploie fréquemment), puis il demeure silencieux. Je sens que, sur ce sujet, il n'aimerait pas s'attarder. Lui-même, il a vécu en exilé, en France et au Mexique, à partir du début de la guerre d'Espagne. Il est même devenu mexicain. Grâce à son nouveau passeport, il put revenir en Espagne en 1960, vingt-cinq ans après en être parti, pour y tourner *Viridiana.* Mais il ne reprit jamais sa première identité, même après la mort de Franco.

Lui reste-t-il des souvenirs de tout cela ? Je préfère ne pas lui poser la question.

Je referme le livre.

J'ai une autre mauvaise nouvelle pour lui. Elle concerne la population de la planète, sujet qui l'agaçait, et parfois l'obsédait. Son aversion constante pour les rassemblements humains, pour la foule compacte, qu'il appelait la *marabunta* – un mot qu'il inventa, je pense, et par lequel il désignait une grouillante colonne de fourmis –, l'amenait à souhaiter de vastes anéantissements naturels, « même si je dois en faire partie ».

Avec précaution, je lui dis que, depuis les années 1965-1970, depuis cette année 1968, par exemple, qui vit le beau mois de mai à Paris et l'affreux mois d'octobre à Mexico (des centaines d'étudiants massacrés sur la place des Trois Cultures, deux mois après l'invasion de la Tchécoslovaquie par les troupes du pacte de Varsovie, au mois d'août, quelle année tout de même, quand on y songe), la population de notre planète a doublé.

— Doublé ? Vous êtes sûr ?

— Nous sommes près de sept milliards, Luis.

— Quoi ? Sept milliards ?

— Et nous irons beaucoup plus loin. Le Mexique a fait mieux que la moyenne. Il a plus que triplé. Si vous pouviez voir le village de Jungapeo, aujourd'hui, vous seriez stupéfait. C'est une ville, avec des feux rouges.

— Jungapeo ?

— On a du mal à s'y garer.

— Mais pourquoi l'espèce humaine se reproduit-elle ? Vous avez une explication ?

Je cherche un instant. Pas de résultat. Il reprend :

— Qu'est-ce qu'elle se trouve d'admirable ? Regardez ce que nous avons fait du XXe siècle ! Un chaos, un désastre.

— Et ces sept milliards ne sont rien. Nous en attendons trois de plus dans les vingt ans qui viennent.

— Trois milliards de plus ?

— Au moins.

— Et comment va-t-on les loger, les nourrir ?

— Les experts s'en occupent.

— Mais vous saviez bien ce que nous disions : il ne faut rien confier aux experts ! Absolument rien ! Les experts ne savent qu'une chose ou deux, ils sont immobilisés, leur crâne est une impasse ! Incapables d'imaginer une trouée, une avancée ! Leur pensée est figée dans du plâtre !

— Aujourd'hui, là, en ce moment, tandis que nous bavardons tous les deux, un enfant meurt de faim toutes les cinq secondes.

— J'ai lu ça dans un de vos journaux. Et vous continuez à enfanter ?

— Moi non, j'ai passé l'âge. Mais ailleurs, dans les autres mondes, plus que jamais.

— D'où ils sortent, tous ces nouveaux venus ? Et où allez-vous les mettre ? On ne va pas réquisitionner les cimetières ?

Il a l'air préoccupé. Je le rassure :

— Pour l'instant, pas question. Mais tenez-vous bien : j'ai vu dans un magazine, il n'y a pas longtemps, la photo d'un homme, un mormon polygame, avec ses cinq femmes et toute une marmaille derrière lui, quelque chose comme deux cent cinquante petits enfants. Il paraissait très fier de lui.

— Il faut le fusiller immédiatement. Vous avez son nom ? Lui, au moins, c'est un vrai criminel. Une misérable canaille.

— Que dire alors de cet homme d'affaires kenyan, nommé Akuku, qui vient de mourir, à quatre-vingt-quatorze ans, en laissant derrière lui au moins trois cents enfants ?

— Combien ?

— Trois cents ! Vous m'avez bien entendu ! Il a eu cent trente épouses, il a construit des églises et des écoles pour sa progéniture, il prétendait qu'il exerçait sur les femmes une séduction magnétique, qu'elles ne pouvaient pas lui résister.

— *Que barbaridad…*

Luis reste un instant silencieux, sans doute éberlué, puis il murmure :

— Il se prenait certainement pour Dieu le père. Et il voulait reconstituer l'humanité. Haute ambition, au fond. Notre espèce est ratée, je vais la remplacer. Un jour, sa seule descendance couvrirait la planète entière.

Il me demande si la population de l'Espagne a doublé, je le rassure. Elle s'est maintenue dans des proportions plus modestes. Mais voilà : l'Espagne est devenue la terre promise d'une bonne partie de l'Afrique.

— De l'Afrique ?

— Oui. Les Africains s'enfuient, par tous les moyens, comme si le continent allait exploser, dans des bateaux pourris, où ils s'entassent, s'écrasent. Pour atteindre l'Europe à tout prix. Les bateaux crèvent, coulent, se disloquent, se renversent. Nombreux les tristes humains qui se noient. Et même qui se jettent dans l'eau. Qui n'en peuvent plus. Ceux qui accostent à un des rivages des Canaries, on leur donne un bol de soupe, quelques vitamines, un survêtement usagé, on les enferme quelque part et le plus vite possible on les renvoie – comme le faisait Philippe III.

— Quelle honte.

Lorsque Buñuel dit « quelle honte », il ne faut surtout pas l'accuser de sentimentalisme, de compassion vite faite, facile.

Ce serait mal le connaître. La honte vaut pour l'espèce humaine tout entière, pour ceux qui font trop d'enfants, pour ceux qui arment des bateaux-cercueils et font payer très cher un dur passage vers la mort – dernière barque, dernière obole –, pour ceux aussi qui, obéissant à leurs lois, renvoient les fugitifs, épuisés, meurtris, humiliés, au point de départ.

Il est là, allongé, très pâle. Il me demande, comme si j'avais la réponse, pourquoi nous continuons à nous reproduire comme des malades, alors que tout, absolument tout, nous recommande le contraire. Des motifs commerciaux ? Évidemment. Chaque bébé est un nouveau client. Même quand il ne peut rien acheter ? Oui, même dans ce cas-là, car on lui fera crédit et d'autres achèteront pour lui. Ce ne sont pas les bienfaiteurs qui manquent. S'il le faut, on achètera même le bébé. Ça se pratique.

Je lui explique que les bébés d'aujourd'hui naissent de plus en plus endettés. Nouvelle forme du péché originel, qu'il a un peu de mal à comprendre.

— Endettés à l'égard de qui ?

— Des banques, des fonds d'investissement. Je ne sais pas trop.

— Comprends pas.

J'hésite à lui dire : moi non plus. Les circuits de l'argent nous sont un maquis.

À la place, je me permets de lui dire :

— Vous reprochez aux autres de faire trop d'enfants, vous prétendez que nous sommes en excès sur cette planète, mais vous-même vous refusez de mourir.

— Je ne refuse pas, qu'est-ce que vous racontez ? Je n'ai rien demandé ! Je n'ai signé aucun pacte, ne me soupçonnez pas, surtout !

— C'est sûr ?

— Certain ! Aucun monsieur à barbichette et sentant le soufre n'est venu soulever mon couvercle. Je suis là, je ne bouge pas, je ne respire pas, je ne mange pas et surtout je ne songe pas à me reproduire. De cela, vous êtes témoin. Il ne viendrait à personne l'idée de me compter au nombre des vivants !

— Qui sait ?

— Mais non ! Taisez-vous !

— Vous aimeriez mourir ?

— Mais je suis mort ! Vous le savez bien ! Qu'est-ce que vous voudriez comme preuve ? Que je me tire une balle dans la tête ? Très bien ! Je peux le faire devant vous ! Allez dire à mon fils Juan Luis qu'il m'apporte un pistolet, et vous verrez ! Vous verrez si je tiens à rester vivant !

— Un mort qui se tue, ça ferait du bruit.

— Et justement je n'aime pas ça.

Soudain il se fige, son visage se durcit. Retour au silence. Assez long.

Puis il me demande, calmé :

— C'est quoi, le vin que vous avez là ?

— Un rioja. Un marqués de riscal.

— Ah oui. Je me rappelle ce nom.

— Un des premiers vins espagnols que vous m'avez fait goûter, autrefois. Je vous sers ?

— Quelques gouttes. Juste pour voir.

Je me mets à l'œuvre, j'ouvre la bouteille, une odeur agréable s'élève et parcourt le caveau. Une odeur d'Espagne. Je mets mon nez sur le bouchon : correct. Je l'aide à redresser sa nuque et je lui tends le verre. Il le saisit, le place au-dessous de son nez, renifle et dit :

— Je ne sens rien.

— Buvez un peu.

Il pose le verre au bord de ses lèvres, l'incline et boit, un peu. Je guette ses réactions, il paraît sceptique ; un peu déçu peut-être.

— Je ne reconnais rien.

— Normal. Après presque trente ans d'abstinence, rien d'étonnant... Mais ce n'est pas mauvais ?

— Mauvais, non. C'est du vin, vous en êtes sûr ?

— C'est écrit sur la bouteille. Essayez encore. Le goût vous reviendra peut-être, en insistant. Il faut vous réveiller la gorge. Vous préféreriez un peu de gin ? Je peux vous en apporter, une autre fois.

— Non, pas de gin, non. Juste du vin. Ah, c'est dur de faire boire les morts... Le vin, c'est vraiment pour les vivants.

Mais il me tend encore son verre.

Autrefois, sur les routes d'Espagne, surtout dans les parages de Tolède, où nous nous rendions souvent, nous buvions à chaque occasion du valdepeñas ; un petit vin ni rouge ni rosé, léger, agréable, agaçant un peu les gencives, que nous faisions jaillir d'une outre en peau de chèvre. Luis me montrait comment tenir la gourde. Je n'ose pas lui dire, de peur de l'attrister, que ce vin a presque disparu des routes d'Espagne. En tout cas, on ne rencontre plus les marchands ambulants qui le proposaient, l'été, à l'ombre d'un arbre où ils attachaient leur âne, comme dans les romans d'autrefois.

Pourquoi Tolède ? Il s'agissait pour Luis d'un pèlerinage nécessaire, en souvenir de ses années d'étudiant où, avec Lorca, Dalí et quelques autres, il se rendait régulièrement, une fois par semaine au moins, dans la ville sacrée entre toutes. Pourquoi sacrée ? Ils ne l'ont jamais dit, et même jamais su, peut-être. Sacrée parce qu'ils en avaient décidé ainsi. Parce qu'il faut bien consacrer quelque chose, par besoin d'un rituel, d'une référence, pour donner deux ou trois repères à sa vie.

Adieu le valdepeñas aigrelet, adieu même le yepes blanc que nous buvions à la Venta de Aires, hors des remparts de Tolède, près des vestiges des arènes romaines. Toujours le même restaurant et toujours le même menu, *magra a caballo* (une tranche de porc rôti sur une omelette) et perdrix. Mais le vin blanc n'est plus ce qu'il était. À quoi bon en informer Luis ? Les autres nouvelles sont bien assez sombres.

Il revient à la *marabunta*. Son dada, encore.

— Nous sommes notre propre malheur. Ne cherchez aucune autre raison. Ce grouillement sans fin… Et non seulement nous voulons à tout prix recouvrir la Terre tout entière, mais aussi les autres planètes ! Nous voudrions les coloniser ? C'est vrai ou non ?

— On en parle un peu moins, mais quelques-uns y songent encore. Et même à y ouvrir des hôtels, des *resorts*, des supermarchés. Des milliardaires se payent des tours de manège dans ce qu'ils appellent l'« espace ». Un tout petit espace, entre nous. En plus, nous avons découvert d'autres planètes.

— Habitées ?

— Pour le moment, silence.

— Nous sommes la honte du système solaire et nous ne rêvons que de nous répandre dans les espaces. Comme des ronces, comme des pucerons.

— Nous nous disons créés à l'image de Dieu. C'est pour cette raison, peut-être ?

— Comment peut-on dire des crétineries pareilles et se prétendre intelligent ? Il n'y a pas de dieu, je vous l'ai toujours dit, et je suis bien placé, maintenant, pour le confirmer. S'il nous avait créés à son image, quel monstre ! Tous ces animaux, tous ces insectes qui n'arrêtent pas de se tuer et de se bouffer ! Cette vie faite de millions de millions de morts, chaque jour ! Ce serait ça, l'œuvre de Dieu ? La création divine ? Ce carnage permanent ? Et l'esclavage, et la souffrance, et la misère ?

Je ne dis rien. Je connais le refrain (j'abrège, ici). Il nous resterait à parler de toutes les espèces qui se sont éteintes, depuis le commencement du monde, toutes ces ébauches ratées. Plus que maladroit, le créateur. Et imprévoyant. Pris au dépourvu, parfois, par les météorites, par les mouvements du cosmos.

Luis continue de lui-même, après une rapide gorgée de vin :

— La vie sur la Terre est la preuve de l'inexistence de Dieu.

— Mais pas du Diable.

— Ne jouez pas les innocents, encore une fois. Le Diable, nous ne l'avons pas créé, pas même imaginé, ni rêvé. Le Diable, c'est nous.

— C'est vous aussi ? C'est moi ?

— Bien sûr. Vous surtout. Écoutez, la chose est simple. L'espèce humaine, qui est la nôtre, si nous y regardons de près, est plutôt mauvaise que bonne. Disons à 60 % mauvaise, à 40 % bonne. Et je suis généreux.

— Ça simplifie beaucoup.

— Certes.

— Pour quelqu'un qui n'aime pas la simplicité…

— Je n'ai jamais dit ça. La simplicité nous aide à nous comprendre. Puisque vous tenez absolument à comprendre. À voir les choses d'un peu plus loin, et à nous parler. Elle est commode, même si elle est fausse, la simplicité. Forcément fausse. Nous le savons tous, et même vous : les méchants ont de bons côtés, et les bons, de graves faiblesses. Ne m'interrompez pas par des enfantillages. J'ai déjà du mal à parler.

— Pardon.

— Donc, puisque l'humanité est plutôt mauvaise que bonne, plus vous en rajoutez, pire, la situation.

— Imparable.

— Merci.

— Mais comment faire, lui dis-je alors, pour aller contre ? Seuls les Chinois ont vraiment essayé. Et les Indiens aussi, mais d'une autre façon. Résultat : les parents tuent les filles avant leur naissance, pour ne plus avoir que des garçons.

— Ce qui nous prépare un monde de pédérastes.

— Ça vous déplaît ?

— Quoi ? Mais je m'en fous ! Qu'est-ce que vous voulez que ça me fasse, maintenant ? (Il paraît réfléchir un instant.) Au contraire. C'est peut-être une solution, après tout.

— Mais d'un autre côté, lui dis-je (je vais vite), nous inventons sans cesse de nouvelles méthodes de procréation. Bientôt nous engendrerons qui nous voudrons. À n'importe quel âge. En choisissant le sexe, la taille, et même la couleur des yeux. Et le caractère. Et le degré d'intelligence, si nous arrivons à la définir. Plus besoin de père, même pas de mère. Sans parler des clones.

— C'est quoi, les clones ?

Je le lui dis en peu de mots. Sans doute en avait-il entendu parler, déjà, avant l'invasion de l'oubli. Il me demande où nous en sommes dans cette aventure, qui commença dans les années 1960 et que j'avais connue de près, par hasard, avant même de le rencontrer. Je lui apprends que les clones sont maintenant coutume commune, que même l'Inde et l'Iran en produisent, des chèvres, des moutons.

Il me demande :

— Des hommes aussi ?

— Je n'en sais rien. Mais c'est probable.

— La tentation est violente, toujours la même : expulser le créateur et prendre sa place.

— Ainsi, nous nous approchons lentement de l'immortalité.

— Quelle horreur.

Je m'étonne :

— C'est vous qui me dites ça ? Une horreur ? Vous qui n'êtes pas vraiment mort ?

— Mais ne ramenez pas toujours tout à moi ! L'idée que l'espèce humaine pourrait un jour se rendre immortelle est la plus répugnante qui soit.

— Pourquoi ?

— Vous me demandez pourquoi ? Mais pensez-y ! Immortelle, c'est-à-dire fixée pour toujours dans ce qu'elle est ! Parfaitement satisfaite d'elle-même, béate. Cruauté et stupidité à jamais. C'est à souhaiter que plonge l'ange exterminateur. Avec sa grande épée de flammes.

— Vous faites toujours partie de l'espèce humaine ?

Il n'avait pas encore pensé à cette question. Surpris, il y réfléchit, je le vois à son front, à ses rides. Assez longuement. Il me demande :

— À votre avis ?

— Difficile à dire (je reste prudent).

— Je suis entre les deux, me répond-il enfin. Oui, j'en fais encore partie, en principe, même couché ici, mais je suis désormais incapable de me reproduire, vous vous en doutez. À moins que je ne sois moi-même un clone ?

Je décèle une soudaine inquiétude dans son regard. Je le rassure. Personne, à ma connaissance, n'a encore songé à le cloner. Je le lui dis et je le lui confirme. Mais évidemment, s'il revient à la vie de temps à autre, un dédoublement serait possible. Et plus encore. Nous pourrions imaginer une infinité de Buñuel. Je préfère ne pas en parler.

Il me dit alors :

— Je suis fatigué.

— Je m'en vais.

— Vous pouvez me laisser la bouteille ?

— Je l'avais apportée pour vous.

— Vous êtes gentil. La fatigue vient de me tomber dessus tout d'un coup. Je n'ai plus de… Je ne suis même plus capable de parler…

— Vous voulez que je vous arrange le coussin ?

— Oui, s'il vous plaît… Merci.

Je l'installe de mon mieux. Il a ses lunettes et les journaux – les nouveaux, que j'ai achetés. Je déplace le couvercle du cercueil pour y poser la bouteille et un verre.

— Les araignées ne vous dérangent pas ? Vous voulez que je nettoie un peu ?

Autrefois, il affirmait sans cesse qu'il craignait par-dessus tout les araignées, que cette hantise se tenait probablement cachée dans les gènes de sa famille. À présent, elles ne le dérangent plus. Bon signe. La mort a servi à quelque chose.

Je me hisse hors du trou. Il est tard. Je m'éloigne dans le cimetière, au clair de lune. Il faudra que je fasse le mur.

Ma femme me dira : « Comme tu rentres tard… »

À mon âge, toute menace de vaudeville étant écartée, qu'imaginer ?

Plus tard que ça, même. Car en sautant le mur, ce soir-là (un mur que je franchissais à l'aide de deux vieilles caisses posées l'une sur l'autre), je fus repéré par un jeune flic. Il me siffla, je m'arrêtai, il me demanda mes papiers, je les montrai. « Que faisiez-vous dans le cimetière à cette heure-ci ? » Je répondis que je m'étais allongé sur une tombe et endormi. « Drôle d'endroit pour s'endormir. » J'en convins.

En lui parlant, je me voyais au commissariat du quartier, la nuit, essayant de répondre (« Qu'alliez-vous chercher au cimetière ? Y avez-vous des parents, des amis ? Y venez-vous souvent ? ») à des questions précises. Je me voyais même en train de raconter tout simplement la vérité : « De temps en temps je viens bavarder avec Luis Buñuel, qui est enterré là. » Et le commissaire me disant : « Ah, très bien. Et qu'est-ce qu'il pense de tout ça ? » Et ainsi de suite.

J'écrivais déjà toute une scène dans ma tête, une scène qui aurait pu s'insérer dans *Le Fantôme de la liberté*. Un commissaire intéressé, aimable, cinéphile.

Il n'en fut rien.

L'agent réfléchit quelques instants. Sans doute la perspective de m'accompagner au commissariat, à cette heure tardive, ne lui souriait guère. Peut-être approchait-il de la fin de son service. Sa femme l'attendait. Ses enfants.

Il me rendit ma carte d'identité en me conseillant, la fois prochaine, de choisir un autre endroit pour me reposer, « surtout avec les nuits qui deviennent fraîches ». Je promis, et rentrai chez moi.

3

La visite suivante commença mal. Il me fallut près d'une demi-heure de patience et d'appels à mi-voix avant de le voir s'éveiller. Lorsqu'il ouvrit enfin les yeux, avec peine, je le trouvai d'une humeur épouvantable. Cette humeur pouvait l'envahir, jadis, à propos de n'importe quoi, mais elle disparaissait assez vite. Il était ainsi.

D'abord incapable de parler, il secoua la tête de droite à gauche, fit de la main un geste de rejet, referma les yeux. Je compris que je le dérangeais dans son long repos. Peut-être, ce soir-là, aurais-je dû refermer la pierre et me retirer sans un mot. Je n'en fis rien. Je lui présentai des excuses, je lui dis que je pensais que mes visites le distrayaient, au moins pour un moment. J'allais ajouter : « Je viens pour vous changer les idées », mais je me retins. Quelles idées ?

Dès que j'évoquai mes visites, et les raisons de ces visites, il eut un autre geste de la main. Lassitude extrême.

Je lui dis :

— Je vous ai dérangé.

Il hocha faiblement la tête.

— Vous rêviez peut-être ?

« *Que tonto* », fut sa seule réponse, ce qui signifie : « Quel idiot. »

Lui qui aimait tant rêver, autrefois. Lui qui, si concret pourtant, si robuste, si proche de la terre et des choses, mettait sa vraie vie, sa vie profonde, indiscutable, celle qui ne se partage pas, dans les rêves. Il disait même que la passion des rêves, d'abord, le rapprocha des surréalistes avant toute autre envie, ou parole, ou image. *Un chien andalou*, son premier film, écrit avec Salvador Dalí, fut initié par deux rêves, une main pleine de fourmis (rêve de Dalí), un œil de femme tranché au rasoir (rêve de Luis). Rêves et rêveries diurnes, à mi-chemin du jour et de la nuit. Plus de la moitié de sa vie.

Le rêve, marque de qualité aérienne et de liberté souterraine. Il aimait citer la phrase de Breton, parlant d'un homme qu'il détestait : « C'est un salaud, il ne rêve jamais. »

Peu à peu, ce soir-là, il se remit, il accepta de m'écouter, même de me parler. Bonne idée d'évoquer les rêves. Il y revint de lui-même. Je glissai mon carnet de notes sur mes genoux et je commençai à écrire, en douce.

En relisant mes notes, je reviens au présent.

— Rêver, mon cher ami – me dit-il un peu plus tard, mais en parlant par fragments, par hésitations, ce que je ne peux pas rendre ici –, rêver est une affaire de vivants. C'est le grand privilège des vivants sur les morts. Peut-être le seul.

— Pourquoi ?

— Comment, pourquoi ? Mais vous le savez bien ! Parce que nous entrons dans d'autres mondes, dans d'autres pesanteurs, d'autres gouffres. Je connaissais, dans mes rêves, je m'en souviens encore vaguement, des tourbillons, des bascules, des surprises, des vertiges extraordinaires. Des mouvements de caméra qu'il m'était impossible, à l'état de veille, d'imaginer. Que je serais incapable de décrire, à plus forte raison de filmer. Une nuit sans rêve : banale et triste. Juste une nuit. J'aimais beaucoup rêver.

— Même quand il s'agissait de cauchemars ?

— Surtout dans ces cas-là.

— Vous vous en souvenez ?

— Hélas, non.

— Même pas du rêve du train ?

— C'était lequel ?

— Vous me l'avez si souvent raconté.

— Dites-moi.

— Vous êtes dans un train, il s'arrête dans une gare inconnue. Vous décidez de descendre, pour vous dégourdir un peu les jambes, vous mettez les pieds sur le quai, vous regardez à droite, à gauche…

— Et le train s'en va ! Oui, je me souviens ! Il s'en va d'un seul coup, comme une fusée !

— Vous vous retournez et il n'est plus là !

— Oui, oui, voilà, j'ai fait ce rêve des dizaines, peut-être des centaines de fois ! Et j'étais prévenu, pourtant ! Je savais que le train allait partir, je me méfiais, je me disais : « Cette fois, il ne faut pas que tu t'écartes trop. Fais bien attention ! Ne lâche surtout pas la poignée du wagon ! »

— Mais rien à faire.

— Rien. Le train se montrait toujours plus malin que moi. Pfuit ! Parti. Disparu, même. Comme un ennemi rusé. D'un seul coup. Plus la moindre trace de ce salaud de train. Pas un seul bruit de rails dans le lointain. Et je me retrouvais sur un quai inconnu, désert, sans mes bagages.

— L'horreur.

— Totale.

— Quelquefois, la nuit, lorsque nous vivions dans deux chambres voisines, à San José Purúa par exemple, je vous entendais soudain crier de dépit, à travers le mur. Je me disais : « Ça y est, il a encore raté le train. »

— J'ai passé ma vie à le rater.

— D'où venait-il ?

— Je ne l'ai jamais su. Où allait-il, où m'aurait-il emmené ? Je ne le saurai jamais.

— Ici, peut-être.

— Oui, vous avez raison. Ici. Rester seul sur le quai, sans mes bagages, exilé à jamais, perdu, sans amis, sans argent, c'était sans doute ça, ma vie.

— Vous voyez que des souvenirs vous restent.

— Pardon ?

— Des souvenirs sont encore là. Le fait que vous aimiez rêver, par exemple, vous ne l'avez pas oublié.

— Pas encore. Mais bientôt... Oui, bientôt tout m'échappera, je le sens. J'ai de longs passages d'absence.

— Combien de temps durent-ils ?

— Aucune idée. Je ne sais plus si je dors, si je suis à demi éveillé. Je ne me souviens pas. De quoi, d'ailleurs ? Pourrait-on se souvenir de rien ? Qu'en pensez-vous ?

Je n'en pense rien, justement. Il continue :

— Je ne sais même plus qui je suis. Sensation très bizarre. Absence de sensation, plutôt. Mon nom. Me souvenir de mon nom. Difficile. C'est vous qui me réveillez, c'est vous qui me rappelez toutes ces choses.

— Même vos rêves.

— Oui. Même mes rêves. Et je suis pris au piège, je vous obéis comme un automate. Vous appuyez sur un bouton et je parle. Mais ne croyez pas que mon esprit fonctionne comme autrefois. Loin de là. Par moments, à peine dite, une phrase est déjà perdue. Partie. Vous me la rappelez. Un instant plus tard, le vide. C'est comme ça. Je vais d'un oubli à l'autre.

— Vous disiez, autrefois, que lorsque nous racontons nos vies, inévitablement nous faisons un montage. Nous choisissons les meilleures scènes, les meilleurs plans. Et nous éliminons tout un tas de scories. Que nous jetons à la corbeille.

— Exact. Pour arriver enfin au montage final.

Cette version définitive, peut-être, à laquelle nous sommes en train de travailler, lui et moi, auprès d'un cercueil entrouvert. Et notre mémoire est la chef monteuse. Elle tranche, elle juge, elle jette, elle colle. Monter sa vie, d'accord, mais dans quel ordre ? Nous pouvons y pratiquer des coupes, y introduire des flash-backs, de l'accéléré, une voix off, des ellipses et aussi de l'imaginaire. Avec comme table de montage, de *final cut*, le lit de mort.

Je lui rappelle d'autres rêves, qui le poursuivaient autrefois, celui du retour à la caserne (qui me visitait moi aussi, avec des variantes, sans doute un rêve masculin). Plus âgé, il revenait à sa caserne presque en fraude, pâle, un matin, revêtu de son vieil uniforme, très inquiet, craignant de se faire reconnaître. Mais il devait absolument parler au colonel. Pour lui dire quoi ? Pour se faire pardonner quelque faute. Quelle faute, quel manquement au règlement ? Oublié.

Il rêvait aussi, comme beaucoup d'autres, qu'il n'avait plus d'argent et ne savait comment en gagner, qu'il devait repasser de toute urgence ses examens, qu'il était en train de faire l'amour avec une femme quand des visages souriants apparaissaient à une fenêtre, en face d'eux, et les regardant. Il rêvait qu'un tigre le poursuivait, ou un taureau, lequel enfonçait les portes l'une après l'autre derrière lui ; ou bien qu'il revenait dans le grand appartement familial de Saragoza, où il prenait peur dans son enfance, et qu'il y provoquait bravement un spectre, non identifiable ; ou encore qu'il faisait l'amour avec la reine Isabel, l'épouse de Ferdinand II. Il lui disait « vous », elle lui disait « tu ». Par exemple, il lui faisait quelque chose (une pratique érotique, inconnue, étrange) et lui demandait : « Majesté, cela vous plaît ? » Elle lui répondait : « Oui mon petit Luis, vas-y, continue. » Très gentille, au fond.

Il lui arrivait de se demander si les peuples ne se donnent pas des rois pour rêver d'amour avec leurs reines.

En 1980, à Mexico, il rêva tout à coup de Gala, la femme de Dalí, qu'il trouvait, dans la réalité, plutôt laide et désagréable. Il l'apercevait dans une loge de théâtre, il l'appelait, elle se retournait, venait vers lui en souriant et l'embrassait amoureusement, devant des gens, sans aucune gêne. Elle avait, me disait Luis, surpris, « un merveilleux parfum et une peau d'une admirable douceur ».

Il rêva même, une seule fois, de la Vierge Marie, et se réveilla en larmes, oppressé, haletant, profondément bouleversé. On retrouve trace de cette émotion dans une scène de *La Voie lactée*.

À propos de cet homme seul, sur un quai de gare, sans bagages. Vers la fin des années 1970, après la mort de Franco, un journaliste mexicain lui demanda : « Mais pourquoi ne pas retourner en Europe, maintenant ? En Espagne, ou en France ? »

« Non, répondit Luis. Certainement pas. » « Et pourquoi ? Pour quelle raison ? » Il répondit : « Par peur de la mort. » Le journaliste raisonnable lui dit alors : « Mais il n'y a pas plus de raisons de mourir en Europe qu'au Mexique ! »

« Vous ne m'avez pas compris, lui dit alors Luis. Ça m'est égal de mourir. Mais surtout pas dans un déménagement. »

L'idée même d'être pris par la mort dans une chambre d'hôtel, au milieu de valises ouvertes et de chemises traînant sur les meubles : cauchemar pour l'éternité.

Nous parlons encore un moment de la vie réelle, des rêves, de nos chutes, de nos envols, de nos miracles, de nos distractions, de toutes nos occasions perdues. Je me hasarde à lui dire, ce qui est vrai :

— Je rêve de vous. Souvent.

— Ah bon ?

— Oui, vous êtes là, dans mon rêve, souvent en compagnie de Silberman, notre producteur… Vous vous souvenez de lui ?

— De Serge ? Oui, je crois… Oui, oui… Comment va-t-il ?

— Mort lui aussi, depuis une dizaine d'années.

— Tout le monde meurt, c'est incroyable.

— Vous devriez l'inscrire sur votre carnet.

— Qui ? Quel carnet ?

— Votre carnet des morts ? Vous ne vous rappelez pas ?

Il notait avec soin, dans un carnet, les noms des hommes et des femmes qu'il avait connus d'assez près, et qui étaient morts. Il marquait les membres du groupe surréaliste d'une étoile, pour les distinguer des autres : un privilège. De temps à autre, seul, n'importe où, il prenait ce carnet et le feuilletait. « Une manière de ne pas les oublier », disait-il. Habitude qu'il m'a transmise et que je maintiens, en marquant certains noms, comme le sien, d'une larme.

Un certain jour, assis dans un café de Madrid, il vit entrer un journaliste qu'il connaissait et dont il avait inscrit le nom par erreur, le croyant mort. Il pensa voir s'approcher un spectre et se hâta, rentré chez lui, de corriger sa liste.

Il me demande :

— Et qu'est-ce que je fais, dans votre rêve ?

— Vous arrivez de Mexico, vous êtes revenu en France – ou en Espagne, ça dépend – pour faire un nouveau film. C'est décidé. Et nous allons l'écrire ensemble, comme autrefois. Je m'en étonne, car je sais que vous n'êtes plus vivant, parfois même je vous le dis : « Mais enfin, Luis, comment pourrez-vous diriger un film si vous êtes mort ? »

— Et qu'est-ce que je vous réponds ?

— Rien. Pas un mot. Vous me regardez avec un sourire qui voudrait en dire long, un sourire amical et cependant moqueur, comme si j'étais vraiment stupide de poser cette question, de croire encore à cette vieille histoire de vie et de mort. Comme si vous déteniez un secret, une évidence, où je n'ai pas la possibilité d'avoir accès. Quelquefois vous échangez un regard de connivence avec Silberman, comme pour dire : « Qu'il est naïf, tout de même. » Silberman sourit, lui aussi. Il n'a pas l'air surpris. Pas du tout.

— Ce rêve vous vient souvent ?

— Dans les quinze ou vingt années qui ont suivi votre mort, en 1983, il me venait deux ou trois fois par an. À présent, il se fait plus rare. Mais il me visite encore. Toujours avec mon étonnement et votre sourire.

— Vous avez de la chance. Profitez de vos rêves tant que vous êtes vivant. Après...

Un geste de la main, comme pour chasser une mouche. Il reste quelques instants silencieux, comme s'il essayait de retrouver en lui trace de ses vertiges d'autrefois, de ses trains perdus, de ses fuites, de ses angoisses, de ses réveils. En vain, il me semble.

Puis il me dit, en bon Espagnol :

— La vie est un songe. Peut-être. Mais la mort, non. La mort existe.

— Si vous me le dites.

— Je vous le dis.

Après quelque silence, deux ou trois minutes plus tard, il ajoute, en parlant lentement :

— Il y avait des périodes, dans ma vie, où j'étais comme mort. Je me levais automatiquement le matin, à la même heure, je faisais ma toilette – toujours les mêmes gestes –, je prenais mon petit déjeuner – toujours le même – avant de m'enfermer pendant deux ou trois heures dans mon bureau pour ne rien faire. Strictement rien.

— Votre courrier ?

— Oui... (Les gestes d'autrefois, les attitudes et les silences, lui reviennent.) J'ouvrais quelques lettres, mais j'en recevais assez peu. Les vôtres, quelquefois, toujours avec plaisir, car vous me donniez beaucoup de nouvelles. De tous les amis de Paris. Je les lisais plusieurs fois. Je fumais deux ou trois cigarettes, en les éteignant à la moitié, par peur du cancer, je parcourais les titres d'un journal – toujours le même, un journal mexicain, je ne sais plus lequel – et je m'efforçais de ne penser à rien.

— C'est difficile.

— Moins qu'on ne croit. Affaire d'habitude. Mais plus facile maintenant, c'est sûr.

— Vous regardiez souvent votre montre ?

— Sans arrêt. À croire que je voulais presser le temps. Raccourcir les jours. Arriver le plus tôt possible à l'étape suivante.

— Pourquoi ?

— Je ne sais pas. Je ne l'ai jamais su. Toujours cette satanée impatience. Je n'avais rien de plus à faire une heure plus tard. Mais j'avais envie que les minutes, que les heures passent. Et qu'elles passent vite. Envie d'être plus tard. Inexplicable.

— Vous déjeuniez chez vous ?

— Presque toujours. Avec Jeanne, ma femme. La compagnie des autres me gênait et même, par moments, me faisait peur. Un peu. Sans doute parce que j'entendais mal. Je n'étais pas aussi bourru dans ma jeunesse.

— Vous disiez qu'à partir de quarante-cinq ans vous vous sentiez perdu lorsque plusieurs personnes parlaient ensemble.

— Exact. Perdu, exclu. Et j'évitais de sortir. Horreur du brouhaha agressif des cocktails. Cette brume incompréhensible.

— Vous m'avez dit, une fois : « Au moins, vous, vous avez une voix que je comprends. Vous dites souvent des bêtises, mais je les entends. C'est un bon point. »

Il me sourit, puis il me dit :

— Un des avantages de la mort est que ma surdité a disparu. Ce que je ne m'explique pas.

— Je l'ai remarqué. Curieux, en effet. Et votre impatience ?

— Ça va un peu mieux. Je crois.

— Et l'après-midi ?

— Quoi, l'après-midi ?

— Après avoir déjeuné, que faisiez-vous ?

— D'abord (un court effort vers le passé), je me reposais un peu. De quoi ? Je me le demandais. En fait, je restais inactif jusqu'à l'heure de l'apéritif du soir, je tripotais mes outils, je nettoyais mes ongles, je me levais, je m'asseyais.

— Vous m'avez dit une fois, dans une lettre : « L'oisiveté ne fatigue jamais. »

— C'est vrai. Elle ennuie, quelquefois, mais elle ne fatigue pas.

— Vous ne lisiez pas ?

— Si, quelquefois. À peu près un livre par semaine.

— Une vingtaine de pages par jour ?

— Plus ou moins.

— Le reste du temps, vous méditiez ?

— Ça veut dire quoi, méditer ?

Je suis assez embarrassé pour lui répondre. Certains mots, comme celui-là, manquent étrangement de précision.

— Ça veut dire ne penser à rien, je crois.

— Ou bien ne penser qu'à une chose.

— Peut-être aussi. Les deux sont difficiles.

— De toute manière, on ne peut pas passer toute une vie à méditer, comme vous dites. Parfois, oui, je lisais quelques pages d'un livre, que je laissais vite tomber. Je relisais les titres du journal du matin, mais les nouvelles n'avaient pas changé. J'accueillais quelques souvenirs, puis je les chassais, car je ne voulais pas m'y perdre. Aucun souvenir ne nous protège des blessures du temps présent. Au contraire. Les souvenirs nous rendent vieux et faibles. Personne ne venait me voir, ma femme me laissait tranquille, j'éloignais de ma tête toute idée de film, tout désir d'agir.

Il m'en parlait souvent, autrefois, disant par exemple : « L'ennui, c'est ce creux, soudain, dans une journée. La Terre va, les autres s'agitent, ils ont des projets par centaines, vous respirez, votre cœur bat, vous vieillissez, et vous ne faites rien, vous restez assis là, l'esprit et les mains inutiles, sans même le désir d'agir. Votre souffle comprimé s'entasse dans votre poitrine et vous le rejetez d'un bâillement, de temps en temps. Oisif. Venu sur la Terre pour rien. Comment supporter ça ? »

— Vous viviez comme mort ?

— Ou presque. Il y a eu dans ma vie des périodes où j'étais mort, c'est certain, et il y a dans ma mort, vous voyez, des moments où je suis vivant.

— Peut-être devons-nous mourir de temps en temps, dans notre vie, si nous désirons nous survivre.

— C'est trop compliqué pour moi, ce que vous dites.

Il a toujours détesté les discussions de type philosophique, ou métaphysique. Apparemment, cette réticence est tenace. Dommage ?

J'essaie de lui rappeler toutes nos tentatives, autrefois, pour écrire une histoire de fantômes ou de revenants, ou même de vampires, qui nous parût intéressante, nouvelle. Jamais nous n'avons pu y parvenir. Trop de clichés gluants.

Et maintenant, voici que nous en vivons une.

Mais ce que je lui dis, me semble-t-il, ne réveille ce soir aucun écho. Comme s'il avait oublié toutes ces images, toutes ces histoires d'après la vie. Je le regrette. Il reprend vite, comme s'il cherchait, une fois encore, à définir sa condition :

— Je suis mort, n'est-ce pas ? Il n'y a pas de doute ?

— Aucun.

— Comment suis-je mort ? Vous le savez ?

— Oui.

— Dites-moi. Au moins, suis-je mort comme je désirais mourir ?

— Oui, Luis. Exactement.

Je lui raconte alors son décès. Hospitalisé depuis deux semaines, il allait s'affaiblissant. Sa femme Jeanne – qui me l'a rapporté –, assise auprès de son lit ce jour-là, lui tenait le poignet. Son souffle faiblissait, de plus en plus rare. Elle l'entendit murmurer « *Ya me muero* », et au même instant son pouls s'arrêta. Il mourut conscient de mourir, ce de quoi il avait rêvé toute sa vie. Il vécut sa mort comme sa dernière action. Sa mort à lui.

Rien ne l'horrifiait davantage que les agonies comateuses, les disparitions aveugles et sourdes, clandestines. Il disait que ces morts-là, on les dérobait aux mourants. Il en arrivait à plaindre Franco pour les innombrables opérations, transfusions, greffes, prothèses et anesthésies dont il fut la proie pendant des années, avant sa fin dernière. Un journal satirique français titra, à cette occasion : « Franco va mieux. Il est allé au cimetière à pied ». « Ah ! Si je pouvais en faire autant ! », s'écriait Buñuel, à l'époque.

Il se décrivait allant au cimetière avec ses amis, lentement, à pied, en bavardant une dernière fois. Un jour d'automne, avec feuilles mortes sur le chemin, corbeaux sur les murs, un peu de vent. Une tombe fraîche, mais une terre qui l'attendait depuis longtemps. Quelque chose de Socrate, ciguë en moins.

Il me disait aussi : « Je m'imagine en face d'un peloton d'exécution. J'ai été condamné pour faute grave, ma grâce est refusée. Bon. Naturellement, comme je suis courageux, je refuse qu'on pose un bandeau sur mes yeux. Je veux voir la mort en face. Ma mort, la seule que j'aurai jamais. Le dernier instant de ma vie. L'officier m'accorde cette faveur. Bien. Je regarde les canons qui se lèvent vers moi et les mains des soldats qui tremblent. Mais je me demande encore : vais-je sentir les balles qui vont me tuer ? Le plomb qui entre dans ma chair ? Aurai-je le temps, une fraction de seconde peut-être, de me dire : ça y est, je meurs ? »

Je lui répète :

— Oui, vous avez eu le temps de sentir la mort, à en croire Jeanne.

Ce récit a paru le ragaillardir. Je l'entends marmonner, je crois même deviner : « C'est bien… C'est bien… »

Est-ce mieux que de ne pas mourir ? Âpre question. Il me demande encore :

— Vous croyez qu'il y en a d'autres, dans mon cas ?

— Je n'en sais rien.

— Il faudrait que quelqu'un, comme vous, aille réveiller quelques morts. Peut-être ça marcherait.

— J'ai du mal à y croire.

— Mais il faut y croire. Tout est là. Un mort tout seul ne peut pas revivre.

— Pourquoi ?

— Un ressuscité, un seul, ce serait trop cruel ! Insupportable ! Et vous imaginez les journalistes ?

— Dites-moi : c'est agréable ?

— Agréable ? Quoi ? L'état où je me trouve ?

— Oui.

— Comment vous répondre ? Hein ? (Il hésite un peu, il cherche.) Comment pourrais-je comparer une sensation à une autre, moi qui n'ai plus de sensations ? Comparer une sensation à pas de sensation du tout ? Oui, je m'habitue à vos visites et c'est « agréable » de vous revoir avec vos cheveux blancs, vos rides. J'aime vous entendre, j'aime bavarder, oui.

— Après mon départ, que faites-vous ?

— Aussi longtemps que la dernière bougie reste allumée, je lis vos journaux, je parcours les désastres du monde. Je les relis, je m'en délecte. Même si ce que j'apprends est horrifiant.

— Il vaudrait mieux ne rien connaître ?

— Sans doute. Oui, sans doute, mais…

Un instant de silence. Il n'est pas tout à fait sûr de sa réponse. Il ajoute vite :

— Mais ça me priverait du plaisir de votre visite.

Il me disait autrefois, de temps en temps : « Un bonheur paisible, une harmonie universelle, la tranquillité, quelle barbe. L'absence de malheur serait une catastrophe naturelle. Au moins pour nous. Qu'est-ce que nous pourrions raconter, montrer ? Imaginer ? Relisez Dante : seul l'enfer y a du charme ! Son paradis, qui voudrait s'y morfondre au long des siècles et des siècles, à écouter de la harpe ? Sans vin, sans putains, avec tous les bons livres à l'index ? Sans même un souvenir de sexe, d'ivresse ? Cette partie-là, je ne peux même pas la lire. J'ai essayé, j'ai tenu quatre pages. Comme il a dû s'emmerder à l'écrire ! »

Et là, dans son caveau, il dit :

— Au fond, si je m'informe attentivement de tous vos malheurs, c'est sans doute par égoïsme. Parce que j'en suis bien protégé.

— Vous n'avez pas laissé le souvenir d'un homme égoïste.

— Tant mieux. Mais je me fous totalement du souvenir que j'ai laissé, vous pouvez au moins comprendre ça ? Les morts n'ont aucune réputation. Ils n'ont ni qualités ni défauts. Forcément. Écoutez, il est très difficile d'être égoïste quand on est mort. Croyez-moi. Et même d'être égocentrique. Plus difficile encore, peut-être.

— Très difficile de ne penser qu'à soi ?

— Oui, mon cher ami. Et même de penser tout court. Si je me rappelle bien ce que ces mots veulent dire, ce sont des sentiments, des habitudes de vivants. Nous sommes ici, vous et moi, dans un trou sombre et froid. Une bougie entre nous. Une bouteille de vin à moitié vide. De l'humidité. De temps en temps, la nuit, là au-dessus, le cri d'une chouette, ou le passage d'un renard. Des araignées, des vers de terre. Ce que nous avons fait dans notre vie, ce que nous avons été, aucun insecte ne s'en préoccupe. Pas de préséance, pas de gloire qui tienne dans un trou pareil.

— Pas même un petit vampire qui vous visite de temps en temps ?

— Mais non. Qu'est-ce que vous racontez ? Les vampires fuient la compagnie des morts. Ils n'aspirent que le sang des vivants.

— Vous avez raison. Ils sont morts eux aussi, d'ailleurs. Comme vous.

— Vous n'allez pas me dire que, si je peux encore vous parler, c'est parce que je me lève la nuit et que je vais planter mes dents dans la gorge d'une tendre vierge endormie ?

— Non. Je ne vous vois pas comme ça.

— Je ne suis pas un vampire malgré moi ?

— Mais non.

— On n'a pas parlé, récemment, à Montparnasse, d'un buveur de sang mystérieux ?

— Mais non.

— Ça se raconte toujours, à propos, les histoires de vampires ?

— Plus que jamais. Un succès fou. Et maintenant, souvent, le buveur de sang est jeune, séduisant. Étrange, cette persistance de notre appétit pour le sang. Pour le sang des autres.

— Le premier vampire a été Jésus, ne l'oubliez pas. C'est lui qui a recommandé de boire son sang, après sa mort. Question de survie.

— Son sang, peut-être, mais sous forme de vin.

— Sans cela, qui l'aurait bu ?

— Tous les chrétiens sont donc des vampires ?

— Évidemment. Et des cannibales. Des théophages, pour être précis. Des bouffeurs de dieu. D'ailleurs, pas de vampires avant le christianisme, vous le savez bien. Inconcevables.

Il s'inquiète encore un peu de sa condition, toujours imprécise. Je le rassure. Non, personne n'a entendu parler, dans le quartier, de jeunes filles privées de leur sang. Aucune enquête, que je sache, n'est ouverte.

— Je m'inquiète quand même, me dit-il. Vous verrez. Un jour vous viendrez me rejoindre, ou bien vous aurez votre propre trou. Vous me direz ce que vous pensez de tout ça.

— Je me demande, lui dis-je, qui pourrait venir me voir dans ma tombe.

— Ne comptez pas sur moi.

Je lui ai proposé de passer, une nuit, avec Juan Luis, son fils aîné, qui habite Paris. À nous deux, nous aurions pu l'aider à sortir de la tombe et à faire un petit tour dans le cimetière. Ou même dans les rues de Paris, en voiture. Il a refusé. Quel intérêt ? Respirer l'air frais de la nuit ? Revoir les fenêtres de l'hôtel Aiglon ? S'asseoir sur une autre tombe que la sienne ?

Pas question. Casanier dans la mort comme dans la vie. Même délivré du temps, il respecte ses horaires. Je ne peux rester qu'une heure auprès de lui, après quoi il se fatigue et s'ennuie.

Il est semblable à ces vivants qui souffrent et qui souhaitent, à haute voix, en finir avec cette vie de malheur. Cependant ils se surveillent, ils ne traversent qu'au feu rouge, ils prennent quatre médicaments par jour. Une vieille fable. Luis est ainsi. Il semble presque dire, par moments : « Vivement que ma mort s'achève. » Mais chaque fois que je viens le voir, ou presque, il se réveille.

Et il me pose des questions.

Curiosité, oui, vive mais restreinte. Au moins géographiquement.

En 1975, ou 1976, il fut invité au festival de Delhi. Il ne connaissait pas l'Inde, pas plus que la Chine et le Japon, se contentant de dire, quand on l'interrogeait sur ses voyages : « Le plus loin où je suis allé à l'Est, c'est Paris. » Ce qui d'ailleurs était un mensonge, car il s'était rendu à Prague, une fois.

Je lui parlai de Delhi, je l'assurai qu'il y serait très bien reçu, honoré, qu'on l'emmènerait visiter de fort belles choses. Il m'écouta, puis il me demanda, sérieux : « Et qu'est-ce que je fais à Delhi à trois heures de l'après-midi ? »

Je n'avais pas la réponse à cette question. Il déclina l'invitation.

Je lui proposai également, ce même soir, de venir avec un ordinateur et de lui montrer des images en mouvement du monde, et même des films, des DVD, s'il le désirait. Il refusa, là aussi sèchement. Journaux et magazines lui suffisaient. Il me dit avoir vu assez d'images de cinéma pendant sa vie. Qu'il puisse au moins, dans la mort, s'en débarbouiller.

— Et d'ailleurs, me demanda-t-il, ici nous n'avons pas l'électricité. Comment ferions-nous ?

— Les ordinateurs peuvent fonctionner sur piles. Ils ont une assez longue autonomie.

— C'est quoi, déjà, un ordinateur ?

J'oubliais à quel point l'usage commun de l'ordinateur est récent. Il n'apparut dans les bureaux ordinaires que vers 1984 ou 1985, après la mort de Luis. Il ne s'agissait jusque-là que de machines complexes, volumineuses, que seules les grandes entreprises pouvaient s'offrir, manipulées par des spécialistes.

Quant à lui en expliquer l'usage...

— Je ne peux pas, lui dis-je. C'est compliqué. Ça vous énerverait pour rien. Sachez simplement que toute espèce de vie nous est devenue impensable sans eux.

— À ce point-là ?

— Ils administrent même les cimetières.

— Vous en avez un, vous ?

— J'en ai deux.

— Et vous vous en servez ?

— Je pense bien. Et ma plus jeune fille, qui a huit ans, possède déjà le sien. Et elle me vient en aide, en cas de pépin.

Il est étonné. Mais il ne se montre pas irrité, ni hostile. Au contraire. Il n'a jamais été, dans ces domaines, rétrograde. Pas du genre à regretter la marine à voile. L'apparition de nouvelles techniques, de toutes celles qui ont accompagné sa vie, l'a toujours intéressé et même, bizarrement, parfois, ému. Je me rappelle, un samedi soir, en 1970 ou 1971, je le trouvai dans sa chambre d'hôtel, devant la télévision, des larmes aux yeux.

Il s'agissait d'une émission de variétés du samedi soir, composée de chansons populaires et de danses banales. Les paroles de ces chansons ne le touchaient en aucune manière, ni la musique ; d'ailleurs il ne pouvait pas les entendre. Mais il se montrait fasciné par les effets visuels, les enchaînés, les fondus, les effets spéciaux, toutes les merveilles de la vidéo, qu'il découvrait. Comme si les impossibilités techniques d'autrefois, de sa jeunesse, par miracle, étaient effacées, résolues.

Un peu plus tard, pour tourner *Le Charme discret de la bourgeoisie,* alors que des nœuds d'arthrose commençaient à le tourmenter, lui rendant difficile, pendant les répétitions d'une scène, le maniement de la caméra, il se fit installer un relais vidéo. Il mettait ses mouvements au point sur cet écran-là, ce qui explique que le film soit presque entièrement tourné en plans-séquences.

Notre ami Robert Benayoun fut l'instigateur de cette nouveauté. Il la tenait de Jerry Lewis, lequel, acteur et metteur en scène de certains de ses films, sentait le besoin de se voir immédiatement, prise après prise, afin de se corriger, de s'améliorer et de choisir. Ainsi, Jerry Lewis, à distance, a modifié le travail de Buñuel.

Excellent technicien – il avait été figurant, homme de plateau et assistant dès les années 1920, puis producteur exécutif en Espagne, avant le début de la guerre civile –, Luis ne se flattait jamais de sa technique ; il cherchait même à dissimuler toute habileté, toute prouesse de caméra, mais il travaillait au millimètre. Et il surveillait ses techniciens avec une discrétion sévère. Il disait aussi, et je l'ai souvent répété, que toutes les techniques nous apportent sans cesse de magnifiques possibilités, qu'il serait idiot de rejeter, mais qu'elles ont tendance, souvent, à envahir nos têtes, à nous obnubiler, au point de nous faire croire que nous pouvons, désormais, grâce à elles, nous passer de toute pensée.

Or la technique n'a pas d'idée. C'est même ce qui la définit. C'est à nous de lui fournir une nourriture, une substance.

Évident. Mais à répéter sans lassitude.

À ce propos – Buñuel cinéaste –, je me demande souvent ce qu'il eût fait de sa vie né cinquante ans plus tôt, avant l'invention du cinéma. Il ne savait ni dessiner ni peintre, il n'aimait pas écrire. Le cinéma lui offrit la possibilité nouvelle de s'approprier – et d'élargir – un langage qui n'existait pas dans les générations précédentes. Et de cette question, qui n'a pas et qui n'aura jamais de réponse, naissent d'autres questions, celle-ci par exemple : combien de grands cinéastes ont vécu avant l'invention du cinéma ?

Non seulement fallait-il la technique, l'énergie électrique, la découverte de la photographie, mais aussi les ressources économiques, financières. Il était nécessaire de naître et de vivre dans un pays susceptible de donner forme à une industrie, de construire des studios, des salles. Il ne fallait pas naître n'importe où. Luis le demandait lui-même, à propos de littérature : « Combien de Hemingway sont nés au Paraguay ? »

Des Hemingway virtuels, potentiels, qui même ne sauront jamais le don très obscur qu'ils possèdent, ni que la littérature existe, ni qu'ils peuvent écrire.

Il me demande soudain :

— Qu'est-ce que vous écrivez, là, en cachette ?

— Oh rien. Juste quelques notes.

— Pour faire un livre ? Encore ? Mais vous êtes incorrigible !

Il a remarqué mon carnet de notes, évidemment. Il sait et il voit toujours tout, d'une manière parfois inexplicable. Lors de notre premier séjour à Madrid, en 1963, Serge Silberman y produisait un autre film, qui s'intitulait, à moins que je ne me trompe, *Gibraltar.* Une histoire policière, je crois, ou d'espionnage. Avec quels acteurs ? Quel metteur en scène ? Je ne sais plus.

Serge vint me voir, un soir, et me dit : « Écoutez, nous tournons cette scène demain, le dialogue est épouvantable, essayez de m'arranger ça ce soir, s'il vous plaît, vous n'en avez pas pour très longtemps, et n'en parlez pas à Luis, ce n'est pas la peine. »

J'ai accepté, j'ai travaillé deux heures sur cette scène, le soir. (De quoi y était-il question, plus la moindre idée.) Silberman envoya quelqu'un prendre le texte vers minuit. Le lendemain, je me levai à l'heure habituelle, toilette, petit déjeuner, après quoi j'accueillis Luis qui venait me rejoindre dans mon appartement, comme chaque jour, vers neuf heures. Assis l'un en face de l'autre, nous nous mîmes au travail sur l'adaptation du *Journal d'une femme de chambre.* Vingt minutes plus tard à peine, Luis me demanda : « Vous n'êtes pas en train de travailler sur autre chose, en ce moment ? Sur un roman peut-être ? »

Comment l'avait-il senti, deviné ? Je le lui demandai aussitôt, en lui racontant ma parenthèse. Il ne répondit pas à ma question. Il avait simplement perçu quelque distraction, ou inattention, que j'ignorais moi-même, car je croyais avoir oublié mon pensum du soir.

Il a toujours pratiqué l'hypnose, et aussi la transmission de pensée, comme il l'a raconté. Il s'est même servi d'une de ces techniques immatérielles pour diriger, parfois, ses comédiens. Dans ces cas-là, il demandait à toute l'équipe de quitter le plateau, et restait seul avec l'acteur qu'il désirait pousser dans telle ou telle direction, encore floue. Il le fit avec Jean Ozenne pour la scène des bottines, dans le *Journal,* et aussi avec Georges Marchal pour la scène du cercueil dans *Belle de jour.*

Pour cette scène, qui se tournait dans un château, je me trouvais là, jouant le rôle d'un prêtre qui célébrait une messe basse, scène plus tard coupée par la censure. Marchal semblait extrêmement nerveux. Quand j'arrivai, il me dit : « Je ne pense qu'à ça depuis deux mois. »

Luis le sentit, évidemment. En présence de Catherine Deneuve, qui restait sagement allongée dans le cercueil, il parla à Georges Marchal pendant une bonne heure, à voix basse. Je ne sais pas vraiment ce qu'il lui a dit, j'entendais mal. Un peu plus tard, alors que l'équipe rentrait doucement sur le plateau, en chaussettes, je me souviens simplement de sa voix rauque, à l'accent espagnol, qui disait à l'acteur : « Tu m'entends bien, Georges, tu disparais derrière le cercueil comme le soleil se couche à l'horizon... » Et autres indications de jeu déconcertantes, hors de toute psychologie, de toute logique, de toute attente, comme, par exemple, au tout dernier moment : « Et tu souris... »

Pour une des dernières scènes du *Charme discret*, il avait besoin de découvrir Fernando Rey, caché sous la table, au moment où des hommes armés font irruption dans la salle à manger pour un massacre général. Et Fernando, les yeux levés vers ses tueurs, devait tenir entre ses dents une tranche de gigot saignante. Pour allumer je ne sais quoi dans le regard de Fernando, Luis se mit sous la table avec lui. Ils se recouvrirent de la nappe, pendant près d'une demi-heure (paraît-il, je n'étais pas là). Personne ne peut dire aujourd'hui ce que Luis raconta à cet acteur qui était comme son double. Quand le metteur en scène ressortit de sa cachette et déclara calmement qu'on allait tourner, Fernando attendait sous la table, la tranche de gigot dans la bouche. Luis ne fit qu'une prise.

Ici, dans la tombe, pas de transmission de pensée, pas d'hypnose (que je sache), pas de mystère. Il m'a vu griffonner.

— C'est pour ne pas oublier, lui dis-je.

— Vous allez encore en faire un livre ?

— Mais non.

— Si vous continuez à prendre des notes, je ne dis plus rien.

— D'accord.

Je range mon carnet dans une poche, m'efforçant de retenir ce qui pourrait encore être dit. Mais Luis paraît fatigué, irrité. Ses paupières tombent, se relèvent, retombent. Je lui offre un verre de vin, il le refuse d'un geste de la main. Je pense rapidement à une vieille phrase, dite je crois par la mère de Brillat-Savarin alors qu'elle atteignait ses quatre-vingt-dix ans. À partir d'un certain âge, avouait cette dame, la mort devient un besoin, comme le sommeil.

Ce besoin de mourir, de mourir encore et encore, je l'avais là, sous mes yeux. À chaque visite, je voyais Luis retourner à la mort, rejoindre ce néant qui nous hante, car il nous jette dans la vie, puis nous absorbe, et nous ne savons pas en parler.

Il me dit ce jour-là, avant que je referme le couvercle, comme s'il savait à quoi j'essayais encore de penser :

— Le néant n'a aucun intérêt. Il n'y a rien à dire du néant. Rien. C'est notre maison, notre matrice, c'est notre substance première et dernière. Nous en sortons par la joie du sexe, qui réjouit un instant nos parents, et nous y retournons par la rigidité du cadavre.

— Rien à en attendre ?

— Rien. Et dire qu'il y a des millions et des millions de crétins qui perdent leur vie à se priver de ceci, de cela, dans l'espoir que leur néant sera meilleur que celui des autres !

Il me l'avait déjà dit, à plusieurs reprises, de son vivant. La mort ne l'a pas fait changer d'avis.

Il me disait par exemple, autrefois, devant un dry Martini et quelques olives, à demi rêveur : « Nous passons à toute vitesse sur la Terre et nous n'avons qu'une idée, tous : lutter contre le mur énorme, vous savez, le mur du néant, dont la hauteur, la largeur et la puissance sont sans limites, ce mur qui nous enserre, d'où nous venons, où nous allons. Nous voudrions le trouer, l'escalader, voir au travers, nous dressons nos maigres échelles, nous lançons nos boulets, nos grappins. Rien à faire. Le mur est inattaquable, glissant, mobile, renouvelable. Pas une brèche. Il s'élève bien au-delà de notre vision, de notre pensée, pour se perdre dans les brouillards des grandes hauteurs. Nous nous acharnons, nous nous épuisons, à coups d'ambitions, de prétentions, de transes, d'incantations, de prédications, de rêveries géantes sur la vie éternelle, la métempsychose, la réincarnation, la vie des esprits et puis quoi encore. Nous nous précipitons, souvent l'arme à la main, dans des vertiges invisibles, dans des tourbillons de fantômes. Combat frivole et misérable. Perdu d'avance. Le néant est le néant. »

Il me disait aussi :

« En espagnol, le néant est féminin. C'est *la nada*. Encore plus inquiétant, peut-être. »

Et aussi :

« Nous ne pouvons nous battre que contre ce qui est. »

Je lui demandai, une fois (c'était à San José Purúa, un jour de pluie) : « Contre quoi pouvons-nous nous battre ? — Nous battre ? — Oui. — Contre le mal, mon cher ami. Le mal est. Il n'y a pas de doute. »

Je saisis le couvercle pour le remettre en place. Luis, que j'ai doucement aidé à se rallonger – toujours ces os que je sens sous sa veste –, vient de fermer les yeux, prêt à la longue nuit. Il relève subitement ses paupières et me demande :

— Vous pourriez me rendre un service ?

— Trop heureux. Lequel ?

— Tenez.

Il défait maladroitement son bracelet-montre (je l'aide, là encore) et il me le tend.

— Vous pourriez m'apporter des piles pour ma montre ? Les miennes sont mortes, depuis le temps. Ça ne marche plus.

Je promets. J'emporte la montre.

Pourvu que je trouve encore ce modèle de piles.

4

À ma visite suivante, je lui donne des nouvelles de ses deux fils, qui vont bien, de ses petits-fils et même de ses arrière-petits-enfants. Je lui apprends que son petit-fils Diego, documentariste reconnu, a épousé une Coréenne, ce qui permet à la famille Buñuel d'atteindre enfin l'Orient lointain, et qu'ils ont un enfant. Je lui apprends aussi – mais il s'en doutait – la mort de sa femme, Jeanne la Française, qui, dans sa jeunesse, avait été sélectionnée pour les jeux Olympiques dans la catégorie « gymnastique rythmique », je crois. Elle était, dans les années 1920, une élève d'Irène Poppart.

Jeanne jouait de l'accordéon à Mexico (je lui apportais des musiques de chansons françaises des années 1920 et 1930). Après la mort de Luis, elle préféra rester au Mexique et finir ses jours dans leur maison. Elle n'avait plus de famille en France, disait-elle, elle n'y connaissait personne. Exilée, elle aussi. Attachée à une autre terre. Elle jouait à la canasta avec ses voisines, en fumant quelques cigarettes. Une femme belle et douce, qui me recevait comme un fils.

Étrangement, il me pose quelques questions sur l'argent. Il veut savoir si ses descendants vivent convenablement. Je le rassure, je lui dis que le système capitaliste tient bon, malgré quelques belles secousses. Je juge inutile de m'étendre sur la « crise ». Mais ces interrogations m'étonnent. Dans la tombe, se soucie-t-on encore du « de quoi vivre » ?

— Oui, me dit-il. J'y pense encore. Pas souvent, mais j'y pense. L'argent est comme une vrille. Sa force transperce les cercueils.

— Vous avez peur d'en manquer, vous ? Encore maintenant ?

— Oui, et cette peur, rien ne l'arrête. Ni ces planches ni les araignées. Je me réveille et je me demande : « Il me reste combien à la banque ? »

— Dans votre vie, il vous arrivait d'y penser ?

— Hélas, oui. Très souvent. Bien obligé. Je faisais sans arrêt des calculs dans ma tête. Impossible de m'en libérer. Les échéances, les traites, le simple argent pour vivre. Par moments, ça devenait une obsession.

— Vous n'êtes pas né pauvre.

— Au contraire. Je suis né bourgeois. On ne m'a pas laissé le choix.

Son père se constitua une petite fortune à Cuba, dans le commerce. Il vendit ses biens cubains un an avant l'indépendance de l'île – ce qui indique chez lui un flair, un vrai sens de la marche du monde –, revint en Espagne, épousa une jeune fille de la bonne société de Calanda, acheta un appartement, des terres, fit bâtir une maison à la campagne. Sept enfants naquirent, à commencer par Luis. Quatre sœurs et trois frères. La fortune fut peu à peu partagée.

Un jour, dans l'hôtel du Paular où nous allions souvent en Espagne, dans la sierra Guadarrama, au nord de Madrid, je lui rappelai qu'il en restait tout de même assez, à chacun des enfants, à l'époque de sa jeunesse, pour que sa mère finançât son premier film, *Un chien andalou.*

« Oui, me répondit-il ce jour-là, c'est exact. Un court-métrage, remarquez bien. Tourné avec des amis bénévoles, pour la plupart. La pensée antibourgeoise naît toujours parmi les enfants de bourgeois. C'est comme ça. Les pauvres n'ont pas le temps de penser. On ne leur en laisse pas le temps. Il faut qu'ils travaillent pour vivre, ce qui est honteux. Pour vivre, ou plutôt pour ne pas mourir. La révolte suppose du temps libre et des chemises propres. Ma mère m'envoyait encore un peu d'argent alors que j'avais déjà quarante ans, que j'étais marié, père de famille, vivant aux États-Unis, pendant la guerre. Et pauvre, je l'ai été. J'ai appris à l'être. Oui, j'ai connu des moments durs, au Mexique surtout, après l'échec commercial de mon premier film.

« *Gran Casino* ? »

« Voilà. Avec deux grandes vedettes, pourtant. Ce genre de films desquels, s'ils n'ont pas de succès public, il ne reste rien. J'ai traversé des années sèches, oui. Arides. Accepté de faire des films pour ne pas mourir de faim, avec ma famille. Deux par an, quelquefois, pour quelques centaines de dollars, rien du tout. Mais je crois n'avoir rien commis de déshonorant. Je l'espère en tout cas, sans en être vraiment sûr. Car vous le savez : j'ai honte, quelquefois, de confesser que « je fais du cinéma ». Honte quand je passe, en Espagne surtout, sur la Gran Via, devant ces devantures de salles où s'étalent des images sordides, des femmes peintes en saillie, des seins et des pistolets braqués sur la rue. Ce cinéma putain. J'ai tout fait pour l'éviter. Je vous ai dit, une fois : « Ce que je ne fais pas pour un dollar, je ne le fais pas pour un million de dollars. »

« Oui, je me rappelle. »

« J'ai essayé de me rester fidèle. Au moins sur ce point-là. (Il riait franchement, à l'époque, pour dire encore : « Éloignez de moi ces dollars ! ») Je me vois comme saint Antoine repoussant les tentations visqueuses de l'argent. »

« Et le regrettant quelquefois ? »

« Oui, bien sûr, comme lui. Quels flots de larmes il a dû verser sur sa chasteté, le malheureux ! Quelle tristesse en regardant se flétrir son pauvre sexe, entre ses jambes maigres ! Quels rêves pornographiques l'ont harcelé, dans le désert ! Ah, il a dû en inventer, des postures nouvelles ! Des obscénités, des perversités ! »

À plusieurs reprises, nous avons envisagé un film sur saint Antoine, mais Luis recula, chaque fois, précisément pour ne pas avoir à représenter, à mettre en images, « les fantasmes de ce vieux dégoûtant ».

« Pourquoi, lui ai-je demandé ce jour-là, au Paular, cet hôtel jouxtant un vieux couvent, pourquoi avez-vous refusé ces tentations de l'argent ? Pour obéir à une morale personnelle ? »

« Appelez ça comme vous voudrez. Je n'aime pas le mot "morale". Si une morale est personnelle, est-ce une morale ? Non, il s'agissait d'une obligation intérieure, je ne sais pas comment vous dire ; d'une conduite. Bien sûr, quand je parlais, je partageais l'opinion des surréalistes et je rejetais toute règle imposée. Violemment, même. Je piétinais la morale ordinaire. Et j'ai commis quelques actes provocateurs dans ma jeunesse, à Paris surtout. J'ai beaucoup insulté. Une fois, sur un bateau qui m'emmenait en Amérique, j'ai refusé de saluer je ne sais plus quel drapeau et j'ai dansé grossièrement sur une table. Ce genre d'enfantillages, vous savez bien. Le capitaine a failli me boxer. »

Il me racontait aussi – agitation politique, encore – qu'en 1927, après l'exécution, aux États-Unis, de Sacco et Vanzetti, à la suite d'un procès politique jugé ignoble, une effervescence s'empara de Paris. On y vit des cortèges, des vitrines brisées. Luis travaillait à ce moment-là comme assistant sur un film où jouait Joséphine Baker, *La Sirène des tropiques*. Un matin, il alla pisser sur la flamme de l'Arc de triomphe en compagnie d'un des électriciens.

En 1934, lors des manifestations violentes de l'extrême droite française, la plupart des membres du groupe surréaliste se retrouvèrent dans la rue. Aragon et Breton, déjà fâchés, se rencontrèrent et s'évitèrent. Luis se trouvait là en compagnie de Georges Sadoul. Ils croisèrent Pierre Unik qui se promenait en tenant à la main une casquette d'ouvrier dans laquelle on voyait des morceaux de cervelle.

« Une morale ? me disait-il autrefois. Je ne sais pas. J'essayais de faire du mieux possible. Sans jamais m'inscrire à aucun parti, ce qui était alors difficile. J'ai très bien connu Paul Vaillant-Couturier, que j'aimais beaucoup. Il déjeunait avec Desnos au moins une fois par mois. Il m'invitait, de temps en temps, à venir manger une paella rue Pascal, où il habitait. Quand Aragon et Sadoul venaient eux aussi déjeuner, il les regardait arriver par la fenêtre, toujours suivis par deux policiers en civil. Pendant tout le repas, les flics faisaient les cent pas dans la rue. Mais oui, nous étions surveillés. »

« J'ai eu, à cette époque, de nombreux contacts avec les communistes. Doriot, alors maire de Saint-Denis, m'a invité, à plusieurs reprises. J'y ai même projeté *Las Hurdes* et à cette occasion j'ai rencontré, à Saint-Denis, plusieurs *Hurdanos*, pauvres travailleurs immigrés qui ne rêvaient que de rentrer chez eux, dans ces villages qui me semblaient misérables mais qui étaient leur terre. Les ouvriers espagnols constituaient alors, en France, une proie que se disputaient les dominicains et les communistes. Les uns organisaient des parties de football, les autres célébraient des messes. Je me rendis, un jour, à une réunion clandestine, avec des syndicalistes espagnols, à Montreuil-sous-Bois. Un activiste, recherché par les deux polices (française et espagnole), participait à cette rencontre. Après une heure et demie de discussions, je m'ennuyais, je voulus m'en aller. L'activiste me dit : "Si tu t'en vas, et si je suis arrêté, ce sera toi le responsable." Il avait raison. Je suis resté. »

« Oui, me disait alors Luis, je me suis beaucoup agité, tantôt anarchiste, tantôt stalinien, tout en affirmant mon horreur pour le régime soviétique (qui a toujours interdit mes films). Les communistes m'attiraient plus que les anarchistes, à cause, au fond, de mon goût de l'ordre, que je ne pouvais pas réprimer. Toujours ces contradictions apparemment insupportables, cette confusion de la pensée. Pour être sincère, la seule chose qui me séduisait vraiment était l'idée d'une tyrannie universelle. Pouvoir décider de tout, sur la Terre entière, moi seul. J'affirmais que dans ce cas je me montrerais bon et généreux, ce de quoi mes amis doutaient. »

« Mais franchement, malgré ces rêves de puissance illimitée, qui me faisaient rire et trembler, je ne me voyais pas en homme riche. La fortune ne m'a jamais attiré. Je me contentais de peu, toujours. L'idée de posséder une Rolls me répugnait plutôt. Vous me voyez à la barre d'un yacht avec une casquette blanche ? Quelle vergogne. Une montre avec des diamants me semblait une obscénité. La marque signalétique d'une vieille pute. Et dans mes décisions propres, qui concernaient ma vie, j'obéissais à ce petit quelque chose en moi. »

« À la différence de Dalí. »

« Croyez-le ou non, Dalí n'avait aucun sens de l'argent. Totalement innocent, de ce point de vue-là. Au moins dans sa jeunesse, à Madrid, quand nous l'avons connu, avec Federico. Un exemple, tenez : nous sommes dans un café et, comme il est le plus jeune des trois, nous lui donnons de l'argent pour qu'il aille acheter des places de théâtre, de l'autre côté de la rue. Il revient une demi-heure plus tard, sans billet. Il est embrouillé, désemparé, il bafouille, il nous rend l'argent. Acheter ? Rendre la monnaie ? Qu'est-ce que ça veut dire ? Il n'avait pas su comment s'y prendre avec la caissière. »

« Si naïf que ça ? »

« Oui, je vous assure. À ce point-là. Quand il prenait le train de Paris à Madrid, Jeanne, ma femme, devait lui acheter son billet. Il ne savait pas, il ne pouvait pas. Ignorant tout de l'argent et du sexe. Totalement indifférent. À côté. C'est Gala, plus tard, qui lui a tout appris dans ces deux domaines. Elle négociait ses apparitions, ses interventions. Il fut un temps où il vivait gratuitement dans une suite du San Regis, à New York, à la seule condition de se montrer une heure par jour, au bar, en fin d'après-midi, en compagnie de son léopard apprivoisé. »

« Gala s'occupait de tout. Des intellectuels mexicains démunis venaient quémander un croquis pour un refus, elle leur demandait : "Vous savez combien ça coûte, un steak ? Eh bien, Salvador aime beaucoup les steaks." Alors elle leur demandait de l'argent, dans la suite gratuite du San Regis. Beaucoup d'argent. Bien sûr, ils repartaient les mains vides. Je ne sais pas s'il était au courant, lui. Peut-être pas. Et ce qu'il est devenu par la suite, ça le regarde. »

Luis n'aimait pas Gala, il ne pouvait pas comprendre comment elle avait pu séduire, ensorceler Dalí. Un jour, par jeu, à

Cadaquès, il fit mine de l'étrangler. Il lui serrait la gorge, elle étouffait, elle se débattait. Ceux qui assistaient à la scène crurent qu'il allait la tuer véritablement. « Et moi-même, disait-il, je ne savais plus où j'en étais. Je me suis arrêté à temps. » Mais il ajoutait : « Ce que je voulais, c'était voir apparaître le petit bout de sa langue entre ses lèvres. »

Il se trouve que, en 1984, un an après la mort de Luis, à la demande de Cécile Éluard, fille de Paul Éluard et de Gala, j'ai écrit la préface aux lettres d'Éluard à Gala, laquelle vivait alors avec Dalí, en Espagne. Si Éluard, dans ses lettres, ne cesse de rappeler certains moments érotiques qui lui semblent inoubliables, d'autres détails rendent Gala touchante, sympathique même. Ainsi, pendant la guerre et l'occupation, elle envoyait des colis de nourriture au poète qu'elle avait aimé, et qui restait en France.

Je préfère ne pas lui parler de tout cela. J'oublie les souvenirs, je lui dis encore :

— Vous savez que vous gagnez encore de l'argent ?

— Moi ?

— Oui, vous.

— Là, dans mon trou, à ne rien faire ?

— Vos films continuent de se voir, un peu partout, et même à la télévision. Ils rapportent encore de l'argent.

— Beaucoup ?

— Non, pas des masses. Mais quand même. De quoi assurer un minimum à vos descendants. Et à moi aussi, au moins pour ceux que nous avons écrits ensemble.

— Quel est celui qui rapporte le plus ?

— Certainement *Belle de jour.*

— Rien d'étonnant. Une histoire de putains, non ?

— Oui, mais où rien n'est montré. Pas un bout de sein, vous vous rappelez ?

— Non, pas vraiment.

J'essaie de l'intéresser à ce qui fut un moment de sa vie. Silberman se trouvant en difficultés financières, d'autres producteurs parisiens, les frères Hakim, en 1965, lui proposèrent d'adapter le roman de Joseph Kessel. Il m'écrivit pour m'en parler. Je me trouvais à ce moment-là dans le Midi avec Louis Malle, en train de travailler sur *Le Voleur,* d'après un roman de Georges Darien. « Il ne devrait pas faire ça, me dit Louis. Tout le monde a refusé. C'est banal, ce n'est pas pour lui. »

Je lui montrai la lettre de Buñuel, où il écrivait : « Entre nous, un essaim de putains, mais avec des conflits très intéressants entre le *Super-Ego* et le *It.* » Autrement dit : à travers cet usage ironique du langage freudien, il me semblait deviner chez Luis des intentions, secrètes encore (même pour lui). Elles se précisèrent peu à peu dans le travail. Dans cette exploration masculine, forcément maladroite, incomplète, téméraire, hasardeuse, de l'érotisme féminin, du « continent noir », nous nous efforcions de masquer la prétendue réalité – la vie quotidienne du couple, par exemple – sous une irréalité de surface, par un langage de roman de gare (ou presque), et de garder une vérité profonde, troublante, presque indicible, pour les fantasmes de Séverine, le personnage principal.

Tous ces fantasmes, visibles dans le film, dont nous nous rendions compte petit à petit qu'ils contribuaient à décrire un personnage de femme très exactement masochiste, sont vrais. Ils nous ont tous été racontés par des femmes. Inventer des fantasmes féminins : tâche impossible.

Peut-être est-ce ce basculement – la fausseté dans le réel, la vérité dans l'imaginaire – qui permet au film de durer. Avec l'appui très efficace d'Yves Saint Laurent, qui habilla Catherine Deneuve hors de toute mode éphémère.

— Vous vous souvenez, dis-je à Luis, tandis que nous écrivions le scénario de *Belle de jour*, nous visitions les bordels de Madrid, pour faire parler la patronne et les filles ?

— Ah non, je ne m'en souviens pas. Des bordels ?

— Mais si. Et Paco Rabal nous servait de guide.

— Paco ? Ah oui, peut-être. Il devait connaître. Comment va-t-il ?

— Il est mort, lui aussi. Dans un avion. Un arrêt du cœur.

— Et Fernando ?

— Mort lui aussi.

Un silence. Deux amis espagnols disparus, enterrés. Comme il est normal.

Luis referme un instant les yeux. Se souvient-il d'eux ?

Je reviens aux bordels de Madrid. Dans un de ces lieux discrets – cela se tenait dans des appartements, comme dans le film –, la patronne avait cru comprendre qu'un cinéaste célèbre allait lui rendre visite. Mais, je ne sais pourquoi (était-ce une blague de Paco ?), elle le prit ce soir-là pour Bergman. Buñuel comprit assez vite la méprise et joua le jeu. Il prit en espagnol un accent vaguement nordique et entreprit de débiner Bergman, à distance. À la tenancière cinéphile qui lui vantait, par exemple, *Les Fraises sauvages,* il disait, non sans fermeté :

— Non, non, ce film-là, je l'ai complètement raté. Il faudrait brûler le négatif, c'est mauvais, très mauvais. C'est un film qui me fait honte.

La tenancière protestait, Luis insistait, pour ce film-là et pour tous les autres Bergman, et ainsi de suite. Il les reniait tous.

Deux ou trois filles, pendant ce temps, sagement assises, nous écoutaient, fumant des cigarettes blondes.

Non qu'il détestât Bergman, au contraire. Nous vîmes ensemble *Persona* (qu'il alla revoir tout seul), et la répétition du récit (Bibi Anderson raconte une histoire érotique, après quoi Liv Ullmann l'écoute en silence, le même texte étant dit deux fois) le fascina. Il m'en parla souvent, car il aimait les répétitions, sans savoir pourquoi. Plus tard, interrogé, Bergman devait me dire qu'il n'envisageait pas, au départ, de répéter la même histoire. Il voulait monter la scène comme on le fait toujours, tantôt sur une femme, tantôt sur l'autre. Mais cela ne marchait pas, sans qu'il pût expliquer pourquoi. C'est pourquoi il décida de garder les deux récits, l'un après l'autre. Il me dit, à cette occasion : « Une histoire qu'on raconte n'est pas la même que celle qu'on écoute. »

À quoi bon, dans ce caveau, lui parler encore de *Persona ?* Il a probablement tout oublié. Il n'est pas le seul.

Je lui demande aussi :

— Souvenez-vous, lorsque nous étions au travail sur *Belle de jour*, en improvisant comme d'habitude, vous vous réserviez toujours le rôle de Séverine, du personnage féminin principal.

— Séverine ?

— Oui, la jeune femme, c'est ainsi qu'elle s'appelait.

— Ah bon.

— Et moi, je jouais les clients, le jeune amant et aussi madame Anaïs, la tenancière. De même, pendant l'écriture du *Journal d'une femme de chambre,* vous preniez toujours le rôle de Célestine, que devait tenir Jeanne Moreau. Et je jouais les autres personnages. Pourquoi cette prédilection pour le grand rôle féminin ?

Il ne se souvient de rien, me dit-il. Et je le crois. J'aurais dû lui poser la question de son vivant. Peut-être, en travaillant ainsi, cherchait-il à s'approcher du personnage le plus éloigné de lui-même ? Pour essayer d'en pénétrer les cachettes, les ressorts secrets, pour pouvoir ensuite les transmettre, au moins en partie, à ses comédiennes ? C'est possible. Je n'aurai jamais ma réponse.

Il me demande soudain :

— Catherine va bien ?

— Oui, très bien, je crois. Vous vous souvenez d'elle ?

— J'ai vu sa photo dans les magazines. Je l'ai reconnue. Elle n'a pas tellement changé.

— Elle travaille toujours beaucoup.

— Tant mieux.

— Et Jeanne aussi. Elle est toujours là, elle aussi, à plus de quatre-vingts ans. Vous savez ce qu'elle a fait ? Il y a deux ans, au cours du festival d'Angers, elle a lu en public, d'une traite, notre scénario du *Moine.* Vous vous souvenez du *Moine ?*

— Attendez, il me semble... Un roman gothique, non ?

En effet. Un roman noir de « Monk » Lewis, écrit en Angleterre au XVIIIe siècle. Ce récit fascinait les surréalistes, au point qu'Antonin Artaud en fit une traduction. En 1964, partie en Espagne, partie au Mexique, nous en écrivîmes une adaptation, que Buñuel, par malchance, ne put jamais tourner. Les deux producteurs se disputèrent, l'argent s'évanouit, le projet capota, Silberman se trouva ruiné (provisoirement), et nous passâmes à *Belle de jour.* Mais cette histoire restait pour nous une référence clandestine, obstinée, à laquelle nous revenions de temps en temps, par une image, un bout de dialogue, une allusion. « Mon meilleur film est celui que je n'ai pas tourné », me disait Luis. Celui qui flottait dans les limbes du songe.

On y voyait, en particulier, une scène d'évocation satanique où l'étrange et belle Mathilde – que devait jouer Jeanne Moreau – évoquait, dans un souterrain, au milieu d'un cercle de feu, un jeune démon mélancolique. Je regarde autour de moi, dans le maigre caveau parisien : l'au-delà ne ressemble en rien aux sombres voûtes et aux langues de feu que nous imaginons, que nous espérons. L'au-delà est gris, humide et silencieux. Et la tristesse des démons : encore un leurre.

J'hésite à lui parler de ce projet perdu, quand il me dit :

— Dans *Le Moine,* il y avait bien des revenants ? Ou des spectres ?

— Pas exactement. Nous avions supprimé tout un épisode qui, dans le roman, s'appelle « La nonne sanglante ». (Il me fait un signe : oublié.) Mais le surnaturel était là, oui, sans aucun doute. Ambrosio, le personnage principal, sur le point d'être torturé par l'Inquisition, signait un pacte classique avec le Diable et tout aussitôt finissait pape, au balcon de Saint-Pierre, à Rome. Il bénissait la foule des fidèles.

— Ah oui, le pape, oui… Ça me dit quelque chose…

— Il y avait aussi des nécromanciens, du cannibalisme discret, une branche de myrte qui, la nuit, ouvrait toutes les portes, une pure jeune fille abusée, des asphodèles qui faisaient entendre les voix des morts…

— Oui, oui… Et le château de… comment déjà ?

— De Talamur.

— Talamur, oui. En espagnol, *talar* veut dire couper, abattre, détruire. *Talamur*, c'est presque un château qui casse l'amour. Qui le dévaste.

— C'était aussi le nom du duc.

— Évidemment.

Nous nous taisons tous les deux. Je suis incapable de me demander à quoi il pense, quelles images lui reviennent, quels regrets. Un château où l'on dévaste l'amour.

Il me demande tout à coup :

— Où est-il, ce moine ?

— Qui ? Je ne comprends pas.

— Maintenant, où est-il ?

— Le scénario ?

— Mais non, lui, le moine ! Où est-il ?

— Je ne sais pas… Comment vous le dire ? C'était une fiction, un personnage de fiction.

— Et alors ? Ce n'est pas pour ça qu'il n'est nulle part. Un personnage qui signe un pacte avec l'enfer doit avoir un domicile, un territoire. Une adresse. C'est la moindre des choses. Le Diable doit pouvoir vous retrouver, le moment venu. En plus, quand on signe ce type de pacte, c'est pour l'éternité. Et l'éternité, ça se passe quelque part, tout de même ! Ce n'est pas le vide ! On ne va pas vous laisser vagabonder éternellement.

Je ne sais pas lui dire autre chose que :

— Vous croyez ?

— Non. À franchement parler, je n'en sais rien.

Silence, encore.

Le voici revenu à sa condition présente ; à ce que j'ai appelé imprudemment son « privilège » : ne plus être vivant, mais ne pas être tout à fait mort. Il est certain que cette condition lui pose problème, au fur et à mesure que des fragments de mémoire réapparaissent. Je me mets à sa place. J'en serais tout autant surpris, et même effrayé, inquiet. Je me demanderais : que peut-il m'arriver encore ? Quelle désillusion, quelle détresse, quelle menace ?

Quel avenir m'attend ? Avec le retour de la vie revient aussi la crainte de la perdre.

Je me rappelle une question-réponse du *Mahâbhârata* : « Qui sont les plus nombreux, les vivants ou les morts ? – Les vivants, puisque les morts ne sont plus. » Logique indienne. Toujours ce verbe « être », que nous n'avons jamais pu concevoir, définir. Et qui, en espagnol, est double.

Lorsque j'ai commencé, aux côtés de Peter Brook, à travailler sur le *Mahâbhârata*, Luis était près de sa fin. Il n'a presque rien su de ce long travail, et de toutes mes aventures orientales qui suivirent. Mais à quoi bon l'embêter avec tout ça ? J'aimerais juste lui dire que, dans plusieurs passages de l'épopée indienne, la solitude méditative est présentée comme un contrepoids indispensable (peut-être) à la prodigieuse, à l'incessante, à la dangereuse activité humaine. Un des personnages, un roi qui s'est retiré dans une forêt pour échapper au trône, se demande : « Et si le silence était nécessaire à l'harmonie de notre Terre ? Le silence, la solitude, la pensée ? »

Nous ne connaissons pas la réponse à cette question. Peut-être devrais-je la poser à Luis ?

Je préfère lui raconter ceci :

— Je me trouvais un jour dans une montagne, au-dessus de Kyoto, au Japon. Je devais écrire un texte pour un documentaire sur certains moines japonais. Quelqu'un m'emmena dans l'enceinte d'un petit temple, perdu dans les bois. Un vieil homme balayait le sol. Mon guide me dit, en me montrant le temple : « Il y a un homme là-dedans. Il y vit seul depuis douze ans, personne ne le voit, ne lui parle. Le soir, on lui fait passer sa nourriture par une petite trappe. Il s'accorde le droit de sortir, la nuit, une fois par semaine, pour aller marcher dans la forêt, et dire à haute voix quelques phrases, afin de ne pas devenir fou. C'est tout. Le reste du temps, il prie, il médite. »

Luis, qui m'a écouté, dit simplement :

— Je peux comprendre ça.

Et après un silence :

— Mais je ne suis pas sûr que ça serve à quelque chose.

Un autre silence, puis :

— Il était peut-être vide, votre temple. On vous a fait marcher.

Il se met brusquement à rire et me demande :

— Vous vous rappelez ce que disait l'autre vieux moine, à Las Batuecas ?

— Non. Vous ne m'avez jamais emmené là-bas.

Las Batuecas était un couvent espagnol, dans la région des *Hurdes*, en Estrémadure, là où Buñuel tourna, en 1932, cet apparent documentaire. Un couvent isolé, très beau paraît-il, que Luis faillit acheter. Mais le déclenchement de la Guerre civile, en 1936, l'en empêcha.

— Le moine disait : « Si tout le monde priait saint Joseph une heure par jour, les choses iraient mieux. »

— Il avait raison.

— Sans l'ombre d'un doute.

Les yeux mi-clos, il me dit alors :

— Mort, vivant, dans mon cas, quelle différence ? Vivant, je ne pense pas à la mort. Mort, j'ai oublié presque toute vie. Et pourtant nous sommes là, vous et moi. Nous n'avons pas quitté la Terre. Les morts continuent à tourner autour du soleil, comme les vivants. Votre moine japonais masturbateur et le vieux moine espagnol que j'ai connu, et qui est forcément décédé, ils tournent ensemble.

— En tout cas, vous qui adoriez la solitude, vous êtes servi.

— Non, justement.

— Pourquoi non ?

— Je suis incapable de vous le dire. Vivant, oui, j'aimais être seul, me laisser aller, méditer, rêver, imaginer. Perdre l'esprit, et me perdre avec lui. Le temps passait autour de moi sans m'effleurer. Mais la méditation ne suffit pas, non plus, à remplir une mort.

— Vous vous ennuyez ?

— Non, ce n'est pas le mot. Ce sentiment m'est interdit, comme beaucoup d'autres. Il m'est impossible de m'ennuyer. Il faut du temps pour connaître l'ennui. Il faut…

Il cherche un instant quelque chose à dire, l'esprit là encore perdu, la mémoire affaiblie, peut-être, chancelante. Je ne parle pas. Il me dit encore :

— Quand vous venez me réveiller, je tente de me rappeler ma vie, comme je le faisais déjà quand j'étais encore vivant. Je me transportais souvent dans le passé, ailleurs, autrement.

— Vous le faites toujours ?

— C'est beaucoup plus difficile maintenant, car je ne sais plus ce que c'est, le passé. Je ne sais plus dans quel ordre j'ai vécu. Et quand j'y parviens, ce qui est rare, quand vous me rappelez les bordels de Madrid, par exemple, je n'en tire que des regrets.

— Pourquoi ?

— Quand vous partiez chacun avec une fille, Paco et vous, je rentrais seul.

— Pourquoi ?

— Je ne sais pas. Je ne l'ai jamais su. Le jour suivant, je le regrettais. J'aurais très bien pu vous imiter. (Après un silence.) J'aurais pu mieux faire.

— De meilleurs films, aussi ?

— Je ne vous parle pas de films ! Qu'est-ce que vous allez encore chercher ? Les films n'ont aucune importance ! Les miens, ceux des autres, je m'en fous. Le gouffre d'oubli les attend, gueule ouverte. Qui s'en souviendra ? Quelques vieux maniaques, ici ou là, qui les regarderont en disant : « Des films comme ça, on n'en fait plus. » Ce qu'on peut dire de tout, oui, de tout ce que les hommes ont fait. Mes films, je les aurais volontiers tous brûlés, de mon vivant. Avec du plaisir, même. Un gros tas de négatifs arrosés d'essence. Une allumette. Beau sacrifice culturel.

— Pourquoi disiez-vous : « J'aurais pu mieux faire » ?

— Je vous parlais de ma vie ! J'aurais pu mieux vivre, voilà ! J'en étais capable !

— Nous pourrions tous dire la même chose.

— Oui. Mais si vous croyez que ça me console...

Un autre court silence et il reprend, sans que je l'interroge :

— Que faire dans une tombe, hein ? Dormir, évidemment, la plupart du temps. Dormir sans rêver. Flotter dans le vide. Mais quand des moments de conscience me sont donnés, pour des raisons qui m'échappent, que faire ?

— Ça vous arrive même quand je ne suis pas là ?

— Non, je ne crois pas. En tout cas, je ne m'en rends pas compte. Je n'en garde aucun souvenir, même léger. Quelquefois je me dis que…

— Quoi ?

— Vous savez que j'emmenais avec moi, quand j'étais vivant, partout où j'allais, une petite trousse à outils.

— Oui, je me rappelle. Un couteau suisse…

— Une ou deux pinces, un tournevis, un poinçon… Des objets indispensables, sans lesquels je me sentais fragile, paralysé. Exposé.

— Ces objets vous manquent ?

— Oui. Pour être franc, oui.

— Vous voulez que je vous en apporte ?

— Vous feriez ça ?

— Bien sûr.

— Avec une torche électrique, aussi ?

— Je peux vous laisser la mienne.

— Cela me permettrait, si jamais je me réveille en votre absence, de bricoler, de m'occuper un peu, de percer un trou dans mon cercueil, de regarder autour de moi.

— De sortir, aussi ?

— Ah non, sûrement pas. Du moment que vous m'apportez les journaux, je n'ai aucune raison de sortir. Qui sait dans quel état sont mes jambes ? Et si quelqu'un me reconnaissait, vous vous rendez compte ? Le spectre de Buñuel, la nuit, sur le boulevard Montparnasse ?

Il montre alors l'autre cercueil, celui qui est très endommagé, et il me demande :

— Là-dedans, c'est qui ? On le sait ?

— Je ne crois pas.

— Quand vous partez, quand vous me laissez seul, sans refermer mon couvercle, certains soirs je regarde ce vieux tas de bois, un long moment. Je dis « un long moment », en fait je n'en sais rien. Je regarde. Quelque temps. Je me pose des questions :

qui est là-dedans ? Un homme, une femme ? Que faisait-il ? Où vivait-il, où vivait-elle ? À quelle époque exactement ? Et que reste-t-il de cette vie ?

— C'est un mort oublié. Il paraît qu'il y en a beaucoup.

— Presque tous. Et c'est naturel. (Un silence de deux minutes, il ferme les yeux, les rouvre.) C'est une merveille, l'oubli, en un sens. La plus mystérieuse de nos fonctions mentales. L'oubli. Cet abîme où tombe l'esprit. Notre linceul. Ne plus savoir qui on est, qui on a été. Comme ma mère, vers la fin.

Vivant, il se montrait toujours obsédé par cet état de non-conscience, de non-vie, qu'il semblait redouter parfois plus que la mort. Je lui disais : « Mais si vous avez tout oublié, il ne vous reste rien à regretter. Vous n'avez plus de repères, plus de souvenirs, plus de projets, plus de souhaits. Rien. Ce qu'on appelle rien. C'est peut-être ça, au fond, le paradis. »

Il ne se montrait pas convaincu. Il désirait à la fois se souvenir et oublier. Toujours ces désirs qui s'enchevêtraient, ces sentiments contraires, qu'il essayait de résoudre, de broyer, de confondre en lui-même. Espagnol et international, bourgeois et subversif, anarchiste et ordonné, brutal et tendre, simple dans ses apparences et complexe dans ses désirs, artiste et ennemi de l'art, surréaliste, c'est-à-dire confiant toujours à l'imagination le premier rôle, mais en même temps travaillant sur des scénarios construits, minutieux. Sur un plateau, cinéaste classique.

Contradictoire et simple.

Et maintenant vivant et mort.

5

Un autre soir, il me dit, alors que je ne lui demande rien :

— Vous savez ce que nous avons de plus tassé, là au fond ? De plus irrémédiable ?

Non. Je ne le sais pas, je le lui avoue. Je m'en doute, mais je n'en suis pas sûr. Il attend quelques secondes avant de me dire (mais cela n'a rien d'une nouveauté, entre nous) :

— C'est le goût de la destruction. Détruire le monde nous rendrait les égaux de Dieu, ce qui d'ailleurs est stupide, puisque ce n'est pas Dieu qui l'a créé, le monde, nous le savons tous.

Nous ne le savons pas tous, il s'en faut, mais nous le savons tous les deux. C'est au moins ça. Nous avons toujours été, et cela depuis notre adolescence, l'un comme l'autre, deux athées paisibles et tranquillement convaincus. C'est même un point, me disait Luis, qui nous épargnait maintes discussions mondaines et stériles. Il conseillait, à table : « Si vous voulez parler de l'existence de Dieu, attendons d'avoir mangé le fromage. » Et encore : « Quand j'ai appris Hiroshima, en 1945, cette première explosion nucléaire, triomphante, radieuse comme un soleil noir, je me suis dit : “Nos vieux rêves ont pris corps. Enfin. La Bible n’a qu’à bien se tenir.” »

Il me révéla, naguère : « Vous savez pourquoi les Américains ont choisi de détruire Hiroshima et, tout de suite après, Nagasaki ? Parce qu’il leur fallait deux villes, pour rappeler Sodome et Gomorrhe. Pour se conformer à la Bible. Mais ces deux villes japonaises étaient-elles peuplées de sodomites, de lesbiennes, de pécheurs endurcis ? Les services secrets, leurs anges, les en avaient-ils informés ? »

(Je précise au passage qu’il songea, autrefois, à faire jumeler Calanda, sa ville natale, avec Sodome ; projet qui mourut dans des tiroirs.)

Il continue :

— Oui, mon cher ami, détruire pour détruire. Détruire à fond. Pour toujours. Qu’on ne parle plus jamais de nous. Jamais.

— De toute manière, nous sommes les seuls à parler de nous.

— Qui d’autre se soucierait de nos tristes chroniques ? L’idéal, il est là : qu’aucune mémoire ne reste de cette misérable espèce qui avait tout en main pour vivre tranquille – tout, sauf ce détail, ce secret étouffé. Elle ne voulait, au fond, que se foutre en l’air.

— Et que tout disparaisse avec elle ?

— Les animaux, les plantes, tout. Même les montagnes, les mers. Tout ce qu’il est possible de détruire.

— C’est ça, le Diable ?

— Le Diable, je ne sais pas, mais l’enfer, oui, sûrement, et toutes les forces des ténèbres que nous avons voulu rejeter hors de nous, loin de nous, au-dessous de nous. Et qui sont là.

Il se touche la poitrine d’une main en répétant : « Là. »

L'enfer enfin localisé. Il retire sa main, se tait un instant, comme s'il reprenait son faible souffle, et il dit encore :

— Vous savez ce qui m'inquiète le plus, au fond, quand je lis vos journaux ?

— Dites-moi.

— Quand tout sera détruit, comme ça en prend le chemin, que restera-t-il de mon cimetière ?

— Qui s'en soucie ?

— Comment, qui s'en soucie ? Mais c'est le souci numéro un des morts ! Et c'est le mien ! Est-ce que je reviendrai encore à la conscience, de temps en temps, pour apprécier le marécage froid où seront alors les enterrés ? Hein ? Les cercueils dans un désert, vous imaginez ça ? Ou dans un glacier ? Qui visitera qui ? Qui parlera à qui, qui se souviendra de qui, lorsque les morts seront les seuls vivants ?

— Ce serait dommage ?

— Bien sûr.

— Dommage pour les morts ?

— Pour tout le monde. Les morts seraient réduits au silence, et au nom de quoi ?

— Mais de toute façon, les morts ne parlent pas.

— Ah, vous trouvez ? Et qu'est-ce que je fais, avec vous ? Vous pouvez me le dire ? Je parle, voilà. Car les morts parlent, eux aussi. Il ne faut surtout pas croire qu'ils sont condamnés au silence. Pas du tout ! Il y a même des morts qui sont bavards, d'autres taciturnes, et d'autres qui parlent très fort, plus fort que la plupart des vivants.

— Mais on les écoute moins.

— C'est vrai. Quelquefois, il faut tendre l'oreille. Nous avons toujours tendance, partout, à écouter ceux qui font semblant d'être vivants. Ceux qui gueulent, ceux qui gesticulent, ceux qui tendent le poing, ceux qui promettent tant et plus, et qui fondent pour mille années des empires déjà titubants. Mais les morts, les morts qui savent, parce que pour eux le plus dur est fait, parce qu'ils sont passés de l'autre côté, les morts qui parlent, comme moi, qui les écoute ?

Je reconnais son goût catholique des ténèbres, cette attirance ancienne pour les désastres annoncés, qui tardent toujours à s'abattre, et sur lesquels les religions s'installent ; cette peur en nous, ce vertige délicieux des abîmes, des *profundis.* Nous nous demandions autrefois, quand nous écrivions *La Voie lactée* par exemple, pourquoi notre monde, dans la multitude des croyances, est si souvent perçu comme menacé, éphémère. Comme si Dieu n'était autre qu'une météorite géante, filant dans les espaces pour nous écraser après-demain, ou même demain, demain matin, à l'aube, par vif remords de nous avoir créés. Comme s'il avait lancé le bolide pour faire surgir notre foi, avant de nous tuer.

Nous n'avions pas de réponse. Pourquoi cette alarme perpétuelle, cet appel d'urgence à la catastrophe ? Préparez-vous ! Préparez-vous ! Pourquoi nous anéantir, après nous avoir tirés du néant ? Cette création, n'était-elle donc qu'un acte manqué ?

Peut-être, me disait Luis, est-ce notre propre condition que nous accolons à celle du monde. Car nous sommes fragiles et provisoires, soumis à mille craintes, c'est vrai. Nous sommes les ratés de Dieu, aussi insolents que terrorisés. Alors que la planète n'a que faire de nos frayeurs. Elle est plus solide qu'elle n'en a l'air.

Peut-être aussi, disions-nous, parce que les jeunes royaumes et les religions naissantes ne peuvent s'épanouir que dans une odeur de dissolution, quand un autre monde s'achève, un monde gangrené qu'il importe de remplacer, quand un sauveur nous apparaît indispensable. « Imaginons un peuple heureux, disait Luis, un peuple harmonieux, en paix avec ses voisins, prospère, tranquille. Quel besoin aurait-il d'un dieu ? Ou simplement d'un souverain ? »

De tous les films que nous avons écrits ensemble, *La Voie lactée* fut sans doute le plus inattendu. Concevoir, écrire et réaliser un film, un film de cinéma, sur les hérésies de la religion chrétienne, cela semblait une gageure folle. Luis m'en parlait depuis notre première rencontre, dès 1963. Marqué par la lecture d'une étude de Menendez Pelayo sur « les hétérodoxes espagnols », c'est-à-dire sur ceux qui se situent en dehors de l'orthodoxie, à l'écart du dogme officiellement proclamé, il désirait en tirer quelque chose. Mais quoi ? Comment concevoir et produire un objet pareil ? Comment le vendre ?

Lorsque *Belle de jour* gagna le Lion d'or au festival de Venise, en 1967, il prit sa décision. Nous avions vu ensemble, au cours de ce même festival, *La Chinoise,* de Jean-Luc Godard, et Luis se sentait enhardi par la nouvelle liberté du récit. « Si c'est ça le cinéma d'aujourd'hui, me disait-il (avec un mélange de moquerie, d'irritation et d'admiration), alors nous pouvons le faire, notre film sur les hérésies. »

Le Lion d'or et le succès commercial de *Belle de jour,* qu'il avait quelque peine à supporter (toujours ces putains), l'encourageaient. Peut-être aussi voulait-il réagir contre le commerce, aller vers un film fermé, inaccessible. Nous en parlâmes un soir, je me rappelle, à Venise, au cinéaste brésilien Glauber Rocha, qui ne voyait pas ce que nous cherchions là-dedans. Car l'histoire des hérésies chrétiennes est un fatras presque indescriptible, un amas d'extravagances et parfois même de loufoqueries ; ce qui précisément nous attirait. Les corridors surprenants de l'esprit, son côté train fantôme. J'avais repéré, dans une brochure d'André Breton, *À la niche les glapisseurs de dieu,* une phrase disant que les surréalistes acceptaient de se reconnaître, avec les hérétiques, « quelques points de contact ». Lesquels ? Ce n'était pas dit.

Avant de nous mettre au travail, j'ai amassé une documentation, reposant d'abord sur les deux gros volumes du *Dictionnaire des hérésies,* de l'abbé Pluquet, une compilation chrétienne du XIXe siècle, et quelques autres études, plus partielles. Après quoi nous nous sommes enfermés pendant plus de deux mois, seuls, dans un parador espagnol, celui de Cazorla, isolé dans la sierra de Grenade. Automne magnifique, forêts dorées, chasseurs partant à l'aube, marches dans la montagne : là naquit l'idée de deux pèlerins contemporains, démunis, presque des clochards, allant à pied jusqu'à Saint-Jacques-de-Compostelle et rencontrant en cours de route, au mépris de l'histoire, de la géographie et de toute vraisemblance narrative, les hérétiques qui nous intéressaient.

Seuls ou presque dans notre montagne, nous ne parlions que des anges, des conciles, de controverses extrêmement retorses sur des points de dogme, d'excommunications, de supplices, d'aveux, d'absurdités et surtout de mystères. Car les hérésies, comme je devais le comprendre peu à peu, naissent toujours du refus d'accepter un mystère et du besoin de l'éclaircir.

Par exemple : Jésus-Christ est-il homme ou dieu ? Il est homme et dieu à la fois, nous dit (tardivement) le dogme, qui est le mystère même, et qu'il faut accepter comme tel. Car le dogme est le dogme. Il ne se discute pas.

Homme *et* Dieu, donc. Mais cette affirmation autoritaire, à la plus légère réflexion, paraît presque impossible à comprendre, à admettre. Comment un dieu peut-il naître d'une femme, manger, dormir, souffrir, mourir ? Comment un dieu « unique » peut-il être le père d'un autre dieu ? Comment une femme, une créature terrestre, peut-elle donner naissance à un dieu ? Comment un homme peut-il être « le Fils de Dieu », ressusciter, monter au ciel ?

Homme ou dieu ? L'esprit obéit assez vite au besoin de choisir. De là deux catégories d'hérétiques, ceux qui disent que Jésus était Dieu, aucun doute là-dessus, fils de Dieu et Dieu lui-même. Par conséquent il n'est pas mort sur la croix, il ne mangeait pas vraiment, ne suait pas, ne déféquait pas, et ainsi de suite. Sa respiration, sa digestion n'étaient que simulacres. Pas d'organes humains dans ce corps éthéré. Une sorte de fantôme ambulant, l'ombre d'un homme. Notre apparence.

De l'autre côté, nous trouvions ceux qui ont soutenu que Jésus étaient sans aucun doute un homme, qu'il mangeait, qu'il buvait du vin, qu'il possédait un cerveau et un pancréas comme nous tous, qu'il était « inspiré » ou même « visité » par Dieu, mais qu'il n'était pas Dieu lui-même.

Dans les deux cas, surtout à partir du VIe siècle, les obstinés finissaient au bûcher, sans pitié, sans recours. Il fallait accepter le mystère, même absurde, surtout absurde, car, exprimant nécessairement la vérité, comme le dogme l'affirmait, il ne pouvait provenir que d'une révélation divine. Raisonnement qui se mord la queue, mais qui a tenu bon pendant des siècles.

Ainsi, *La Voie lactée* est un film secrètement construit autour des six grands mystères de la religion catholique : la trinité, la double nature du Christ, la « présence réelle » du corps de Jésus dans l'eucharistie, l'existence du mal en ce monde (étant donné la bonté sans limite de Dieu), la liberté humaine (nous sommes libres de nos actes, mais Dieu sait d'avance quel sera notre choix) et enfin tous les mystères concernant la Vierge Marie, qu'on appelle mystères mariaux.

Nous étions là, seuls, à l'automne, parfois entourés de brumes et de nuages, égarés parmi des spéculations d'autrefois, et autour de nous le monde, que nous avions fui, allait son train. Nous étions entrés sans le savoir dans l'âge de la fleur, ailleurs le *Summer of Love* de 1967 s'achevait, la pilule contraceptive se trouvait en vente libre, les hippies chantaient et fumaient, l'assassin de Martin Luther King préparait son arme pour le mois d'avril, les barricades de Mai 68 ne s'annonçaient pas encore, Prague croyait entrer dans son nouveau printemps ; et plus tard encore, la même année, nous attendaient l'invasion de la Tchécoslovaquie par les troupes du pacte de Varsovie et le massacre d'étudiants par centaines, au mois d'octobre, à Mexico, sur la place dite des Trois Cultures.

Quand nous eûmes terminé une première version, Serge Silberman, ayant repris du poil de la bête, vint nous voir à Madrid. Il emporta le scénario pour le lire et revint deux heures plus tard dans le bar où nous l'attendions. « Je fais le film », nous dit-il, tout joyeux. Nous le prîmes chacun par un bras, Luis et moi, en l'assurant que nous allions le conduire dans un endroit très agréable, à la campagne, où il ne manquerait de rien, sauf peut-être de liberté (mais après tout, la liberté...). Il marcherait une heure et demie par jour, il se reposerait sous de grands arbres. Des hommes et des femmes très aimables, vêtus de blanc, s'occuperaient de lui. Bref, nous le traitions comme un aliéné.

Mais non. Il insista.

Lorsque nous revînmes à Paris, pour préparer le film, et que le Quartier latin se souleva, tous nous disaient que désormais les choses se politisaient, l'entreprise, l'école et même la famille. Qu'allions-nous chercher dans la religion ? Dans des élucubrations d'autrefois ? Auprès de gens qui prétendaient que la chair du Christ se trouvait dans l'hostie comme le lièvre dans un pâté, ou bien que Jésus avait assisté à sa crucifixion en se dissimulant parmi la foule, tandis qu'un autre homme, un ami, ayant pris son apparence, mourait pieusement à sa place ? Qu'importait aux étudiants et aux grévistes que Marie fût appelée « mère du Christ », comme l'exigeait Nestorius, ou « mère de Dieu » ? Qu'elle ait été conçue, aux dernières nouvelles, exempte du péché originel ? À quoi bon remuer ces vieux marécages de l'esprit ? Ces chicanes haineuses ?

Nous n'avions pas d'autre réponse que le trouble que suscitaient en nous, aujourd'hui encore, ces désordres de l'esprit, cette passion abstraite et pourtant meurtrière, ainsi que notre désir de faire le film. Et il fut fait, il connut même le succès, ce qui nous surprit. Silberman put ainsi continuer à produire.

Quelques années plus tard, les observateurs annonçaient le retour en force de la religion, un peu partout dans le monde, souvent sous une forme violente, intransigeante, et la politique, comme d'habitude, décevait. Encore une volte-face des choses, dans les courbes incessantes de l'histoire.

Je lui demande, là, dans la tombe :

— Comment expliquer que la religion soit de retour ?

— La religion ?

— Oui.

— Ce prétendu retour, je vais vous dire, je n'y crois pas vraiment. Je vois bien, dans vos journaux, que des masses de fidèles se pressent dans des lieux saints, ici et là. Mais cela s'est toujours vu. Toujours. Si, comme vous me l'avez dit, la population de la Terre a doublé en quarante ans, il est normal qu'on voie de plus en plus de pèlerins, de croyants.

— Et aussi de plus en plus de fanatiques

— Bien sûr. La religion est inséparable du fanatisme. Elle en est la mère porteuse. Et vous savez pourquoi ?

— Dites-moi.

— Parce que, si la politique est le plus souvent décevante (mais pas toujours), la religion l'est en permanence. Elle est la déception même. La déception assurée. Car Dieu ne se montre jamais, évidemment. Il s'en garde bien.

— Comment pourrait-il se montrer, s'il n'est pas là ?

— C'est ce que je vous dis. Le voilà, le vrai tour de force. Les fidèles lui adressent des prières, lui offrent des sacrifices forcenés, se lèvent pour chanter ses louanges la nuit, font pénitence, se fustigent, marchent sur des braises, se plantent des clous dans la chair, et Dieu ne se montre toujours pas.

— Il y a de quoi devenir irritable.

— Comme vous dites. Irritation qui conduit à la colère, et assez vite à la fureur. Car c'est exaspérant, tout de même, ce ciel de silence et de vide ! Ce ciel qui n'est d'aucun secours ! On en vient à protester, à s'indigner ! On en vient à haïr ceux qui n'ont pas perdu leur temps à adorer un dieu, ceux qui ont vécu comme il faut vivre, vous et moi par exemple.

— Et alors ?

— Alors on les descend, tout simplement.

— Quitte à se tuer soi-même.

— Exactement. Ainsi, je fais coup double, comprenez-vous ? Dieu n'a pas pris la peine de châtier mes ennemis ? Je vais m'en charger à sa place, vous allez voir. En même temps, je tue le criminel. Plus besoin de jugement, de bourreau. Je fais justice, moi, moi seul. Je tue, j'avoue, je meurs. Tout en même temps. Le terrorisme aveugle, votre 11 Septembre, les Talibans, comme vous les appelez, tout ça, ceux qui se bourrent le ventre d'explosifs pour aller se faire sauter dans un marché de Bagdad, ou à la sortie d'une école de filles, c'est le fait d'hommes qui se sont mis à la place de Dieu.

— Prouvant du même coup qu'il n'existe pas.

— Oui, mais ça, nous le savions déjà. Vous comprenez, mon cher ami, quand le chemin devient cabossé, on reprend ses vieilles béquilles.

— Il en a toujours été ainsi.

— Eh oui. Qu'une société se montre soudain plus sage, plus amicale, et Dieu s'en va, je vous l'ai déjà dit. Il n'a plus de terrain de chasse. Mais si la sécheresse vous écrase, et la pauvreté, et la faim, si le désert vous traque jusque sous vos fenêtres, si les loups et les ours viennent bouffer dans vos poubelles, si vos chefs sont pourris, vos enfants, affamés et vos voisins, cruels, vite à genoux, vite la prière. C'est comme ça. Dieu aime les pénuries, les catastrophes, la misère, les oppressions. À votre âge, ces choses-là ne devraient plus vous étonner.

— Et pourtant. Que la croyance, au siècle où nous sommes, soit plus puissante que la connaissance…

— Ouvrez les yeux ! Et ne dites pas que les hommes sont bêtes, c'est trop facile. Ni qu'ils sont cruels, ou mauvais. Ça ne vous mènerait à rien. Admettez, une fois pour toutes, que les deux éléments qui nous constituent, d'abord, sont la crédulité et l'envie de détruire. Quand les deux s'unissent, alors gare.

— Il y en a d'autres, non ?

— Lesquels ?

Je réfléchis, j'hésite avant de dire :

— Le désir de savoir ?

— Peut-être. (Un moment de réflexion.) Pour vous, oui, c'est possible, c'est assez votre genre. En ce qui me concerne, ce désir-là, je ne l'ai jamais vraiment ressenti. L'histoire est parfois amusante, oui, peut-être, mais les sciences me font peur. Je n'ai pas envie de savoir de quoi l'atome est composé. Je vis parfaitement à l'aise dans le fauteuil de l'ignorance.

— Comme tout le monde.

— Peut-être. Mais faites bien la différence. Le savoir est un désir, et la destruction, un besoin.

— Possible.

— Sûr.

Je demande alors :

— Et la compassion ?

Il fait un geste de la main comme s'il voulait balayer ce mot. Il rit, même. La compassion, et puis quoi encore ? Pourquoi pas la charité, cette vieille lanterne des cossus ? Je remarque que des personnages très réfléchis, les bouddhistes par exemple, ont placé la compassion, serait-elle profondément cachée, comme l'assise même de notre nature. Que nous le voulions ou non, nous sommes compatissants, nous souffrons des souffrances des autres. Il suffit de nous débarrasser de certaines pesanteurs et de bien creuser en nous-mêmes.

Nous en parlions déjà, autrefois, d'autant plus que Luis, sous ses aspects rugueux, était la bonté même. Tous ses amis le disaient : bon comme le pain. Un jour où il ne savait pas que je le regardais, je l'ai vu, dans une avenue de Mexico, vider ses poches entre les mains d'une mendiante, laquelle n'en revenait pas et semblait lui dire : « C'est trop ! »

La bonté. Un de nos secrets. La rareté même. Comment l'atteindre ? Comment un homme intelligent, lucide, et même rusé, peut-il passer par-dessus l'égoïsme, par-dessus l'intérêt personnel, par-dessus son avidité naturelle, et se laisser aller à la bonté ? D'où surgit ce sentiment bizarre, inattendu, presque choquant ? Pendant l'écriture de *La Voie lactée,* cette question, certains jours, nous hantait. Nous la tournions et la retournions comme une vieille sauce. Le bien et le mal : deux problèmes. Pour expliquer que Dieu, qu'ils supposent, et même qu'ils proclament immensément bon, a permis l'existence du mal sur la Terre – du mal, et par conséquent du malheur, nos évidences quotidiennes –, les croyants font appel, pour la plupart, à un génie contraire, malfaisant, un prédateur qu'ils appellent Iblis, ou le Diable, ou Satan, le tentateur obscur, un ange déchu et revendicateur, avide avant tout de nos âmes.

Mais ce n'est que reculer pour mieux sauter. Comment Dieu – la bonté infinie – a-t-il permis l'existence du Diable ? L'a-t-il créé délibérément ? Dans ce cas, pourquoi ? Et comment n'arrive-t-il pas, lui, le tout-puissant, à le vaincre, à le terrasser ?

Les décisions de Dieu, quelle opacité.

Une faute originelle, qui entraîna l'expulsion du paradis originel, une désobéissance majeure (apprendre à distinguer, justement, le bien du mal), est-elle à l'origine du malheur, de la perdition ? Mais le Diable existait déjà dans le paradis, comme nous le raconte la Genèse. Ce qui complique tout. Était-il entré tout seul, par effraction, comme un maraudeur ? Sinon, qui l'avait mis là, entre la création et la faute, sous la forme d'un serpent rusé doué de parole ? Dans quelle intention ? Et même : comment Adam et Ève, tout enveloppés d'innocence, auraient-ils pu savoir qu'ils allaient commettre un « péché » ? Connaissaient-ils ce mot ? Comment même, dans le paradis, auraient-ils pu comprendre le sens du mot « interdiction » ?

Au jardin d'Éden, aucune pelouse n'est interdite. Serait-il donc possible que le mal existe déjà, puisque le rusé serpent se glisse dans les herbes proches, et qu'il nous soit interdit de le distinguer ? De le nommer ? Et si nous ne pouvons pas le reconnaître, comment l'éviter ?

Pour répondre à ces questions agaçantes, pour rendre acceptable ce mythe boiteux, certains hérétiques n'ont pas hésité à supposer l'existence, dès le début, de deux principes, l'un porté vers le bien, l'autre vers le mal. Oui, d'accord, mais qui a créé ces deux principes ? De quelle force créatrice est né Satan ? À quelle nécessité répondait-il ? Dieu lui-même aurait-il été créé ? Mais par qui ? Dans quelle intention ? Ce mot de « création » n'est-il pas le piège suprême ? Un simple besoin de notre esprit ? Une astuce (involontaire) de vocabulaire ?

Autre incertitude, réponses diverses. Pour l'Iranien Mani, qui donna son nom au manichéisme, c'est la nature humaine qui est composée de lumière et d'ombre. Tout notre effort doit tendre vers la lumière. Et ce n'est pas simple. Le système cosmique et théogonique de Mani est un des plus complexes qui jamais sortît de cervelle humaine. Quelle histoire ! On y voit même jaillir le sperme des archontes célestes.

Il finit coupé en deux par des intégristes zoroastriens, et les deux parties de son corps furent clouées sur une des portes de Ctésiphon. Tué par l'ombre.

Ainsi, isolés dans une montagne d'Andalousie comme des ermites d'autrefois, nous étions déjà (sans nous en douter ?)

englués dans l'histoire récente, contemporaine. De saint Augustin envoyant les donatistes au bûcher aux purges inexplicables de Staline, nous allions d'une élimination à l'autre, d'un bûcher à un peloton. Les horreurs des siècles se succédaient, se côtoyaient, se confondaient, se renouvelaient. Un gibet chassait l'autre.

Nous nous efforcions, dans notre travail, d'éviter toute allusion directe au nazisme, ce qui nous semblait trop facile, ou au dogmatisme communiste de ce temps-là (même si les hommes restaient faillibles, le Parti, comme l'Église autrefois, ne pouvait en aucun cas se tromper), et nous sentions bien, même vaguement, tandis que l'année 1968 s'avançait, que l'histoire du fanatisme est une et entière, perpétuellement menaçante, même quand elle paraît assoupie, apaisée.

Éternel retour de la certitude. Toutes ces persécutions exercées au nom de la vérité, ou si l'on préfère de l'orthodoxie, s'enchaînaient l'une à l'autre, sans répit, et se ressemblaient : à commencer par celles, terribles, oubliées par les historiens partisans (et prudents), que les chrétiens lancèrent sur les païens qui refusaient, après l'édit de Théodose, à la fin du IVe siècle de notre ère, de se convertir au christianisme, religion désormais unique, officielle et obligatoire.

Un des grands trous d'ombre de notre histoire, longtemps écarté de nos chroniques d'Occident. Que d'Égyptiens, de Juifs, de Grecs, de Zoroastriens, de Syriens, de Tunisiens, de Thraces, de Gaulois furent massacrés au nom de la vérité nouvelle imposée par un dictateur converti ! La Terre décidait du Ciel, une fois de plus, et le Ciel accablait la Terre. Le nouveau vrai dieu, né en Palestine, devenu romain : aucune pitié. Au mépris de la vie et de la pensée humaine, ces persécutions – qui n'ont jamais cessé, sous des formes diverses – se justifiaient, chaque fois, par le désir ardent d'instituer la vérité de l'autre monde et d'établir enfin le bonheur des hommes, fût-ce malgré eux ; comme si le bonheur était non plus une espérance, mais une obligation.

En un simple bavardage (Luis, à qui j'en parle, l'a oublié), nous avions imaginé, sans y donner suite, une histoire au fin fond de l'Égypte, en 384 ou 385. Il y a là une famille qui, depuis des siècles, est chargée de l'entretien d'un petit temple. Un officier vient leur annoncer, un jour, de la part des autorités romaines, qu'il faut fermer et détruire le temple. Pourquoi ? Parce qu'un nouveau dieu a été révélé, et reconnu par l'empereur lui-même. Quel dieu ? Personne ne le connaît encore très bien. Il serait né juif, en Judée. Juif ? Pourquoi juif ? On ne sait pas. C'est comme ça. Il s'appelle Iésu, ou Iésuah, il a fait des miracles et on l'a crucifié. Les envoyés savent peu de chose sur lui, sinon qu'il est le dieu véritable. C'est prouvé.

Les prêtres égyptiens essayent de discuter (comment un dieu a-t-il pu se laisser crucifier ?), un membre de la famille se rend à Alexandrie, pour en savoir plus. Il revient découragé : les Romains sont formels. Le nouveau dieu s'appelle en effet Iésu, ou Iésuah, ou Jésus, et il est désormais le seul (bien qu'il ait un père éternel dans les cieux). Adieu Amon, Osiris, Isis, Anubis et les autres, qui étaient si nombreux, et si familiers. Adieu Apollon, adieu Poséidon. Un seul seigneur pour tous. Sinon gare.

Alors les gardiens du temple le démolissent, pierre par pierre, creusent une fosse, y allongent leurs dieux, récitent à voix basse une dernière prière et les recouvrent tristement de sable.

En attendant les archéologues.

Nous avions aussi imaginé – mais sans nous y attarder – de raconter la lamentable histoire d'Hypathie, philosophe platonicienne d'Alexandrie, et aussi bibliothécaire, qui fut lapidée pour n'avoir pas voulu croire au nouveau credo que Rome imposait. Le film a été fait, par un autre Espagnol, Pedro Amenabar, en 2008. Il s'appelle *Agora*. Le Vatican a réussi à le faire interdire en Italie. Des chrétiens fanatisés ? Historiquement impensable, à Rome.

Les hérétiques – d'un mot qui veut dire « ceux qui choisissent, ceux qui se séparent » – devenaient, lorsque nous lisions les journaux de ces années-là, les années 1960, les « égarés », les « déviationnistes », des agitateurs, de dangereux sectaires, des « groupuscules ». Et il fallait éliminer Trotski comme Mani.

Disparus ? Loin de là. Nous les retrouvons, sans grand effort, un peu partout, autour de nous ; chez les partisans du complot par exemple, qui s'obstinent à démontrer que la CIA est à l'origine du fracas du 11 Septembre (et même le président iranien, Mahmoud Ahmadinejad, n'est pas loin de dire la même chose) ; chez ceux qui affirment que Bacon a écrit les pièces de Shakespeare, et Corneille, celles de Racine ; chez ceux qui soutiennent qu'Auschwitz n'est que le fruit d'une mise en scène sioniste ; chez ceux qui vont consulter des spécialistes (fréquemment asiatiques) pour revisiter leurs vies antérieures ; chez ceux qui font confiance aux Mayas pour annoncer avec certitude la fin du monde (une fois de plus) ; chez ceux qui démontrent que les inondations chroniques, comme celles qui ont ravagé le Pakistan en 2010, sont dues à notre entrée dans l'ère du Verseau ; chez les créationnistes contemporains, qui s'entêtent à voir de l'« intelligence », qu'ils décrètent divine, dans le chaos effervescent de l'univers, et chez ceux qui soutiennent qu'Ahmadinejad (encore lui) est en réalité un agent secret d'Israël ; chez les Témoins de

Jéhovah, aussi, qui attendent de voir la Terre s'entrouvrir et qu'en sortent, souriants, âgés de trente ans, en pleine santé, tous ceux de leur secte qui sont déjà morts, et qui reviennent pour le salut définitif.

Eux, et personne d'autre.

La foi toujours plus puissante que le savoir.

En cherchant bien, nous trouverions sans doute des voix pour soutenir que la Terre tourne autour du soleil, que l'agencement des planètes décide de la politique de nos grandes puissances, que les anges gardiens rôdent autour de nous – et que les morts, parfois, nous parlent.

6

— Vous savez, me dit-il lors de ma visite suivante, ce qui me manque vraiment, c'est l'apéritif.

— Mais je vous ai offert du gin, et vous avez refusé !

— Moi ? J'ai refusé un gin ?

— Vous m'avez dit que c'était trop fort. Que vous préférez vous en tenir au vin.

— Pourquoi vous ai-je dit ça ?

— Pas la moindre idée.

Un court silence. Puis il reprend :

— Cette planète a inventé le vin, c'est vrai. Pour cela, il lui sera beaucoup pardonné.

— Auriez-vous changé d'avis ? Vous voulez du gin ?

— Non, non. Mais vous savez, ce n'est pas le fait de boire qui me manque, on s'habitue à cette absence comme à d'autres, c'est tout ce qui précédait.

— Le rituel ?

— Oui. Si vous voulez. La douce espérance, les préparatifs, et cette impatience, toujours. Je n'ai pas oublié ça. Je me demandais, chaque jour, à partir de trois heures de l'après-midi :

combien de minutes encore à attendre ? Et qu'est-ce que je vais me préparer aujourd'hui ? Un dry Martini ? Un autre cocktail ? Avec des olives ou des cacahuètes ? Quelques gouttes d'angustura, peut-être ? Et ensuite, le verre en main, dans quel fauteuil vais-je m'asseoir ? Est-ce que Tristana, ma vieille chienne, viendra poser sa tête sur mes genoux ? (Il reste un instant silencieux.) Et je sentais, et je le sens encore, là, en vous en parlant, je sentais le plaisir s'approcher, mon corps tout entier frémissait.

— Tout autre événement pouvant secouer le monde devenait secondaire ?

— Insignifiant. Rien ne comptait que cette attente, cette préparation soignée.

— Ce désir.

— Oui, mais d'un objet précieux, d'un fluide bienfaisant, presque miraculeux, qui allait lentement me pénétrer, me transformer. Vous avez partagé ces moments-là.

— Souvent.

— Vous avez même triché, vous vous rappelez ? Ah, ça, je ne l'ai pas oublié ! Hypocrite ! Vous disiez que vous buviez du Campari, en fait c'était du Campari soda. Sans alcool.

Je ne m'attendais pas à ce qu'il se souvienne de ce petit mensonge – reproché cent fois –, mais je préfère ne pas m'en étonner. L'oubli fait ses choix, comme le souvenir. Je lui dis :

— Je peux vous l'avouer maintenant, je n'aime pas beaucoup les apéritifs.

— C'est parce que vous n'avez jamais vraiment su boire.

— Peut-être.

— Mais les vins, si. Vous aimez les vins.

— Beaucoup.

— Vous en buvez encore chaque jour ?

— Chaque jour ou presque. D'autant plus que les vins vont s'améliorant, partout dans le monde.

— Vous allez me donner des regrets.

— On trouve maintenant des vins australiens et sud-africains très convenables. Des vins californiens, chiliens. Et même des vins mexicains.

— Ça, j'ai du mal à le croire.

— Je vous assure.

— Mexicains ?

— Oui. Et aussi indiens. Des vins de l'Inde, croyez-moi. Le vin conquiert peu à peu la planète entière. Voici peut-être une bonne nouvelle, pour une fois.

— Je vais vous faire un aveu : malgré ma position actuelle, malgré mon absence de corps, mes os, mes muscles déglingués, tout ce qui m'empêche de marcher, je garde encore le goût du vin. Ou plutôt je l'ai retrouvé, grâce à vous. Il est là, au fond de ma gorge. Comment expliquez-vous ça ?

— Il ne faut pas tout expliquer, c'est vous qui le dites.

Il n'a pas entendu, ou pas voulu entendre, ce que je viens de lui répondre. Il continue :

— Est-ce que le vin serait le souvenir le plus tenace que nous garderions de la vie ?

— Pour vous, oui, peut-être. Je n'en serais pas surpris. Quelque chose d'ineffaçable. Pour un Chinois, je me demande.

— Croyez-vous qu'un mort pourrait s'enivrer ? Qu'en dites-vous ?

— Vous voulez essayer ?

— Non, non, merci. Un autre soir, peut-être. Quand nous aurons quelque chose à fêter.

— Oui, mais quoi ?

Nous parlions autrefois, souvent, des goûts, des odeurs, de tout ce que cette planète offre à nos sens, à tous nos sens. Nous nous demandions ce qu'est un arôme, ce qu'est exactement une saveur, sans jamais trouver la juste réponse. Nous admettions volontiers que tournent très certainement, dans l'univers inqualifiable, d'autres planètes habitées. Sur des centaines de milliards de planètes, il doit être possible d'en trouver quelques-unes. Habitables, en tout cas. Les astrophysiciens nous l'accordent. Aucune raison de nous croire uniques. Mais une planète aussi diverse, aussi multiple et aussi complexe que la nôtre ? Portant des millions de formes de vie ? Et toutes ces odeurs, ces teintes, ces nuances ?

Une planète dégustation, avec autant de vins à goûter ? Ailleurs ? Improbable.

Il me disait souvent, naguère, lui qui avait fait dans sa jeunesse des études d'entomologie, et qui pouvait passer vingt minutes à contempler une mouche, cette « merveille », sans la quitter des yeux : « Il a fallu créer des milliers de mots, la plupart en latin, pour désigner tous les insectes de la Terre. Cet irrépressible besoin d'identifier, puis de nommer et de classifier. Et nous ne les connaissons pas tous, loin de là. Nombreux sont ceux qui ont disparu avant que nous posions notre œil dessus, avant que nous puissions les tuer, les disséquer et les épingler. Les spécialistes disent même qu'il en disparaît chaque jour. Par notre grande faute. Et toutes ces variétés de plantes, d'arbres, de feuilles, de fleurs ! Quel dommage que nous soyons là ! La Terre aurait mérité mieux que nous. »

Car nous sommes là, maintenant, dans l'ombre de la tombe, tranquilles, et j'allume une autre bougie. Dehors, il pleut. J'entends le bruit de l'eau. Je regrette de ne pas avoir apporté un imperméable, ou un parapluie, pour le retour. Quelques gouttes tombent autour de nous.

Un bruit, soudain, à l'extérieur. Des pas, puis des coups frappés contre la porte du caveau. Avec la paume de la main, dirait-on.

Nous nous taisons, je souffle la bougie. Nous restons immobiles dans l'ombre, lui le mort et moi le vivant. Complicité. Une voix d'homme demande :

— Il y a quelqu'un ?

Silence. Noir. Je fais l'effort de ne pas respirer, j'attends. D'autres coups sont frappés, la voix s'enquiert encore d'une présence. Travailleurs clandestins ? Voleurs ? Nécrophiles ? Nous restons sans bouger. Le veilleur de nuit, ou le gardien, attend encore quelques secondes puis, découragé sans doute par la pluie, il s'en va.

J'entends ses pas. Je ne les entends plus.

Je me rappelle tout à coup : un matin, dans le *parador* de Cazorla où nous travaillions, près d'une fenêtre ouverte, il y eut entre nous un long silence, comme il arrive toujours dans une recherche commune. Le silence est une partie du travail. L'un respecte l'autre, quand il se tait.

Dehors il pleuvait. Une pluie d'automne en Espagne. Par la fenêtre, je regardais sans doute les arbres, les montagnes. Luis me demanda : « Vous écoutez le bruit de la pluie ? » Je lui répondis : « Oui. » Il me dit alors, perdu dans des souvenirs de sons égarés, effacés : « Je me rappelle comme c'est beau, le bruit de la pluie. »

Je me risque à demander, lorsque nous sommes sûrs d'être seuls, en rallumant la bougie :

— Mais si l'espèce humaine n'était pas ce qu'elle est, ou même si elle n'était pas, comment auriez-vous fait vos films ?

— Oubliez ces films, par pitié. Mes films et tous les autres films. Et les livres, les peintures, tout. Vous croyez que les coccinelles en ont besoin ? La prétendue beauté n'est que le masque que nous posons tous sur notre misère. Sur notre boue. Elle est notre excuse numéro un. Nous sommes de la canaillerie, mais nous avons fait la chapelle Sixtine. De la foutaise, je vous dis. Rien. Nous nous déguisons de beauté. Quand donc comprendrez-vous ça ?

Il paraît presque pris de colère. Découragé par mes bornes.

— Mais la dignité de…

— Au diable la dignité ! Merde à l'art !

Vieux couplet. Je me suis longtemps demandé s'il était sincère, son rejet constant des belles images, des belles phrases, de toute intrusion esthétique. Possible. En tout cas, il a toujours affirmé cette position, et il s'y maintient. Je n'ai jamais pu le prendre en défaut. Il était connu, à l'occasion d'un plan de *Nazarin*, alors que son chef opérateur, Figueroa, lui avait préparé un cadre idéal, avec nuages mexicains et Popocatepetl dans le fond, pour avoir brusquement retourné la caméra, de quatre-vingt-dix degrés, en disant : « On filme par là. »

Il éclatait de rire quand un critique parlait de sa « palette ». Toute recherche esthétique l'énervait. Son souci se plaçait ailleurs. Pour égarer les commentateurs, quand on lui demandait pourquoi il faisait du cinéma, il répondait : « Pour gagner de l'argent. » Cachottier, bien sûr. Mais têtu.

Et cela dit, le plan en question, dans *Nazarin*, n'est pas si moche que ça.

Autre image – pour moi inoubliable – de ce même film. Une épidémie de peste s'est abattue sur un village. Comment la montrer, ou l'évoquer, avec peu de moyens ? Il eut l'idée de demander à une petite fille indienne de descendre le long d'une rue, pieds nus, en tenant entre ses mains un grand linge blanc. Cela suffisait. La présence de la mort qui rôde est imposée par cette image. Sans que nous sachions pourquoi. D'une contrainte vient une force. Tout Buñuel est là.

Il vivait dans une maison assez confortable mais anonyme, à Mexico, qu'il avait fait construire dans les années 1950, avec l'aide d'un ami architecte. Absence presque ostentatoire de meubles élégants, de tapis précieux, de beaux livres, de tableaux, à l'exception de son portrait peint autrefois par Dalí, au temps sacré de leurs études communes, à Madrid. Seule note décorative, dans le bar du rez-de-chaussée : sur un mur, encadré, un plan du métro parisien. Rien d'autre, ou presque. Il lui est arrivé de faire cadeau, au passage, à des amis mais aussi à des inconnus, de livres ou de documents rares. L'idée même d'un « objet de valeur », malgré son origine bourgeoise (ou à cause d'elle), lui restait étrangère.

Loin de l'argent, là aussi. Le plus loin possible.

Il disait apprécier les peintres du groupe surréaliste, Max Ernst, Magritte, qu'il avait bien connus (Max Ernst joue le rôle d'un bandit dans *L'Âge d'or),* ainsi que Tanguy, et les photographies de Man Ray ; mais il en parlait très rapidement, comme en passant, comme s'il se sentait presque obligé d'en dire du bien. Il ne conservait presque rien de ce temps-là. De même pour Picasso, pour Miró, qu'il connaissait aussi. Il aimait la naïveté manuelle et inventive de l'homme Calder, à qui il demanda d'être le parrain de Juan Louis, son premier fils.

Le seul peintre dont je l'ai entendu dire, à plusieurs reprises, qu'il se sentait très touché par son œuvre, était une femme,

Remedios Varo. D'origine espagnole, vivant au Venezuela, puis au Mexique, elle peignait discrètement, chez elle, dans les années 1940-1950. Benjamin Péret partagea quelque temps sa vie. Elle exposa une seule fois, toute son œuvre fut vendue en une journée, et elle mourut, assez jeune encore.

Luis la mettait au-dessus de Frida Kahlo.

« Je lui aurais peut-être acheté un tableau, disait-il, mais impossible. Plus un seul n'est à vendre. » Il ne gardait de son œuvre qu'un livre de reproductions. Nous l'avons feuilleté ensemble, plusieurs fois.

Il aimait se moquer des esthètes en tout genre. Parfois il imitait un amateur pénétrant dans une galerie de peinture. Il s'arrêtait, il fixait son regard sur un tableau imaginaire, clignait des yeux, hochait la tête, s'approchait, s'éloignait, se tordait le cou, dessinait dans l'air, d'un geste du pouce, ou avec ses lunettes, des coups de pinceau très assurés, levait les bras au ciel, se posait une main en visière sur l'œil, murmurait quelques mots comme « impressionnante, la violence intérieure, si puissamment énigmatique », ou « le rythme, ici, l'emporte aisément sur la méthode », ou « c'est le sentiment parallèle, la trace, plus que le sacrifice de la forme, qui est bouleversant », ou encore, avec un grand air de sincérité : « Enfin de la peinture ! Il était temps ! »

Cela pouvait être irrésistible, car il était, peu de gens s'en doutent, extrêmement drôle. Et très bon mime. Il lui arrivait aussi de parodier les intellectuels français, de mêler le « signifiant » et le « signifié » dans des propos amphigouriques, ou bien encore de prendre la place d'un chef d'orchestre inspiré et de diriger – à sa manière – une symphonie moderne.

En matière de jargon, il tenait pour un chef-d'œuvre le titre qu'un jeune professeur de Mexico donna à un article le concernant, *Semiologia de la imagen clonica* (« Je l'aurais tué », disait-il.) Et il riait aux éclats en lisant à haute voix des passages des *Cahiers du cinéma*, surtout dans les années 1969 et 1970. La « critique » de *Tristana* se résumait à une énumération minutieuse de ce qui se mange dans le film. La situation, les personnages, la mise en scène : pas un mot.

Là aussi, grands rires.

Il m'annonça un jour qu'il allait publier un livre qui aurait pour titre (je l'ai noté) : *L'Univers irréversible, nouvelle conception moléculaire avec réfutation épistémologique de la théorie des quanta.* Et il ajouta, en parlant d'un ami qui nous était cher : « Benayoun aura une attaque. »

« Tout sauf l'art », disait-il quelquefois. Cette attitude, que je trouvais nettement excessive, et même artificielle (des discussions errantes nous opposaient souvent sur le thème fatigué : qu'est-ce que l'art ?), semblait affirmer que nous ne devons rien à l'activité artistique, que la recherche du beau n'améliore en rien notre condition, notre présence au monde, notre conscience, que les bienfaits de la culture sont un leurre, un masque, une illusion parmi d'autres, probablement inventée et mise en avant par les nantis. « Il faut aller plus bas », disait-il souvent.

Il ajoutait parfois : « Jusqu'à l'ombre, jusqu'au marécage. »

La même chose valait pour l'esprit, qu'il traitait de « dessus-de-lit ».

Cette méfiance, cette dérision allaient jusqu'à la haute cuisine française. Là aussi, il inventait des appellations, comme « cuisse de dindonneau primeur ingénieusement épurée à la

Rochambeau » ou « ailerons de homard simplement vinaigrés à la matelote Grande Duchesse », et ainsi de suite. Quand nous nous y mettions tous les deux, cela pouvait durer une demi-heure, sans fatigue, sous forme de compétition improvisée (entraînement aux formes du langage), avec même des « jeunes couilles de ouistiti rôties à la mode champenoise, avec leur consommé au sperme de girafe ».

Après quoi, il me disait, sérieux :

« Si vous vous trouvez, en Espagne, dans un endroit que vous ne connaissez pas, et si aucun restaurant ne vous inspire confiance, commandez, n'importe où, des œufs frits au chorizo, *huevos fritos con chorizo*. Avec ça, vous ne pouvez pas être déçu. C'est toujours bon. »

Il avait raison, j'en fis l'expérience à plusieurs reprises. Cela valait aussi pour le Mexique. Lui-même, lorsque Silberman l'invitait chez *Maxim's*, ce qui se produisait une ou deux fois par an, commandait une omelette.

La musique, tout au moins dans sa jeunesse, avant qu'il ne devînt sourd, faisait exception. Il me racontait comment, jadis, plusieurs mois avant de se rendre à un concert à Saragosse, il se procurait tous les renseignements possibles sur les œuvres qui allaient être données ce soir-là. Il parlait, avec toute la joie du souvenir, de cette anticipation presque fébrile de l'événement, des jours qui s'écoulaient trop lentement, du bonheur ressenti à entrer enfin dans la salle, des murmures, puis du silence, de la pénombre qui s'installe, de l'émotion née des premières notes (même de l'accord des instruments) et de l'espèce d'extase à laquelle il s'abandonnait pendant deux heures. Il fut le seul membre du groupe surréaliste à s'intéresser d'assez près à la musique, et à l'aimer. Il osa même mêler le tango et Wagner dans la bande sonore de son premier film, *Un chien andalou.*

Dans sa jeunesse, à Paris, à force d'insistance, il réussit un soir à entraîner André Breton et deux autres membres du groupe (sans doute René Char et Paul Éluard) à l'Opéra, pour voir *Louise,* de Charpentier. Très déconcertés par le décor réaliste et la musique, surtout par le fameux « air de la soupe », les trois invités se levèrent et partirent très vite, non sans chahut, se proclamant victimes d'un guet-apens. Breton semblait tout particulièrement irrité. Pourquoi l'avait-on traîné là ?

Plus tard, quand il perdit peu à peu l'ouïe, Luis s'éloigna, par force, de la musique – même si Schumann revient encore, sous les doigts de Catherine Deneuve, dans *Tristana.* Il disait, non sans une vraie tristesse, qu'il ne pouvait plus distinguer les notes et que tout lui parvenait à l'oreille comme une bouillie. Dans ses sept ou huit derniers films – à l'exception des morceaux visiblement joués à l'écran, et faisant partie du scénario, comme Schumann dans *Tristana* ou les guitares du flamenco dans *Cet obscur objet du désir* –, la musique est totalement absente.

Depuis que le violoncelliste Pablo Casals avait donné un récital à la Maison Blanche, devant le président Johnson, en pleine guerre du Vietnam, Luis exécrait le violoncelle. Il affirmait volontiers, et révélait aux journalistes étonnés, que cet instrument n'est qu'un prétexte à masturbation simulée, et que les femmes qui osent en jouer paraissent caresser quelque phallus géant pour lequel elles ouvrent leurs cuisses. Ainsi s'« explique » un plan rapproché, dans *Le Charme discret de la bourgeoisie,* où l'on voit une main d'homme faire vibrer les cordes d'un violoncelle, d'une manière très évocatrice, tandis qu'un bout de dialogue annonce qu'il est question de supprimer cet instrument des orchestres, pour obscénité.

La seule forme musicale qui le poursuivit avec ténacité toute sa vie fut celle des tambours de Calanda, son village natal. Ils s'y déchaînent chaque année, à l'occasion de la semaine sainte, pendant vingt-quatre heures, sans arrêt, du vendredi au samedi, évoquant, avec une intensité africaine obsédante, presque insoutenable, l'obscurité qui recouvrit la Terre lorsque Jésus rendit l'âme, sur le Golgotha. À plusieurs reprises, les frappes de ces tambours, qui obéissent à trois ou quatre modèles rythmiques, reviennent dans ses films, fond sonore, parfois difficile à identifier.

Il en a parlé dans *Mon dernier soupir.* Ces « souvenirs moyenâgeux » évoquaient pour lui, j'imagine, les menaces indistinctes qui pesaient sur le monde d'autrefois, les sombres tonnerres de l'enfer, le langage inconnu des orages, et aussi les pulsations puissantes et rythmées de son cœur, de son souffle. Peut-être devrais-je, un soir, lui apporter ici quelque enregistrement de ces percussions collectives, qui font trembler les murs et saigner les mains. Je me demande ce qu'elles pourraient réveiller dans sa tombe. Le caveau s'écroulerait-il sur nos têtes ?

Au fait, pourquoi, tout simplement, ne pas lui faire entendre de la musique ? Puisqu'il a retrouvé l'ouïe, peut-être Wagner l'aiderait à passer sa mort.

Je le lui propose. Il refuse d'un geste et d'un mot :

— Non.

Je n'insiste pas.

Je lui parle d'un reportage vu récemment, à la télévision, sur un paysage de fond de mer, dans un détroit d'Indonésie. Les formes animales qui s'y rencontrent sont probablement inconcevables pour tout esprit humain, comme pour notre œil, notre main. Créatures des grands fonds, invisibles et aveugles, elles échappent à notre imaginaire, à notre fantaisie comme à notre pensée. Aucun peintre, jamais, aucun sculpteur ne s'est approché de cette troublante vision.

Je vois l'œil de Luis qui s'éclaire. L'entomologiste, l'observateur, l'amateur de bestiaires, réapparaît. Il affirmait souvent, autrefois, que la matière jouit d'une imagination beaucoup plus riche que la nôtre, même si, bien sûr, il lui faut plus de temps pour concevoir, produire et affiner ses formes. Parmi différentes étrangetés (plus de trois cent mille espèces marines ont été jusqu'à ce jour recensées), je lui décris un de ces animaux, appelé dans le commentaire du film un « poisson pêcheur ». Il est bizarre (à nos yeux), rose et blanc, camouflé, enfoui dans le sable au fond de l'eau, tout hérissé de fausses pattes, de tentacules, d'antennes, d'écailles, de verrues. De sa gueule sort une tige blanchâtre, longue d'une vingtaine de centimètres, qui fait partie de lui, de sa chair, et qui se termine par un autre morceau de chair, lequel « imite » très exactement un ver blanc qui se tortille, un appât très semblable à ceux que nous utilisons. Des poissons passent, un d'eux se jette sur ce leurre, il est aussitôt avalé.

La nature imiterait-elle les inventions humaines ? Ou bien s'imite-t-elle elle-même ? Là, au fond de la mer, d'où ce poisson – que nous voyons pour la première fois – tient-il cette technique de pêcheur à la ligne ? Combien de millions d'années furent nécessaires à la matière pour parvenir à ce chef-d'œuvre de survie, que nous imitons sans le connaître ?

Et plus encore : existe-t-il dans l'univers, ou en tout cas sur notre planète, une idée supérieure de l'appât ? De cette méthode de capture ? Y serions-nous, nous-mêmes, dans notre quotidien, soumis sans le savoir ? L'appât tout frétillant est-il un archétype, un modèle universel ? Une catégorie universelle du vivant ?

Je lui pose toutes ces questions. Il me répond qu'il s'en fout.

Il me disait souvent :

« Nous pourrions nous arrêter là, comme je le fais souvent, poser notre regard sur une mouche et nous estimer satisfaits. Nous contenter de recevoir des images du monde que nous n'avons pas encore égratigné, pas encore sali, d'une branche d'arbre soumise au vent, de trois boutons-d'or dans une prairie, d'un vol d'oiseaux, d'un chat qui bondit. Pourquoi cueillir les fleurs, abattre les oiseaux ? Quoi de plus idiot que de peindre des nuages ? Des lièvres morts ? Et pourquoi vouloir à toute force modifier les formes que nous avons gracieusement reçues ? Nous ne pouvons pas faire mieux. Inutile même d'essayer. C'est pourquoi je vous dis que tous vos esthétismes sont minables, que l'art ne vaut rien, qu'il est un passe-temps d'oisifs et d'emmerdeurs. »

Je lui faisais remarquer, naturellement (et banalement), que la nature ne produit pas de films, ni de romans, ni de symphonies, que l'art est notre signe d'existence, notre mot de passe ; qu'il est notre plus haute tentative d'élévation, de sublimation ; que de toute façon nous ne pouvons pas l'interdire, le supprimer ; qu'il est aussi notre trace, notre témoin, ce qui reste, toujours, quand les civilisations se sont effacées.

Mais il ricanait à mon blablabla. Sublimer quoi ? Élévation vers quoi ? C'est quoi, une civilisation, « vous pouvez me le dire, mon cher ami ? ». Qu'est-ce que tous ces mots signifient ? Laisser une trace de nos aberrations, de nos ignominies ? Élever des colonnes, et des arcs de triomphe, pour glorifier à jamais nos massacres ? Est-il quelque chose de plus infect, de plus misérable, que de se vanter d'une victoire ? D'avoir tué des milliers d'hommes et de femmes ?

Et ces trophées, ces piliers, ces entassements de crimes, pourquoi ? Et pour qui, surtout ? Pour les insectes qui nous succéderont ?

Nous avons besoin de peindre et de sculpter pour vivre ? Pour gagner notre vie, oui, peut-être, comme Luis lui-même faisant du cinéma, mais pour vivre ? Ou pour survivre ? Quelle blague.

Un geste du doigt écartant tout ça. *Basura, tonterias.* « De toute manière, disait-il, un jour la Terre ne sera qu'une planète morte, vide et desséchée. Même les insectes auront été anéantis. Alors, à quoi bon tous ces vernissages ? »

Dans un des magazines, il est tombé sur un reportage sur l'art qu'on appelle contemporain. Il a tourné les pages avec une apparence de stupéfaction, ce qui m'a surpris, car je m'attendais à le voir intéressé par les séquelles de l'art de sa jeunesse (il avait lui-même travaillé, à Antibes, avec Giacometti, aux textes d'une *Girafe* à tiroirs aujourd'hui disparue). Mais il s'étonne, il me demande :

— C'est quoi, déjà, une « installation » ?

J'éprouve quelque peine à le lui expliquer, de même qu'une « mise en espace ». Je m'embrouille un peu. J'essaie, maladroit, de dire que l'art n'a peut-être pas pour fonction de durer, comme nous l'avons cru jusqu'ici (il hausse une fois de plus les épaules), mais qu'il peut choisir de n'être qu'un instant, et de disparaître aussitôt. Je suggère que le jugement des siècles n'est pas forcément le meilleur, qu'il n'y a rien de déshonorant à n'être qu'une mode. Mais je ne suis pas clair, je le sens. Ni vraiment convaincu.

Je me garde de parler de déclin, car toutes les époques l'ont fait. Cependant, comme d'autres, je me dis que quelques-uns des grands artistes de notre temps sont probablement inconnus et que les bourgeois fortunés, grands dictateurs des succès, se foutent sans doute le doigt dans l'œil avec la même précision, et autorité, qu'autrefois. Il m'est arrivé, dans les années 1980, de présider une école de cinéma qui se tenait alors dans le musée de Tokyo, à Paris. Une grande partie du rez-de-chaussée – plus de dix mille mètres carrés – était occupée par un monceau d'œuvres alors « contemporaines », entassées là, sans autre acheteur que l'État (la loi française l'oblige à venir en aide aux « artistes », par des commandes). Personne – aucun particulier, aucun musée – n'en voulait, même à faible prix. Il fallait pourtant les garder, les cataloguer, les assurer, les protéger. Tout un travail. Et une dépense.

J'allais quelquefois errer, le soir, seul, dans ces espaces immenses, catacombes d'œuvres mortes à la naissance, sans avenir, et même sans présent. Et je pensais aux décisions nécessaires, plus tard, dans cinquante ou cent ans, quand il faudrait jeter tout ça.

Car il faudra jeter, c'est sûr. Comme nous jetons déjà, chaque jour, des éléments de notre passé, sans trop le dire.

L'histoire de l'art aussi est un montage.

Je lui demande :

— Vous n'avez pas changé d'avis ?

— À propos de quoi ?

— De l'art en général. Il ne vous arrive pas, ici, dans cette tombe, de penser quelquefois aux beautés extérieures ? À celles que vous avez perdues de vue ? Aux musées que vous n'avez pas visités ?

— Jamais ! Si vous croyez que j'ai le temps de penser à ça ! À des musées ! Et même de penser tout court !

— Vous ne pensez pas ?

Quelques instants de silence, puis :

— Si, pourtant. Peut-être. Par moments. Avec vous, par exemple, quand nous parlons. Pour parler, il faut penser un peu.

— Le moins possible ?

— Évidemment. Vous autres, Français, vous êtes sûrs que la pensée est la preuve que nous sommes vivants. C'est votre vieille ritournelle. Pour nous, les Espagnols, la chose est nettement moins sûre.

— C'est-à-dire ?

— Les vivants, mon cher ami, ne pensent pas nécessairement. Certains peuvent très bien vivre sans penser.

— Oui, c'est exact.

— Vous en connaissez comme moi.

— Un certain nombre.

— Et d'un autre côté la pensée, je crois bien, ne dépend pas forcément de la vie.

— Les morts pensent ?

— Peut-être. Ou nous pensons à travers eux, ce qui revient au même. De toute manière, la pensée est autonome. Elle se pose où elle veut, comme une abeille. Ceux qui croient qu'elle a besoin d'images se trompent. (Un assez long moment de silence, j'écris sur mes genoux, sans regarder.) Et même qu'elle a besoin de vie. Par exemple, encore maintenant, et c'était la même chose « de mon vivant », comme vous dites, je fais le vide, je ne pense à rien, absolument à rien, et croyez-moi j'ai des années d'entraînement, et c'est à ce moment-là, lorsque j'ai l'impression de ne plus exister, que les images apparaissent.

— Elles viennent du vide ?

— Et uniquement de là.

— Qu'est-ce que vous voyez ?

— Je vois… (une hésitation, un geste de la main) je vois des visages, des corps, des mouvements qui se dessinent, des formes que je ne connais pas, que je n'ai jamais rencontrées. J'entends des voix qui disent des phrases inouïes, que parfois je ne comprends pas. Des situations se nouent, qui n'ont aucune logique, qui n'obéissent à aucune préméditation, que je ne cherchais pas.

— Qui sont comme ces rêves que vous avez perdus ?

— Comme des rêves éveillés, plutôt. Des rêveries, si vous voulez. Fluides, fragiles, obscures, insaisissables. Comme si j'atteignais le fond de ma cargaison, vous comprenez ? Et dans ces moments-là, les personnages que je vois, et que j'entends parler, je ne les connais pas, je suis peuplé d'inconnus, que je découvre, qui par moments prennent leur liberté, qui tournent autour de moi, qui me hantent, qui me font peur, même, quand je réussis à ne pas penser.

— Vous ne pouvez pas aller plus bas ?

— Impossible. Et ce n'est pas à cause de la tombe. J'ai toujours été comme ça. En dessous, je ne sens que le néant, l'absence, et c'est effrayant. Horrible. Comme si, dans un avion, le ventre s'ouvrait tout à coup, nous précipitant dans le vide irrespirable. Un vide où même les cris ne s'entendent plus.

Il se tait pendant une dizaine de secondes (je prends quelques notes sur mes genoux, toujours en douce), puis il ajoute :

— La pensée est un contrôleur de chemin de fer. Si nous avons le bon ticket, nous pouvons continuer le voyage.

— Même après le terminus ?

— La preuve.

— Mais de temps en temps, il faut contrôler ?

— Évidemment. Sinon vous tombez dans le n'importe quoi. Et on peut faire n'importe quoi, sauf n'importe quoi.

Il me disait, autrefois, que ces contrôles de la pensée doivent être brefs, saccadés et presque instinctifs, comme des réflexes. Il faut essayer de s'extraire du temps, ce qui n'est pas simple. Et surtout il ne faut pas penser longtemps, sinon l'esprit paralyse l'image. Il la rabote, il la lime, il l'empêche de naître, il la fait avorter. L'analyse ne doit jamais s'appesantir, s'organiser. Rechercher un équilibre entre l'émotion et la règle : ce fut un des carrefours de discussions, souvent très animées, du surréalisme.

Luis m'apprit assez vite la méthode que nous appelions du « droit de veto », mise au point dès le départ, dès *Un chien andalou*, avec Salvador Dalí. Tout travail de scénario est un face-à-face. L'un des deux propose une idée, une image, qui vient de surgir de ses profondeurs (ou de sa surface, peu importe). L'autre dispose de trois secondes pour dire oui ou non. S'il dit non, on passe à autre chose, sans discussion, sans justification possible. Exercice radical du droit de veto. S'il dit oui, la pensée peut intervenir, mettre en place, aussi légèrement que cela se peut. Et la main peut alors se risquer à écrire.

Pourquoi trois secondes ? Précisément pour interdire à la pensée lucide, à l'esprit raisonnable et raisonnant, d'intervenir, d'argumenter, comme il sait trop bien le faire. Pour éviter d'être convaincu ou dissuadé par l'habileté dialectique de l'autre, par les séductions de la raison, le charme du vocabulaire, ou même simplement de la voix. Pour garder cette fraîcheur obscure, ce contact établi ou refusé comme dans un choc, dans une rencontre surprise.

Pour trouver non pas la vérité, qui est une chimère, mais une vérité, même passagère et futile. Et Luis me disait quelquefois, je me rappelle (très espagnol en cela), que la raison est la première ennemie de la vérité, que la pensée rationnelle, organisée, structurée, est un masque que nous posons très facilement sur la vie.

Méthode exigeante, car nous avons tous tendance à aimer nos propres trouvailles, à les défendre, à les imposer quelquefois. À cette fin – ça m'est arrivé, et à lui aussi, sans doute –, nous sommes prêts à tricher, à mentir, à faire semblant d'aimer ceci ou cela, à présenter une nouvelle fois, des mois plus tard, une idée déjà repoussée, en la modifiant un tant soit peu, en souhaitant que l'autre ait oublié son premier rejet.

Nous étions d'accord pour dire qu'en formulant sa « méthode paranoïa critique », laquelle enchanta – croit-on savoir – André Breton, Salvador Dalí semblait avoir résolu les contraires (au moins théoriquement), dans tous les domaines de l'art : d'un côté la paranoïa, l'invention orageuse, désordonnée, emportée par les vents furieux du hasard, de l'autre la critique, impitoyable, indispensable, s'exerçant avec la même force et la même insistance que l'autre. Une vigie dans la tempête.

Il me dit encore :

— L'image est la plus forte. Elle est primordiale. Elle précède la pensée, parfois elle la renforce, même si souvent elle l'affaiblit.

— Et c'est vous qui me dites ça ? Que l'image affaiblit la pensée ?

— Oui. À la longue. Et je sais de quoi je parle. Une image est toujours banale. Ou assez vite banalisée, si vous préférez. Quoi de plus « ordinaire », aujourd'hui, que la Joconde ? Je l'ai trouvée, un jour, dans un hôtel, sur les toilettes de ma salle de bains. Voilà où se termine le mystère de votre beauté, mon cher ami. Tenez, quand vous me racontez que deux avions de ligne ont percé les tours géantes de Manhattan, je vois la chose à ma manière. Si vous me montrez les vraies images, vous allez réduire les miennes.

— Les vraies images étaient extraordinaires.

— Parce que vous les voyiez pour la première fois. Ensuite elles se sont adoucies, apaisées. Et si des avions rentraient dans des tours une fois par semaine, ici ou là, nous regarderions ailleurs. « Encore un avion dans une tour, quelle barbe ! » Ces images pourraient finir dans une salle de bains, elles aussi. Elles seraient alors ennuyeuses, car répétitives, fatiguées, presque invisibles. Tandis que les miennes seront toujours neuves. En me vidant je refais le monde, et la destruction du monde, selon mon humeur. Je choisis mes angles dans l'apocalypse.

Il aimait se présenter quelquefois comme un cinéaste « iconoclaste », ce qui peut passer pour un paradoxe, ou un oxymore. En réalité, il recherchait un équilibre secret, qui ne lui apparaissait que sur le plateau, au moment de tourner. Il disait aussi : « Les images endorment si elles sont trop plates, et elles détournent l'attention si elles sont trop belles. »

Nous sommes d'accord pour dire que, pris dans un immense filet d'images, aujourd'hui (pas le cas dans nos enfances), il est plus difficile que jamais d'en inventer une, une seule, comme le rasoir fendant un œil au début d'*Un chien andalou,* ou Marlène sur sa chaise dans *L'Ange bleu*, une image nouvelle et aussitôt inoubliable. Parfois, naguère, nous nous amusions à choisir les dix ou vingt images clés, les icônes (comme on dit aujourd'hui) du XXe siècle, parmi lesquelles figuraient inévitablement les cadavres décharnés dans les camps d'extermination et le champignon de Hiroshima. La réalité l'emportait toujours sur la fiction. Aujourd'hui, comment procéder ?

« Toute image est une image, me disait-il, c'est-à-dire un mensonge. Et les images qui nous cernent se multiplient à toute vitesse. Où chercherons-nous une vérité ? »

Une question, soudain :

— Et Bergamin ?

— Oui ?

— Il est mort, lui aussi ?

— Bien entendu. Quelques semaines après vous, la même année.

— Mais il avait quatre ou cinq ans de plus que moi.

— Il était de 1895. Je l'ai regretté, lui aussi. Don Pepe. Un homme que j'aimais beaucoup.

— Moi aussi. Je l'avais rencontré avant la guerre, à Madrid, mais je le connaissais à peine. La lettre qu'il m'a envoyée, à la sortie de *Viridiana*, je ne l'ai jamais égarée. Vous voyez : je m'en souviens encore.

— Vous me l'avez montrée, cette lettre.

Plusieurs fois même, avec un rien de fierté. José Bergamin, poète et philosophe, subtil représentant du catholicisme espagnol, fondateur et rédacteur principal de la revue *Cruz y raya,* avait lui aussi connu l'exil, dans l'Amérique dite latine. Il vécut également à Paris, dans les années 1950. Rentré en Espagne, alors que le régime franquiste se desserrait lentement, il habitait un petit appartement plaza de Oriente, à Madrid. Ses fenêtres s'ouvraient sur le Palais Royal.

Je l'ai bien connu. J'ai même traduit un de ses livres en français, *El Clavo ardiente (Le Clou brûlant),* que son ami

Malraux préfaça. Il était si mince, si frêle, que je l'appelais « le roseau pensant ». Esprit raffiné, paradoxal, visage long et creux, regard sombre, cheveux longs, raides et aplatis, toujours mystérieusement accompagné de deux ou trois très jolies filles. Un jour où je lui demandai : « Mais comment tu les trouves ? », il me répondit : « Très belles. »

Je dis à Luis :

— Les déjeuners qui nous réunissaient tous les trois, à Madrid, sont parmi les plus beaux moments de ma vie. Nous mangions toujours de l'*arroz a banda,* vous vous rappelez ?

— Oui, peut-être. Bergamin, oui... Je le revois dans le vague... Mais il avait une voix si fluette que je ne comprenais pas ce qu'il me disait.

— L'Andalou et l'Aragonais. Vous aviez un côté monolithique, les poings fermés, brutal, rugueux, la parole dure.

— *Golpeado.*

— C'est ça. Il était un oiseau fragile, aux ailes fripées.

Bergamin était un *señorito*, d'une bonne famille de Malaga. Un fils de ministre, il me semble. Dans sa jeunesse, il n'a manqué de rien. Plus tard est venue la peine de l'exil, de l'oubli.

— Et pour finir, un vieux poète pauvre.

— Il disait : « J'ai su m'appauvrir. »

Au cours de ces déjeuners, il leur arrivait de parler politique – discrètement, car Madrid était sur écoutes – et même littérature. De *Gil Blas*, par exemple, roman français (de Lesage) écrit au XVIIIe siècle, se passant en Espagne, aussitôt traduit en castillan. Buñuel aimait beaucoup ce livre et le relisait de temps en temps, avec une prédilection pour l'épisode de l'archevêque de Grenade, qu'il tenta plusieurs fois d'introduire dans un film.

« Très espagnol », disait-il du roman. « Trop espagnol », répondait Bergamin.

— Vous ne compreniez pas pourquoi, lui dis-je, vers la fin de sa vie, il se mit à militer en faveur des Basques. Au point qu'il demanda à être enterré en terre basque, lui l'Andalou, l'homme du Sud. Mais cela se passait avant les attentats de l'ETA.

— J'ai oublié tout ça. C'est quoi, l'ETA ?

— Peu importe. Sa tombe a été saccagée, d'ailleurs. Il paraît qu'on ne la voit plus. Aucune trace de sa mort.

— Ça lui ressemble.

— C'est vrai. Il ne publiait que des fascicules dissimulés, furtifs, presque introuvables, souvent à l'étranger. Il projetait d'écrire la chronique de sa vie. Cela devait s'intituler *Mémoires d'un squelette, écrits par un fantôme.* Il était un homme de courants d'air, le prince de la discrétion.

— Mais irritant à cause de toutes ces filles, autour de lui.

— *Le Clou brûlant,* vous l'avez lu ?

— Sûrement pas. Ça parlait de quoi ?

— De mysticisme, de l'Espagne, des poètes qu'il aimait, de ces éclairs d'éternité, et de lumière, qui traversent parfois notre vie ordinaire.

— Il y a aussi des éclairs d'ombre.

— Il n'en doutait pas. Mais il parlait de ces moments d'éternité, parfois très brefs, qui nous traversent, nous mortels. De nos modestes victoires sur le temps. Très modestes, par rapport à la vôtre. À propos, il me dit un jour une chose étrange, qui pourrait vous intéresser, surtout maintenant.

— Quoi ?

— Nous parlions de sa vie fragile, de sa santé, de ses os douloureux, de la mort qu'il portait en lui. De ce squelette qui l'habitait, qui le soutenait, qui lui survivrait. Je lui dis, un jour : « Pourquoi vous n'écrivez pas quelque chose là-dessus ? » Il me répondit : « Parce que je ne voudrais pas tomber dans la pornographie de la mort. »

— Il avait raison.

— Qu'est-ce qu'il voulait dire, à votre avis ?

— Il voulait éviter de tomber là où vous voulez m'entraîner. Dans la vulgarité exhibitionniste des cadavres qui parlent. Dans l'obscénité ricanante de la mort. Il a bien dit : dans la pornographie.

— Ce n'était pas mon intention. Je ne voulais pas vous faire parler de la mort, mais de la vie. Et les morts en parlent mieux que les vivants. Quand ils en parlent.

Il garde le silence pendant une dizaine de secondes avant de dire – mais je sens qu'il commence à se fatiguer :

— Peut-être...

Et même il demande :

— De quoi m'avez-vous dit qu'il parlait, dans son livre ?

— De ce sentiment d'appartenir à quelque chose qui nous a précédés, et qui nous survivra.

— Quoi ? Qu'est-ce que vous racontez encore ? me demande-t-il d'une voix qui s'affaiblit.

— Nous sommes peut-être, sans le savoir, ce moment qui permettra à d'autres moments d'exister, qui servira à d'autres, sinon d'exemple, au moins d'incitation à faire, à mieux faire – mieux que nous.

Luis a fermé les yeux. Sans doute hausserait-il les épaules, une fois de plus. J'imagine qu'il me dirait : pas de progrès dans le néant. Le mur, toujours infranchissable.

Mais il ne dit plus rien. Il ne m'écoute plus.

Ses yeux sont fermés, ses lèvres serrées.

Je rentre chez moi à pied, lentement, en pensant encore à l'ombre furtive de Bergamin, si mince qu'on le voyait à peine, avec quelque chose d'un Dracula discret, peu assoiffé, courtois, et aussi à ce que Luis m'a dit ce soir sur la pensée, et sur l'image. Je ne suis pas sûr qu'il y avait dans ses paroles une cohérence, mais cela m'est égal. Nous vivons dans le désordonné, nous jouons des coudes dans les contraires.

De place en place je m'arrête devant une vitrine allumée et je relis quelques notes griffonnées dans mon carnet. Le rêve et le vin, ses deux grandes pertes. L'imagination, reine de la vie. Absente de la mort. La folle, la vraie, notre dimension surnaturelle. Notre privilège, notre déception. Il disait autrefois, et sans doute le dirait-il encore, que cette faculté mystérieuse, jaillissant de nos trous obscurs, au-dessous desquels il n'y a rien, cette force probablement illimitée, capable de renverser les mondes, qui se glisse à toute vitesse dans notre tête, qui nous trouble et qui nous échappe, est aussi, sans l'ombre d'un doute, innocente. Ou plutôt : incapable d'un crime, comme d'un péché, et de toute « mauvaise action ». Un auteur, scénariste ou autre, chaque matin, doit tuer son père, violer sa mère et trahir sa patrie. C'est un devoir sacré. Sinon, il finira dans le sirop, il barbotera dans un bol d'eau tiède.

Adieu le péché d'intention des confessionnaux de notre enfance. Penser à un péché, je me rappelle, jadis, constituait déjà un péché. Il fallait le reconnaître, l'avouer dans l'ombre, l'expier. Il fallait s'accuser d'avoir pensé.

Non. Que vive le crime, dans nos têtes. Qu'il s'y développe, qu'il y fleurisse. Les auteurs : criminels indispensables, et innocents.

Je me heurte encore aujourd'hui, et même dans ma propre tête, souvent, à une bonne dame qui s'appelle la bienséance, ou la convenance, comme on voudra, ou peut-être même le bon goût, ou le goût du temps, et qui me dit, le doigt levé, le sourcil sévère, que je ne dois même pas penser à tel ou tel geste, à telle ou telle phrase – à l'obscénité de la mort, par exemple. Quelque chose, quelqu'un me l'interdit.

Quoi ? Quel censeur intime ? Quel législateur impatient ? Je ne peux pas vraiment le dire. Mais si je cédais, si je forçais cette barrière intime, cela serait obscène, malsain, dérangeant, déplacé, inutilement scandaleux, et faux.

Je sens cette gêne, souvent, chez ceux avec qui je travaille, même quand ils se piquent d'insolence, de provocation, de libertinage. Un frein demeure, qui protège l'ombre.

Je dois constamment lutter contre ce code secret, qui souvent l'emporte, sans même que je m'en rende compte. Et j'ai l'impression, ce soir comme les autres soirs, que je viens, presque comme un vampire repenti, chercher des forces morales dans une tombe.

7

La planète, de nouveau.

Craint-il que son caveau soit emporté par les cataractes de fin du monde ? Ce mort aurait-il peur de mourir encore ? Il en vient à me parler, un autre soir, d'écologie. Étrange. Vers la fin des années 1960, quand déjà je lui signalais ces dangers-là, il se moquait de moi, d'abord. Il m'appelait « le paysan soucieux ». Ensuite il lut un livre américain, *Le Printemps silencieux,* qui l'alarma. L'évidence d'un désastre sans remède l'envahit. Et il passa, assez vite, de l'indifférence amusée à la noirceur irrémédiable. Je crois, au fond, que quelque chose l'attirait dans la catastrophe promise. Il en rajoutait, même. Il se voulait plus sombre que les sombres. Tous dans le gouffre, vite. Au moins, il ne mourrait pas seul.

De son balcon de la Torre de Madrid, ou à Mexico, il examinait chaque jour les progrès de la pollution urbaine, et il la voyait s'épaissir.

Pour la planète, je croyais en avoir fini, avec la *marabunta* et le besoin de destruction. Mais non. Il y revient, il me demande :

— Ces écologistes, dont on parle partout dans les journaux, c'est quoi au juste ?

— Des gens qui croient que la Terre est en danger, vous avez bien vu, et qui voudraient tenter de la sauver.

— Rassurez-moi : ils ne vont pas réussir ?

— Non. Ne vous inquiétez pas.

— Ils font tout ce qu'ils peuvent, pourtant.

— Mais ce qu'ils font n'est rien. Rien du tout, à côté de ce qu'il faudrait faire. Trois gouttes d'eau dans une cuve de vinaigre.

— Vous n'étiez pas un peu comme ça, autrefois ?

— J'étais en plein dedans.

— Et vous en êtes sorti ?

Je lui raconte que j'ai fait tout mon possible, autrefois, oui, avec une poignée d'amis. Cela paraît si loin, déjà. J'ai organisé des clubs, publié un livre, manifesté, écrit dans des revues, j'ai même soutenu, dans les années 1970, le premier homme politique français qui se présentait comme « écologiste ». Et tout cela pour rien. Pour absolument rien. La dévastation s'est poursuivie, et même en quatrième vitesse, aggravée par les appétits carnivores de notre variété financière, par un surcroît de misère pour les misérables, par des idéologies paresseuses, par l'argent dans le crâne des uns et la faim dans le ventre des autres. C'est pourquoi j'ai baissé les bras, aidé par l'âge.

— Vous dites que la vieillesse vous a découragé ?

— Oui. En partie. La vieillesse, le temps perdu. Cette impression d'agiter les bras sans être vu.

— Mais si la vieillesse vous décourage, alors que dire de la mort ?

— Oui, qu'en dire ?

— Comment expliquez-vous que je m'inquiète encore ?

— Je ne sais pas. J'en suis étonné, en effet. Pour vos descendants, peut-être ?

— Mais tous les habitants de la planète sont mes descendants ! Vous le savez bien, vous qui avez bêtement fréquenté des scientifiques !

— Pardon ? Quoi ?

— J'ai lu ça dans un de vos journaux. Il paraît que, à chaque respiration, nous ingurgitons et nous rejetons des atomes de tous les êtres qui ont vécu sur la surface de la planète, depuis l'origine ! De tous les hommes, de toutes les femmes, de tous les animaux, de tous les objets détruits, de tous les végétaux qui sont morts ou qui ont brûlé ! Et qui se sont décomposés. En une seule aspiration, des atomes de tout. Vous y croyez, vous ?

— Je n'ai pas à y croire. Si on me le dit, s'il est prouvé que…

— Prouvé ? Qu'est-ce que ça veut dire, « prouvé » ? Vous croyez que là, maintenant, quand vous respirez, vous ingurgitez des atomes d'Alexandre le Grand, de sa cuirasse, des draps de son lit, de ses chevaux, de son caca ? Franchement, vous croyez une chose pareille ? Et de tous les hommes, et de toutes les choses qui ont existé ?

— Mathématiquement, je crois que c'est établi. Le nombre d'atomes est tel que…

— Et moi aussi, alors ? J'aspire des atomes de Lorca, de la duchesse d'Albe, de son chien, de la laisse de son chien ?

— Et de Jésus aussi. Et de la Vierge Marie. Oui, ce serait possible, seulement voilà : vous ne respirez plus.

— Si je ne respire plus, alors on me respire ! Tous les vivants me respirent ! À chaque seconde ! Grâce à mes atomes, je pénètre comme un voleur dans tous les poumons de la planète ! Mais la voilà, l'eucharistie promise ! Notre vieux rêve de métamorphose s'accomplit à chaque seconde. Nous voulions quitter ce corps qui est notre logement assigné, autant dire notre prison à vie, nous voulions en changer, devenir un tigre, ou une rivière, ou un laurier. Voilà qui est fait. Il suffit de mourir.

— Oui, mais vous ne choisissez pas.

— Heureusement. Car j'aurais pu faire le mauvais choix. Décider de me réincarner, par exemple. En courtisane célèbre. Vous feriez une drôle de tête, avouez.

— Ou en grand prêtre égyptien.

— Il est rare, me dit-il alors (en riant), vous l'avez sans doute remarqué, il est très rare que celui, ou celle, qui raconte ses existences antérieures se souvienne d'une vie dans la peau d'un fellah famélique.

— Ou d'une pauvresse tuberculeuse. Oui, c'est extrêmement rare.

— L'espoir d'une réincarnation est une idiotie.

— Une de plus.

— Nous avons la chance, nous les morts, d'êtres délivrés de la vie, et nous voudrions y replonger ? Quelle idée !

— Vous savez, pour les bouddhistes, la réincarnation n'est pas forcément une bonne chose. Elle n'est pas toujours souhaitée, loin de là. Le rêve, c'est le nirvana, le grand tout, ou si vous préférez le grand rien. Ne plus jamais avoir à se réincarner. Jamais.

— Le nirvana ? Vous pensez que je l'ai atteint ?

— Je peux me renseigner, si vous voulez.

— Auprès de qui ?

— Je trouverai.

Il réfléchit deux ou trois secondes – vaguement inquiet, peut-être – puis il me dit :

— Non, non. Surtout pas. Ne faites rien. Le vent qui emporte les atomes a choisi pour moi. Il m'a soufflé dans mille directions et je ne sais plus dans qui je suis.

— C'est le vrai confort, j'imagine.

— Le confort ancien, celui de l'oubli, celui du nuage noir, celui de la perte. Blotti dans une matière inconnue. Vous êtes tous mon corps. Et, quoi de plus écologique qu'un trépassé ? Hein ? (Je ne dis rien, je le laisse un instant réfléchir.) Nous ne faisons pas de déchets, nous ne dégageons pas de gaz nocifs, nous ne consommons rien, nous n'encombrons pas les autoroutes, nous ne votons pas. Nous sommes les créatures idéales.

— Vous consommez quelques journaux, quand même.

— Oui, mais à cause de vous. Je consomme un peu de papier, et de l'encre. Mais ils doivent être rares, les morts qui lisent.

— J'en connais peu.

Il se tait un assez long moment, comme il le faisait souvent autrefois, lorsque nous travaillions ensemble. Silences à respecter.

Puis il me dit, avec un geste assez large de la main :

— Imaginez : une bibliothèque pour les morts. Uniquement pour eux. Fréquentée par un tas de cadavres studieux.

— Une bibliothèque ?

— Oui. Pour les morts. Et pour personne d'autre.

— Il faudrait montrer un certificat de décès pour y pénétrer ?

— Ou pour être servi à domicile. Il faudrait voir. Bien entendu, le certificat serait indispensable. Interdit aux vivants.

— Et qu'y lirait-on ?

— Ah, bonne question, me dit-il.

— De quoi seraient constitués nos catalogues ? D'ouvrages immortels ?

— Les morts détestent l'idée même d'immortalité. Ils sont désolés de l'avoir ratée et prennent toute allusion pour une insulte. Vous devez comprendre ça, une fois pour toutes. Ne prononcez jamais ce mot devant quelqu'un qui a cessé de vivre.

— Qu'y mettrions-nous, alors ? Des ouvrages oubliés ? Perdus ?

— Peut-être. Des ouvrages, en tout cas, qui ne seraient plus à la disposition des vivants. Inexistants, rarissimes, introuvables. Spécialement conçus et écrits pour les morts.

— Écrits par qui ?

— Ne m'en demandez pas trop.

— Des livres qui ne parleraient pas de la vie ?

— Le moins possible. Pour ne pas donner de regrets. Ou alors, si, au contraire : pour arracher des larmes à tous ces yeux secs. Nous pourrions imaginer un rayon sentimental, mélodramatique, kitsch, qui s'appellerait *Nostalgies*, ou *Bonheurs enfuis*.

— On n'y parlerait que des délices du passé perdu ?

— On y raconterait des vies magnifiques, des joies.

— Est-ce que les morts pleurent encore ?

— À leur façon, j'imagine. Mais franchement je ne sais pas. Je fréquente très peu de défunts.

— Nous aurions un domaine humoristique ?

— Pourquoi pas ? (Il saute sur l'idée.) Mais réservé à l'humour macabre, bien entendu, à l'humour noir. Et puis, naturellement, des études scientifiques sur les signes indiscutables de la mort, sur la décomposition, sur les mérites comparés de l'enfouissement et de l'incinération.

— Sur les techniques de mise à mort aussi ?

— Ah oui ! Bien entendu ! Imaginons la longue liste ! Morts par décapitation, pendaison, noyade, crémation, écartèlement, garrotte, dépeçage, égorgement, décervelage, fusillade, éviscération, strangulation, tir à l'arc comme pour saint Sébastien, chaise électrique, empalement (il récite cette liste à toute allure, il a dû y penser déjà, de son vivant), piqûre létale, ouverture des veines, bastonnade, lapidation, écrasement, étouffement, empoisonnements divers, et aussi des ouvrages encyclopédiques sur les momies, les zombis, les vampires, les succubes, les sphinges, les revenants, les fantômes et tout le défilé international des esprits. Quelle collection, quel catalogue !

— Vous avez oublié la crucifixion.

— J'en demande pardon. Je ne l'ai pas fait exprès.

— Et les morts de faim, ou de soif, aussi. Toutes les morts lentes.

— Les morts lentes… (un court silence). Nos vies seraient-elles autre chose ?

— Et la religion, au fait ? Elle figurerait dans les catalogues ?

— Autre bonne question, me répond-il. Nous n'échapperions pas à la religion, évidemment.

— Personne, hélas, n'y échappe.

— Mais il ne faudrait, dans notre bibliothèque d'outre-tombe, que des ouvrages totalement impies, qui diraient et prouveraient qu'aucun dieu n'existe, qu'ils sont tous nos sous-produits, que l'au-delà est une foutaise, de telle sorte que les lecteurs qui s'étaient cru directement dirigés vers le paradis, ou pour un moment au purgatoire, se retrouvent désabusés devant le vide, mécontents d'eux-mêmes et tristes à en mourir encore.

— Ils ne pourraient plus croire en une résurrection ?

— Impossible. Ni résurrection, ni rachat, ni salut. Effacé des tablettes, le jugement dernier. Ils seraient là, tous, dans une bibliothèque sinistre, devant la réalité du néant. Comme moi.

Nous avons inventé l'idée de justice – il me le disait souvent – et nous l'avons aussitôt projetée dans notre au-delà, comme on met la balle dans l'autre camp. Qu'à défaut d'une justice équitable dans ce monde-ci au moins nous en trouvions une dans l'autre. Nous y avons installé des tribunaux pareils aux nôtres – en plus expéditifs, cependant –, et des juges impitoyables, incorruptibles, à qui rien ne saurait échapper de nos actes et de nos pensées. Nous avons mis une balance – romaine – entre les mains de Dieu, et notre vie n'est plus qu'une liste d'actions, consignées, et annotées, dans le grand livre. Notre seul avocat, à en croire certains auteurs, serait, pour nous les catholiques en tout cas (que les protestants s'adressent ailleurs), la Vierge Marie en personne, qui intercéderait en notre faveur, avec comme unique argument la pitié.

Il me dit – et je l'avais déjà entendu, à plusieurs reprises – que le seul point qui le chagrine, dans la mort comme dans le néant, est de penser que ceux qui ont cru en un dieu, ou en une vie éternelle, ne sauront jamais qu'ils se sont trompés.

Quel dommage. Dans cette bibliothèque-là, au moins, que nous appelons déjà « la Bibliothèque des Limbes », les lecteurs tourneraient lentement, de leurs doigts pâles, des livres qui leur montreraient toutes les splendeurs terrestres auxquelles ils auraient renoncé, les vins suprêmes, les parfums, les formes ravissantes des corps. Avant de tomber dans le noir éternel, ils se rappelleraient, par force, leur longue adoration du rien, leur culte d'idoles biscornues, leurs prosternations, invocations, flagellations, processions et sacrifices, tous sans objet (Luis avait horreur de la notion même de « sacrifice », un mot dont il ne pouvait même pas comprendre le sens : que « sacrifier » ? À qui ? Au nom de quoi ?).

Des milliers et des milliers de pages. Pénitence patiente et silencieuse. Spectacle obligatoire des plaisirs jadis dédaignés et haïs. Long défilé des aberrations millénaires.

— Cette bibliothèque, me dit-il avec une légère trace d'exaltation, quelle puissante image de l'enfer ! Avoir en permanence sous les yeux ses regrets, ses erreurs, avec textes et illustrations. Ne jamais pouvoir s'en détacher. Une bibliothèque d'amertume. Tout ce dont ces malheureux auraient pu jouir sans remords, mais voilà, c'est trop tard, la vie ne reviendra jamais. L'enfer idéal, mon cher ami. Un enfer pour tous ceux qui se croyaient vertueux. Lecture obligatoire huit heures par jour. Et sans dimanche.

Je lui rappelle un livre qui nous avait amusés, naguère, et aussi inquiétés. Un livre du XIXe siècle, *De la folie en matière de religion*, écrit par un certain abbé Lefebvre, un jésuite qui soutenait, à la suite d'une vision, que les athées, en réalité, étaient non pas des méchants, mais des fous. Des fous authentiques. Aussi fallait-il les soigner comme on soigne les aliénés, les enfermer dans des asiles, les doucher à heures régulières et leur lire de force, chaque jour, plusieurs pages de Bossuet.

L'auteur, à l'évidence dérangé, tenta vainement de convaincre les aliénistes de l'époque. Il mourut sans connaître l'asile de ses rêves.

Dans notre bibliothèque, ce serait le contraire. Uniquement des lectures impies. De longues lectures. Et pas de douches.

— Une cinémathèque, aussi ?

— Comment ?

— À côté de la bibliothèque, nous installerions une cinémathèque ?

Il réfléchit, et cette fois pendant au moins une minute. J'attends.

— Pour la cinémathèque, me dit-il enfin, c'est plus discutable.

— Pourtant, ils ne se comptent plus, les films qui nous montrent la mort.

— Parce que la mort, au cinéma, est la principale tête d'affiche. Sur les façades, sur les prospectus, déjà de mon temps on ne voyait qu'elle. Tous ces revolvers braqués sur les passants ! Abominable, honteux. Je passais en détournant la tête.

— Je me rappelle, il y a une quarantaine d'années, un producteur qui sortait de la projection d'un *spaghetti western* et qui disait, dans la désolation : « Que voulez-vous faire après ça ? Dix-huit morts avant le générique ! »

— Les choses ont changé ?

— Pas vraiment, lui dis-je. Certains films ne sont qu'un long massacre. Chaque geste tue.

— C'est pour cette raison que j'hésite.

— Vous avez peur de donner aux défunts le goût de tuer ?

— Peut-être. L'idée, en tout cas, que tuer est un acte dérisoire et facile, un acte qui peut conduire au plaisir, qui peut faire jouir.

— Ce qui est le cas.

— C'est vrai. Mais j'aurais peur, surtout, de laisser croire aux morts qu'ils peuvent encore jouer la comédie, passer des auditions, se faire engager. Que des auteurs écrivent des rôles pour eux, vous comprenez ?

— Je crois.

— Il n'y a pas de raison que le cabotinage disparaisse, chez les macchabées.

— À supposer qu'ils l'aient oublié, il faudrait quand même leur expliquer que, dans les films qui montrent des morts, tout est truqué.

— Ils ne comprendraient pas. Vous les mettriez dans la confusion. Demander à des morts de jouer à mourir ? Comment leur parler, comment les diriger ? Comment leur dire : « Maintenant vous tombez, et vous ne bougez plus, vous ne respirez plus ! » ? Et même, savent-ils encore ce que c'est, un film ? Celui qui est là, tenez…

Il montre le très vieux cercueil, sur l'autre étagère.

— … il est mort, peut-être, avant l'invention du cinéma ! Vous imaginez son trouble, si on lui montrait soudain des images de tombes qui s'ouvrent ?

— Quelle folle espérance !

— Et puis, tous ces cadavres vivants, ces squelettes qui s'avancent à pas très lourds dans les ruelles, à la nuit tombée, tous ces passages lents d'un monde à l'autre…

— … ces plaques d'égout qui se soulèvent…

— … ces fantômes terreux qui se souviennent et qui parlent, la bouche pleine d'asticots… Non, non, ça leur donnerait de fausses idées. Ils finiraient sûrement par y croire.

— Possible.

— Certain. Ce n'est pas à vous que je vais apprendre que nous sommes prêts à avaler n'importe quoi.

— Même là où vous êtes ?

— Et comment. Tout ce que vous me racontez, tout ce que je lis dans ces journaux, comment être sûr que c'est vrai ? Hein ?

Comment ? Nous sommes avides de bobards, mon cher ami, vous comme les autres. Et il n'y a aucune raison pour que nous devenions plus lucides après le départ.

— Pourtant, les autres défunts, ils sont tous comme vous ! Dans la même situation ! S'ils voient, ils voient les mêmes choses que vous ! Ils se rendent bien compte qu'il n'y a pas d'autre vie, pas de paradis, pas de récompense, pas de…

— Mais non, ils ne se rendent compte de rien !

— Et pourquoi ?

— Ou alors vaguement, très vaguement. Sans vouloir vraiment l'admettre. Ils s'imaginent peut-être, comme dans une brume sale, qu'ils sont parqués pour le moment au purgatoire. Dans un lieu gris, une salle d'attente.

— Vous seriez le seul ?

— Que voulez-vous dire ?

— Le seul à être encore capable, dans la tombe, de se rappeler des moments de vie ? De raisonner comme un vivant ?

— Moi ?

Ma question l'embarrasse-t-elle ? Je me le demande un instant. Il ne dit rien, ferme les yeux, réfléchissant peut-être à la crédulité des morts.

— En fait, lui dis-je alors, quand je vous regarde et que je vous écoute, je me dis : c'est la même chose. Les morts sont dans l'ombre, dans l'inconnu, mais les vivants aussi. Nous ne sommes touchés d'aucune lumière surnaturelle. Jamais. Pas de raison que les disparus en sachent davantage que nous. Pas de raison qu'ils soient plus lucides. Plus avertis. Pas de raison que la mort confirme quoi que ce soit, comme vous disiez.

Pendant une minute ou deux, il ne bouge pas. Puis il hoche légèrement la tête et il me dit, sans même soulever les paupières :

— Ce qui est agaçant avec vous, les Français, c'est votre usage élémentaire de la logique.

— Pourquoi élémentaire ?

— Parce que le terrain vague, entre le vrai et le faux, entre le vivant et le mort, entre le songe et la vie, est infiniment plus large, et plus profond, et plus subtil que vous n'imaginez. Entre ce qui est et ce qui n'est pas, que de peut-être ! Mais vous croyez, vous persistez à croire que le blanc n'est pas noir, et *vice versa* ! Que votre univers est le seul et qu'il se plie à vos frivoles distinctions.

— Ce n'est pas le cas ?

— Mais regardez-moi ! Qu'est-ce qu'il vous faut de plus ?

Il ferme encore un instant les yeux avant de répéter que non, décidément, une cinémathèque n'est pas une aussi bonne idée qu'une bibliothèque. Peut-être craint-il qu'on y montre ses films, parmi d'autres. À des yeux morts.

Nous y renonçons.

Tous les deux, d'un même mouvement, nous regardons l'autre cercueil. Sans doute la même sensation, la même idée, vient-elle de nous attraper. Cela nous arrivait souvent, autrefois, par une sorte de mimétisme. À force de respirer ensemble, l'un en face de l'autre, nous partagions un instant de pensée.

— Il est parti avec ses secrets, lui dis-je.

— Oui. Comme tous les autres.

Tous les vivants s'en vont ainsi, sans confier, souvent, ce qu'ils sont les seuls à savoir. Comme cela se disait autrefois dans les mélodrames, ils « emportent leurs secrets dans la tombe ». Sans les révéler. Depuis le commencement du monde, des millions, des milliards de secrets ont été ensevelis avec les corps de ceux, de celles, qui les portaient. Et un secret mort n'est plus un secret. Il n'a plus aucun poids, il n'intéresse plus personne, il n'est plus rien. À quoi bon tenter de le déterrer ? Pour quel usage ?

Cependant, la Terre tourne enveloppée d'un immense nuage de secrets qui se dissolvent peu à peu, qui se perdent et puis qui s'oublient. Cette masse prodigieuse de mensonges – par omission, pour ne pas avoir dit – impressionne et accable. Une femme perd son amant, elle en souffre, et elle mourra elle aussi, beaucoup plus tard, sans jamais dire à quiconque que cet homme a été la flamme de sa vie. Elle porte et emporte avec elle ce qu'elle a de plus beau, de plus rare, même s'il s'agit d'un meurtre, ce qui n'appartient qu'à elle, ce qui fait sa singularité et certainement sa noblesse. Avoir tenu toute une vie les lèvres serrées et mourir ainsi : il y a là une forme de beauté dont personne ne parle, beauté unique, personnelle, égoïste, qui ne sera appréciée de personne, mais qui vaut bien tous les chefs-d'œuvre dont on nous assomme.

Nous ne disons rien pendant deux ou trois minutes. Nous regardons en silence le vieux cercueil. Un homme ou une femme. De toute façon, des secrets.

Je lui demande aussi, ce même soir, un peu plus tard :

— Est-ce qu'un jour il y aura des religions du film ?

— Qu'est-ce que vous voulez dire ?

— On parle sans arrêt des « religions du livre », comme si le livre constituait une sorte de garantie d'authenticité, et même de transcendance. Comme si Dieu seul savait écrire.

— Et alors ?

— Cela serait possible avec les films, un jour ? Certains films ?

— Lesquels ?

— Les anciens, ceux de Griffith, Fritz Lang, Chaplin, comme créateurs de traditions, d'images, de croyances nouvelles. De religions, même. Eisenstein, Fellini, Tarkovski, Ozu et Satyajit Ray comme prophètes.

J'hésite deux ou trois secondes (se souvient-il de tous ces noms-là ?) et puis je dis :

— Vous aussi, peut-être. Un « évangile selon saint Buñuel ».

— Quelle horreur ! Qu'est-ce que vous allez imaginer ? Abominable ! Vous essayez de me ramener les cauchemars que j'ai perdus ? Si vous insistez, je vous chasse !

Il se tait pendant quelques secondes, les yeux clos, puis il me dit, plus doux, presque mélancolique :

— Ou alors si, peut-être... Si vous faites de moi le prophète du vide... Celui qui annoncerait la fin des prophètes, la fin des messies, la fin de tout...

Quand on l'interrogeait, autrefois, sur ses auteurs de films favoris, il répondait souvent « les Allemands », ceux de son temps, Fritz Lang, Pabst, Murnau. *Les Trois Lumières*, de Fritz Lang, fut le film qui décida du choix de sa vie.

Il appréciait aussi les premiers films d'Eisenstein (en sortant de la salle, après la projection du *Cuirassé Potemkine*, disait-il, « nous étions bouillants de révolution ») et les Japonais, Mizoguchi, Kurosawa. Et Satyajit Ray (beaucoup), dont il découvrit *Pather Panchali* au festival de Cannes. Des États-Unis, allergique aux westerns et aux comédies musicales (surdité), il n'aimait que les immenses burlesques de sa jeunesse, Ben Turpin (qu'il citait toujours), Buster Keaton, Harold Lloyd, Chaplin à la rigueur (à qui il essaya, mais en vain, de vendre quelques gags), les Marx Brothers (pour leur désinvolture), Laurel et Hardy (pour leurs dévastations).

Il se sentait proche d'Erich von Stroheim et de Sternberg. Il les connut, tous les deux. Il admirait, je crois, John Ford, et la technique de Hitchcock, mais traitait volontiers ce dernier de « starlette ». John Huston était son ami, ainsi que Nicholas Ray, qu'il rencontra en Espagne. Ami, aussi, de Charles Laughton, il plaçait très haut le seul film que celui-ci réalisa, *La Nuit du chasseur*. En France, Jean Vigo avait sa préférence, et surtout *L'Atalante*. Il appréciait aussi *Goupi Mains rouges*, de Jacques Becker, et les premiers Renoir.

En général, il se montrait peu sensible au charme français, celui de René Clair et de Truffaut, trop poli pour lui, trop bien élevé, trop « délicieux ». De Sica, qu'il connut assez bien, l'émut avec *Le Voleur de bicyclette* (« Il a fait d'un instrument de travail une vedette ! »). Ce même De Sica fut si impressionné par *Viridiana* qu'il demanda à Jeanne, la femme de Luis, si son mari la battait, quelquefois.

Assez bluffé par Fellini, Luis essayait de s'en défendre. Mais nous vîmes un jour ensemble *Fellini Roma*, qui l'étonna, qui l'enchanta même. Stupéfait par la séquence du défilé de mode ecclésiastique (« c'était comme un rêve dans une église », me disait-il), il écrivit sur-le-champ une belle lettre à Fellini, qui lui répondit aussitôt (« *Carissimo Luigi*... »).

L'année suivante, invité au festival de Cannes, on les assit à côté l'un de l'autre, à un déjeuner. Quand je le vis, un peu plus tard, je lui demandai comment cela s'était passé, quelle impression il garderait de Fellini.

« Fellini ? me dit-il. Regardez... » Il me montra une petite tache sur son veston et ajouta : « Il a fait tomber de la sauce sur ma veste, en me passant le plat. Fellini ! Vous vous rendez compte ? »

J'hésite à lui rappeler ces souvenirs-là. Je ne voudrais ni l'amener à la mélancolie (nous n'en sortirions pas) ni l'obliger à parler de cinéma, ce qu'il a toujours détesté, rejeté. Dans la vie quotidienne, ceux qui le fréquentaient oubliaient vite qu'il était aussi un cinéaste, et des plus illustres. Il ne souffrait d'aucun des tics de sa profession, il ne parlait que très rarement de tel ou tel film, et passait les siens sous silence. Étranger dans son propre monde.

Un jour, alors qu'il tournait *L'Ange exterminateur* aux studios de Churrubusco, à Mexico, une actrice américaine très connue vint le visiter. Il la reçut aimablement, l'invita à s'asseoir. Sa surdité l'avait empêché de comprendre clairement son nom. Elle resta une heure, blonde, souriante, puis elle dit *good bye,* envoya une bise à la ronde et s'en alla. Quelques minutes après son départ, il apprit qu'il s'agissait de Marilyn Monroe. Ce qui d'ailleurs ne l'affecta en aucune manière. À peine savait-il qui elle était.

Au début des années 1930, il vivait à Los Angeles. Un producteur français l'avait envoyé là-bas, quelque temps, après *Un chien andalou* et *L'Âge d'or,* pour qu'il pût y « apprendre le cinéma ». Bon élève, il se rendit, un des premiers jours, dans un studio où tournait Greta Garbo. Il resta dans un coin, regardant à la ronde, observant. Par on ne sait quel instinct, la star, dont quelqu'un rectifiait le maquillage, sentit la présence – apparemment désagréable – d'un intrus. Elle fit un geste bref et quelqu'un chassa Buñuel.

Il demeura oisif, ne sachant comment occuper ses jours. Avec un de ses amis, nommé Ugarte, espagnol comme lui, qui partageait son logement, il composa un tableau – malheureusement perdu – du cinéma américain de ce temps-là. Il s'agissait d'un morceau de carton avec des colonnes et des tirettes. Sur une première colonne, les « ambiances », sur la deuxième colonne, les personnages principaux, sur la troisième, quelques éléments très simples de l'action. Si l'on mettait en place les tirettes, si on les ajustait, la quatrième colonne donnait inévitablement un résumé du scénario. « Le tableau fonctionnait très bien », me disait Luis.

Il fut invité un soir à la *sneak preview*, « première surprise », devant un public non prévenu, d'un film de Sternberg avec Marlène Dietrich, *Dishonored.* Elle y jouait le rôle de Mata Hari. Il rentra en voiture, tard dans la nuit, avec Sternberg et le producteur du film. Sternberg descendit en route.

Luis resta avec le producteur, qui se désolait. Selon lui, le film ne marcherait pas. Aucune chance. « Mais pourquoi ? » lui demandait Luis. « Pourquoi ? Mais parce qu'on tue la star, voyons ! On la fusille, à la fin de l'histoire ! Vous vous rendez compte ? On fusille Marlène ! »

Luis lui dit que cela ne l'avait pas étonné, que même il le sentait venir depuis longtemps. « Mais ce n'est pas possible ! s'écria l'autre. Cela ne s'est jamais fait depuis l'invention du cinéma ! Jamais ! Le public n'a jamais vu ça ! Il va détester ! »

« Vous avez deux minutes ? lui demanda Buñuel. Venez avec moi. »

Il emmena le producteur dans la petite maison qu'il partageait avec son ami Ugarte. Celui-ci dormait déjà, à l'étage. Luis monta le réveiller et lui demanda de descendre, ce que l'autre fit, de mauvais poil.

Le voici assis en pyjama dans le living-room, face au producteur. Luis lui dit : « Écoute-moi bien. »

« Oui. »

« Ambiance viennoise. »

Ugarte, ensommeillé, hoche la tête. Luis continue : « Dans la première scène, on voit une prostituée. Et on le comprend clairement. Elle est dans la rue, elle racole un militaire, elle… »

« Arrête, lui dit Ugarte. Elle est fusillée à la fin. »

Et il monte se recoucher.

En 1972, au mois de novembre, nous nous trouvions avec Silberman à Los Angeles, pour la présentation, au festival, du *Charme discret de la bourgeoisie.* George Cukor, que je connaissais, m'appela et me dit : « Il paraît que Luis Buñuel est en ville. J'aimerais beaucoup l'inviter à déjeuner, avec quelques amis. » Luis, qui n'était pas revenu à Los Angeles depuis quarante ans, accepta l'invitation, et nous nous rendîmes, avec Raphaël son fils cadet et Serge Silberman, dans la somptueuse demeure de Cukor, à Bel Air, aux jardins piqués de statues antiques.

Nous avons déjà raconté cette scène dans *Mon dernier soupir,* mais je la rapporte ici encore, plus détaillée.

Arrivés les premiers, nous vîmes d'abord apparaître, presque porté par un Noir très robuste, un homme âgé, avec un bandeau sur un œil : John Ford en personne. Il entra, il s'assit, plus ou moins aveugle. Poignée de main, quelques mots, *how are you ?* Quatre minutes plus tard, glissement de petits pas sur le parquet ciré. Hitchcock entrait, une main tendue et disant : « *Buñuel, I'm so delighted to meet you.* » Interrogé quelques mois plus tôt par une télévision américaine, à la question : « Qui sont vos metteurs en scène favoris ? », il avait répondu : « À part moi, Buñuel. »

Suivirent William Wyler (qui parlait français), Billy Wilder, Robert Wise, George Stevens, Rouben Mamoulian (alors président de la Directors Guild) et – le plus jeune de tous avec moi – Robert Mulligan. Une réunion mythologique, qui jamais auparavant ne s'était produite. De *Ben Hur* à *West Side Story,* de *Some Like It Hot* à *North by Northwest* et à *Stagecoach,* ils étaient là. L'état-major de l'Olympe. Buñuel lui-même n'en revenait pas.

Après l'apéritif, nous passâmes dans la salle à manger, pour le déjeuner. Hitchcock s'assit à côté de Luis, presque blotti contre lui, une main posée sur son épaule, et entreprit de lui décrire plan par plan une scène de *Tristana,* qu'il savait par cœur : « Quand elle joue, au piano, et que tu panoramiques lentement vers le bas (avec un geste des deux mains), nous découvrons qu'elle n'a plus qu'une jambe, alors tu remontes lentement vers elle (toujours le geste des mains), sans couper, sans changer de plan, *well,* quand nous retrouvons son visage, elle n'est plus la même femme. » Une leçon de cinéma en une phrase. Je leur servais de traducteur, car, si Buñuel parlait l'anglais, il l'entendait mal.

Hitchcock, aminci, le visage pâle, ne mangeait que de la salade cuite et du poisson blanc. Fini le temps où il se faisait livrer sa nourriture quotidienne de Paris, chaque jour, par avion. Mais il suivait des yeux le verre de chablis que Luis portait à ses propres lèvres, comme s'il en devinait l'arôme et les effets. Comme si Buñuel buvait pour lui.

John Ford, très fatigué, dut quitter le repas après le poisson, non sans avoir promis de mettre prochainement en chantier *a big western.* En le regardant s'en aller, délicatement emporté par le Noir robuste, Luis se pencha vers moi et me dit, en espagnol : « *Este se nos va.* » Ces quelques mots offrent en castillan une résonance particulière, à cause du *nos,* comme si l'on disait : « Celui-ci s'en va de nous », ou bien : « C'est un de nous, c'est une part de nous qui s'en va. »

Vers la fin du repas, Stevens leva son verre et prononça un toast où il disait, à peu de chose près : « Malgré nos différences de langue, d'origine, d'opinions, de style, de goûts, je bois à ce qui nous réunit ici. »

Je traduisis à Luis, qui leva son verre en disant : « Je bois, mais j'ai un doute. »

Après le déjeuner, j'eus l'idée d'appeler un photographe, dans la première agence que je trouvai dans le *phone book*. Il vint et découvrit, éberlué, malgré l'absence de John Ford, un panthéon véritablement légendaire. On apporta des chaises. Hitchcock et Billy Wilder se disputèrent pour disposer les personnages, sur la photo, les uns assis, d'autres debout. Wilder l'emporta, fit taire tout le monde, plaça Hitchcock à côté de Luis et Cukor, derrière. Décision fut prise, à ma demande, de laisser un espace vide, celui de John Ford.

Il était à cette date-là le seul fantôme prochain. Aujourd'hui, tous les autres l'ont rejoint dans l'immense jardin des spectres. Robert Mulligan a disparu en 2009. Ne restent, de cette image, que Raphaël et moi.

La photographie, aux États-Unis, fut le *collector's item* de l'année.

Cukor nous dit qu'il avait aussi invité Fritz Lang, mais que celui-ci, trop faible, n'avait pas pu venir. Cependant, le jour suivant, Luis reçut une invitation personnelle de Lang lui-même. Il était invité chez lui, sans Silberman, sans Raphaël, sans moi. Luis, à cette occasion, se montra ému comme un collégien. Il me consulta même sur le choix de sa cravate, et s'en fut déjeuner chez Fritz Lang, en tête à tête. Lang, une de ses admirations de jeunesse, était son aîné de dix ans.

Lorsqu'il revint, vers trois heures de l'après-midi, joyeux, il tenait sous le bras un objet plat, enveloppé dans du papier. Il se déclara enchanté du déjeuner, du vin, des propos. Je lui demandai : « Qu'est-ce que vous avez là, sous le bras ? » Il m'avoua qu'à la fin du repas il n'avait pas pu résister. Il demanda à Lang une photo dédicacée. Lang, surpris, choisit (à la demande de Luis) une image de lui des années 1930, un très beau tirage, et l'orna d'une dédicace magnifique : « À Luis Buñuel, ravi d'apprendre que *Les Trois Lumières* et *Metropolis* ont pu donner naissance à une des œuvres les plus fortes et les plus originales du cinéma... », quelque chose comme ça.

Un objet digne d'un musée du cinéma. Luis en fit cadeau, quelques mois plus tard, à quelqu'un qu'il connaissait à peine, à Mexico.

Je préfère ne pas lui parler de tout ça. Ces souvenirs communs, qui me traversent par bouffées, ne sont peut-être plus les siens. Bien qu'ils soient encore très forts pour moi, sans doute les a-t-il oubliés. Un jour prochain, lorsque je mourrai, ils disparaîtront à jamais. Je partirai moi aussi avec mes secrets, comme nous le faisons tous. Un oubli succède à l'autre.

Peu importe. Inutile aussi de lui demander s'il rencontre parfois quelques-uns de ces personnages dans ses promenades d'outre-monde. Je sais que cela n'est pas, comme nous disons dans ce monde-ci, possible. D'ailleurs, depuis que je viens le voir, il insiste sur la solitude de la tombe. Pas d'autre mort que lui.

Autrefois, quand nous parlions des territoires infernaux, nous nous référions de préférence à Virgile, au livre VI de *L'Énéide,* ce monde d'ombres, nous dirions aujourd'hui d'êtres virtuels, ou synthétiques, ou bien d'avatars. Tous les déjà morts y côtoient les futurs vivants. Toute vie n'est qu'un épisode. Il n'y a ni avant, ni après, ni haut, ni bas. Il nous semblait que dans cette zone sans limite, dans ce magma où toutes les existences, de tous les lieux, de tous les temps, se frôlent en silence, sans se réjouir, sans se plaindre, nous pouvions imaginer le réservoir de toutes les histoires – drames ambigus, comédies grises, chemins imparfaits – après lesquelles nous nous élancions chaque matin.

J'hésite également à lui dire, sans qu'il me le demande, que François Truffaut est mort, un an après lui, à cinquante-deux ans, et Louis Malle aussi, qu'il avait bien connu. Et Henri Langlois, et Ado Kyrou, et Robert Benayoun, ses amis (Benayoun, surréaliste d'après-guerre, un de nos tout premiers historiens et critiques, mourut abandonné, paralysé, dans quelque asile de province). Et Éric Rohmer, et Claude Chabrol, pour ne parler que des Français. Et Jacques Deray, qu'il avait eu comme assistant. Et tant d'autres, comme Romy Schneider, qui vint le voir à Mexico, et dont il n'avait pas oublié le sourire. Et Delphine Seyrig, que je lui présentai en 1968, pour *La Voie lactée*.

Il alla la voir au théâtre de l'Atelier, dans *L'Aide-Mémoire*. En raison de sa surdité, on l'installa au tout premier rang. Le lendemain, quand je lui demandai comment il la trouvait, il me répondit : « Que vous dire ? Je n'ai vu que ses narines ! »

Je lui dis encore, pour l'empêcher de s'endormir, car ses paupières se referment :

— Autrefois, vous reveniez sans cesse sur la même idée. Vous disiez que, dans le passé, nous vivions à l'intérieur de nous-mêmes, et que peu à peu nous en sommes sortis. Maintenant – disiez-vous – nous ne vivons qu'à l'extérieur, qu'à la surface. Comme des volcans éteints, comme si nous étions totalement vides, à l'intérieur. Vous avez toujours la même impression, là, dans ce cercueil ?

— Je disais ça ?

— Souvent. Que le Moyen Âge vous semblait une époque délicieuse, favorable à la méditation, et ainsi de suite. Une époque « douloureuse et exquise », comme l'écrivait Huysmans. Vous disiez que vous ne seriez jamais aussi content que seul devant un feu de bois, dans un château bien fortifié. Avec, ajoutiez-vous, une petite orgie de temps en temps.

— La petite orgie, franchement, je m'en fous. Mais le feu de bois me manque un peu.

— Je peux essayer d'en allumer un.

— Vous êtes fou, vous ameuteriez les gardiens. Un feu de bois dans une tombe ! Quelle histoire !

— Et le Moyen Âge vous manque ?

— Je l'ai connu dans mon enfance. À peu de chose près, nous vivions comme nos ancêtres vivaient, des siècles plus tôt. Je le croyais, en tout cas. Mais à quoi bon le regretter ?

— Quelquefois je me dis que c'est une chance que vous ne soyez plus vivant. Une chance pour vous.

— Pourquoi ?

— Parce qu'il me semble, mais c'est peut-être un autre effet de l'âge, de mon âge, que plus jamais nous ne regardons en nous-mêmes, que les images qui nous harcèlent nous dépossèdent chaque jour de nos silences, de nos ombres, en nous empêchant d'y revenir, que ces informations, jeux et distractions multiples, vous aviez raison, nous décomposent, que même notre âme est scannérisée, que nous vivons en pièces détachées, sans adhérence.

— Il serait temps que vous vous en rendiez compte.

— Il n'est pas interdit de se distraire, remarquez.

— C'est même une nécessité. Comment regarder et entendre le monde sans pour cela nous perdre un seul instant. Tout est là, vous savez.

— Oui, Luis, mais que c'est difficile !

— Surtout quand nous sommes vivants. Parce que, si je me souviens bien, c'est assez agréable, la vie.

— Pour certains, oui.

— Et même la télévision.

— Oui. Agréable et utile, même.

— Qu'est-ce que vous appelez « utile ? »

Les phrases qu'il prononce ne se succèdent pas dans l'ordre exact où je les transcris ici. Sa parole est entrecoupée, hésitante. Elle revient parfois en arrière, les mots s'arrêtent soudain, certaines phrases ne vont nulle part, les yeux se ferment et je pourrais penser qu'il va se taire pour toujours. Alors quelque frisson l'anime, une idée le parcourt, et le langage lui revient. Plus tard je reconstitue, tant bien que mal, le dialogue.

Je suis sûr, par exemple, qu'il m'a parlé d'« utilité », sous la forme d'une question. Je cherche une réponse (comment être utile à un mort ?), mais il ne m'en laisse pas le temps. Il me demande :

— C'est quoi, exactement, Internet ?

Je suis un peu surpris par cette question. Il ajoute aussitôt :

— J'ai lu que « In-ter-net » (il prononce en articulant et en marquant le r) allait remplacer la télévision et sans doute aussi les journaux, les disques. Et peut-être même les livres. C'est quoi, exactement ? Ils parlent d'une toile d'araignée. Pourquoi ?

Je dis ce que je sais, ce que tout le monde sait (et dit), je parle en effet d'une toile d'araignée impalpable qui, pareille à l'univers, est infinie et cependant s'accroît sans cesse. La possibilité de connaître la vérité et de propager le mensonge. De parler à tous en ne s'adressant à personne. De se constituer prisonnier du monde tout en le mettant dans sa poche. Une toile d'araignée qui est en train de grignoter et bientôt, en effet, de chasser de nos yeux la télévision, que nous pensions inexpugnable.

— On peut tout savoir, c'est vrai ?

— Tout ce qui est su. Aujourd'hui, pour notre travail sur les hérésies, ma tâche serait simplifiée. J'aurais tout sous les yeux, en quelques clics, et en bon ordre. Avec un petit boîtier dans la poche, nous savons tout ce que les hommes peuvent savoir. Un rêve très ancien s'est accompli en quelques années. Une encyclopédie universelle chez soi, dans chaque foyer, dans le creux d'une main.

— Ce qui prouve à quel point le savoir est peu de chose.

— Si vous voulez.

— Les films y sont aussi ?

— Bien entendu. Si je clique au bon endroit, je vois apparaître la liste de tous vos films, sans exception, avec tous les renseignements désirables, le nom des acteurs, un résumé de l'histoire, des photos, même les critiques et les prix remportés.

— Je ne sais pas si je dois m'en réjouir.

— C'est comme ça, dorénavant. S'en réjouir, s'en attrister, ça n'a plus de sens.

— Je peux me mettre en rapport avec n'importe qui, sur la planète, si j'ai bien compris ? Et lui envoyer ma photo ?

— Votre photo, votre compte en banque, votre groupe sanguin et vos analyses de sperme.

Quelques secondes de silence, les yeux clos, puis cette question :

— Dites-moi, avec votre système miraculeux, on peut aussi parler avec les morts ?

— Ah non, pas encore.

— Mais on y travaille ?

— Je ne suis pas informé, là-dessus. Je ne peux pas vous dire. Mais c'est possible. Probable, même.

— Nous sommes donc, vous et moi, des précurseurs.

— On peut le dire ainsi.

Un autre silence, un peu plus long que le précédent, et une autre question (le sujet l'intéresse, il y revient) :

— Mais êtes-vous sûrs, quand vous demandez une information, sur Internet, que ce qu'on vous dit est exact ?

— Non. Mais nous ne l'étions pas davantage hier. Quand je piochais le *Dictionnaire des hérésies* de l'abbé Pluquet, pour préparer *La Voie lactée,* rappelez-vous, ce que je lisais était écrit par un adversaire féroce des hérésies, qui ne cessait de dénoncer ces « erreurs » néfastes, ces « aberrations ». Si nous avions connu le point de vue des hérétiques, il eût été tout différent. En lisant Pluquet, je savais que j'avais affaire à un gros menteur. Tous les livres d'histoire sont farcis de mensonges.

— À votre avis, est-ce que les morts pourraient mentir ?

— Ce serait à vous de me le dire.

Il demande simplement, en haussant les sourcils, et en souriant :

— Pourquoi pas ?

— Ils pourraient prétendre être encore vivants ?

Il sourit et ne répond pas.

Nous sommes assez vite d'accord sur un autre point facile : fuyante, la vérité, comme une anguille entre deux cailloux lisses. Dans la mort comme dans la vie. Impossible de la saisir, de la tenir entre ses mains, difficile même de l'approcher. Internet ou pas.

Et d'ailleurs, pourquoi vouloir à tout prix la connaître ? Elle est insaisissable ? Qu'elle le reste. Dédaignons-la. Et même (disait-il déjà au temps de sa vie) fuyons-la, pervertissons-la, masquons-la.

Qu'elle en arrive à ne plus se reconnaître. À bas la vérité ! Soyons arbitraires et menteurs. Et faussaires, et truqueurs. Luis prétendait que, dans chacun de ses films, il glissait une fausse information, une erreur historique, ou géographique, ou scientifique, pour contribuer, « dans la mesure de ses moyens », au dérèglement, à la méconnaissance du monde. Il songeait à pervertir les tables des matières, à falsifier les références, les dates, jusqu'aux légendes des portraits.

Je lui demande, naïf :

— Et si tous les utilisateurs d'Internet en faisaient autant ?

— Quelle merveille ! s'écrie-t-il. Imaginez ! Un monde entièrement faux !

— Incertain, tout au moins, flottant dans le vague, brouillé.

— Sans aucune information exacte, sans aucune preuve, sans témoignages, sans chronologie, sans histoire ! Un monde fuyant, glissant ! Sans vérification ! Sans expertises ! *Out of focus* ! Les peuples, les familles, les individus ne sauraient plus d'où ils viennent, ni qui ils sont, ni ce qu'ils font sur cette Terre.

— Peut-être, lui dis-je, est-ce le seul moyen de nous empêcher, enfin, de poser des questions stupides.

— Peut-être.

— Comme les miennes.

— Comme les vôtres.

Un autre court silence, puis :

— Vous comprenez, c'est l'exactitude qui nous tue. Nous voulons obtenir ce que nous ne sommes pas. Nous sommes flous et hésitants. Toujours.

— Et nous avons besoin du contraire ?

— Évidemment. Un besoin maniaque, maladif. De ce que nous appelons la précision, l'exactitude, la netteté, la vérité. Et cette vérité, malheureusement, quand nous croyons la tenir, ou lorsque quelqu'un nous la révèle, nous en persuade, ou nous l'impose, nous voulons toujours la discuter et la comprendre. Le mensonge, l'erreur, nous les acceptons bouche bée.

Il revient souvent sur le même point, comme il le faisait autrefois :

— Quand donc comprendrons-nous que nous ne sommes rien ? Faudra-t-il que tout le monde soit mort ? Une misérable poignée de fourmis, dans une forêt sans limites, prolongée par d'autres forêts immenses, inconnues, obscures. Et ces insectes insignifiants, quelques-uns d'entre eux en tout cas, prétendent connaître le pourquoi et le comment des forêts, qu'ils ne peuvent même pas voir ! Et ces fourmis proclament : « Ça y est ! Écoutez-moi tous ! J'ai trouvé le secret du monde ! Je viens d'écrire la formule globale ! » Tellement grotesque, cette recherche éperdue, frénétique, folle, de ce qui ne peut pas être trouvé !

— C'est peut-être ça qui est beau.

— Quoi ?

— La conquête de l'impossible.

— Vous parlez comme un alpiniste, tout à coup.

— Pardonnez-moi.

— Mais tout ça, c'est des mots, mon cher ami ! Juste des mots ! Une galaxie qui tourbillonne à des milliards d'années-lumière, vous croyez qu'elle nous écoute parler ?

Il me disait, autrefois, ou plutôt nous nous disions, en travaillant, qu'il n'y a pas d'« histoire vraie ». Cette expression courante n'a aucun sens. Elle ne s'applique à rien. Lorsque nous racontons un des événements de notre vie, nous le modifions, forcément, nous trichons, nous biaisons, même sans nous en rendre compte. Tout ce que nous présentons comme « vrai » ne l'est pas.

Et cela vaut, plus encore peut-être, pour l'histoire des groupes, des peuples. Tout est faux dans les albums de famille, dans les livres d'histoire, dans les vitraux des églises et dans les tableaux des musées. Tout. Chaque peuple est élevé, instruit, dans la fausseté. Et sans doute la fiction est-elle née de cette lourde tradition de mensonges. Car celui qui invente, en s'affirmant menteur, en disant « je vais vous raconter une histoire qui n'est pas vraie », échappe à toute critique concernant l'authenticité, la véracité. Par moments, en exerçant son imaginaire, ce menteur peut atteindre une autre vérité, plus secrète, plus dissimulée, qui sera, elle, indiscutable.

— Une chose qui peut vous amuser, Luis.

— Je me méfie, quand vous me dites ça.

— On a découvert que la matière qui nous compose, vous, moi, notre corps, la Terre et tous les corps célestes, ce qui fait tout de même une certaine quantité, admettez-le (il l'admet), on a découvert que cela ne constituait qu'une très faible partie de la matière totale qui compose l'univers. À peine un peu plus de 3 %.

— Et l'autre partie ?

— On ne sait pas trop. Les savants l'appellent la matière manquante, ou la matière noire, ou même la quintessence, comme au Moyen Âge, ou le vide.

— Ils sont sûrs qu'elle est là ?

— Ils en voient les effets. Mais nous n'avons, pour le moment, aucun moyen de la connaître.

— L'univers aurait un inconscient ?

— Oui.

— Il faut lui trouver d'urgence un psychanalyste.

Alors qu'il était encore vivant, dans les années 1976 ou 1977, un célèbre psychanalyste mexicain publia un livre intitulé *El Ojo de Buñuel* (*L'Œil de Buñuel*). Il y expliquait avec minutie, film après film, séquence après séquence, la signification (cachée, mais enfin révélée) de toutes les images de Luis. « Quand il montre ceci, il faut y voir cela », et ainsi de suite.

Luis feuilleta le début du livre, en rit beaucoup, m'en parla un peu.

Quelques mois plus tard, invité par le Centre culturel mexicain, à Paris, je me trouvai en face de ce psychanalyste, que je voyais pour la première fois. Un homme visiblement important, sûr de lui, décoré, au demeurant aimable. La conversation s'engagea, tant bien que mal. Je ne savais trop que dire, n'étant pas trop calé dans ces matières, quand une phrase de Luis me revint en tête. Je leur dis :

— Voici ce que Buñuel m'a dit, à propos de ce livre. Monsieur Untel, m'a-t-il confié, a oublié, ou peut-être ne le sait-il pas, que le mot *ojo,* en espagnol, veut dire « œil », bien sûr, mais aussi, en argot, « trou du cul ». Nous devons donc considérer ce livre, aussi, comme une étude sur le trou du cul de Buñuel.

Le psychanalyste, en face de moi, prit le parti d'en rire (comme tous ceux qui étaient là), et il fit bien.

Jamais je n'entendis Luis parler *sérieusement* d'un de ses films. On aurait dit que quelqu'un d'autre les avait réalisés. À peine les avait-il terminés qu'il s'en éloignait, comme d'objets désormais étrangers. Il recevait des dizaines de livres écrits sur lui, et ne les ouvrait pas. Il cachait dans un placard de son bureau les récompenses reçues tout au long de sa vie, au nombre de quatre-vingt-douze (il les avait tout de même comptées). Extrêmement compétent et attentif sur un plateau (il lui arrivait de modifier l'éclairage d'une scène), il laissait le cinéma au vestiaire, il ne le ramenait pas à la maison. Je crois n'avoir jamais rencontré pareil détachement d'un auteur à l'égard de son œuvre. Il n'aimait pas parler de lui. Il refusa (gentiment) à Woody Allen de tenir son propre rôle dans *Annie Hall* – malgré les 30 000 dollars offerts –, et Mac Luhan remplit cette tâche.

Une fois, une seule fois, il organisa une projection de *L'Ange exterminateur* chez lui, à Mexico, dans son salon, pour Louis Malle, qui ne connaissait pas le film ; une projection en 16 millimètres, bruyante, saccadée. Ses seuls commentaires, grognons, furent pour regretter la mauvaise qualité de la copie, et aussi les faibles moyens dont il avait disposé pour le tournage. Il disait : « Ce film aurait dû être tourné à Londres, avec de bons acteurs européens. »

Quand *Le Fantôme de la liberté* sortit, à Paris, il était déjà rentré à Mexico. Quelques semaines plus tard, je lui apportai la presse française, qu'il n'avait pas lue. Je lui laissai toutes les coupures, un soir, et je le revis le lendemain. Il présentait sa tête des mauvais jours, fermée, sinistre. Je lui demandai : « Qu'est-ce qui se passe, Luis ? La presse n'est pas bonne ? » Il me répondit, grave, totalement sincère : « Jean-Claude, pour la première fois de ma vie, elle est *toute* bonne. Mauvais signe. »

Il avait raison. Si un film de Buñuel ne dérange plus personne, et si *Le Figaro* l'encense, c'est que quelque chose est perdu.

Par bonheur, quelques jours plus tard, le film sortit à New York, fut assassiné dans *Newsweek*. Luis retrouva le sourire.

Ses yeux se ferment. Je vais devoir le laisser. Il est clair que les morts se fatiguent plus vite que les vivants (ce qui n'est pas le cas dans les films, où zombis et vampires se montrent increvables). J'ai mille choses encore à lui demander, à lui dire. Sans doute devrai-je faire un choix. Je sens que ces rencontres ne dureront pas pour l'éternité, je dois le ménager, résister à mes tentations. Peut-être mourrai-je moi-même avant d'en avoir terminé.

Étrangement, l'éternité était un thème de discussion, autrefois, entre les séances de travail, ou même pendant. Nous raffolions des images qui l'évoquent. Un oiseau, tous les cent ans, vient effleurer la Terre de son aile : quand la Terre sera complètement usée, l'éternité commencera. Ou bien : imaginons un orage immense, se déversant sur la Terre pendant dix mille ans, et que chaque goutte d'eau représente un siècle. Ou encore le proverbe indien : « La fourmi finira par faire disparaître la pierre sur laquelle elle passe. »

Nous inventions nous-mêmes des images, mais je les ai toutes oubliées. L'éternité naissait chaque fois de nos existences morcelées, fragmentées.

Au moment où je m'apprête à souffler la bougie, j'entends sa voix faible qui me demande :

— Au moins, vous ne vous en sortirez pas, vous êtes sûr ?

— Nous sortir de quoi ?

— On nous l'a si souvent promise, la fin du monde. Et ça n'a jamais marché.

— Pas une raison pour désespérer.

— Avec les mesures prises maintenant, je lis ça dans tous vos journaux, j'espère que vous n'allez pas trouver une solution de dernière minute ?

— Des pays comme le Congo sont entièrement troués par nos mines, rongés, détruits. Le Canada est mal parti : les schistes bitumineux auront sa peau. Même chose en Ecuador. Les forêts primaires, ici ou là, ont presque entièrement disparu, les océans se gâtent, le réchauffement des pôles provoque, paraît-il, des glaciations en Europe, l'air s'épaissit, s'obscurcit, et la Terre, dans deux ou trois dizaines d'années, sera définitivement stérile.

— Vous me le garantissez ?

— À 99 %.

— Vous ne dites pas ça pour me faire plaisir ?

— Non, je vous le promets.

— On parle d'une « prise de conscience à l'échelle mondiale ». Ce qui m'inquiète, franchement.

— Non, non, rassurez-vous. C'est de la surface, de la frime. Les gouvernants font semblant de se réunir, à Copenhague, à Cancun, deux ou trois jours, avant de se séparer ils se complimentent, ils s'applaudissent, ils s'embrassent, mais en fait ils n'ont signé que des phrases de vent. Des spectres qui jureraient d'en terminer avec la nuit.

— Très bien.

Il garde les yeux fermés. Je me lève doucement.

Nous avons parlé de cette menace, souvent ; de cette idée, qui était la sienne, que la planète a survécu tant bien que mal, longtemps, à divers phénomènes (glaciations, dégels, éruptions, météorites, dislocations, marées géantes), mais que peu à peu, très lentement d'abord, d'une manière presque imperceptible, une nouvelle variété du vivant est apparue, dans la branche dite des mammifères, une variété qui, beaucoup, beaucoup plus tard, devait s'appeler l'espèce humaine.

Celle-ci, très fragile et exposée dans ses origines, s'est installée petit à petit, s'est adaptée, modifiée, déplacée, fortifiée, et s'est répandue de tous les côtés pareille à un virus avide. Le mot était de Luis. Il lui arrivait de dire : « Inutile de chercher l'adversaire qui nous détruira. Le virus, c'est nous. »

Il fallut attendre la presque fin du XXe siècle pour voir que ce virus était fatal, qu'il allait en effet tout anéantir, toute forme de vie – y compris la sienne –, ne laissant que des roches usées, du sable et quelques ruines sans identité.

Sous les orages lumineux de San José Purúa, le soir, dans le Michoacán, au cours des années 1970, cela nous semblait une vision exaltante ; un virus doué d'intelligence et condamné, par cela même, par cette intelligence obscure qui l'habitait, à se détruire et à tout détruire. Quel destin ! Comme si la Terre s'était suicidée en nous permettant d'exister, comme si nous vivions sur une planète déjà éteinte. Sur un fantôme d'astre. Nés d'un bouillonnement obscur, dans la vase d'un marécage, nous portions en nous, déjà, cet assassin. « Il fallait nous éliminer dès le départ, disait Luis, dès le premier silex taillé. Au moment de l'invention du fer, il était déjà trop tard. »

Il disait aussi : « Les gens se plaignent de la planète que nous allons laisser à nos enfants. Ils oublient de dire : et quels enfants nous allons laisser à la planète ! »

Les enfants, tarte à la crème des magazines. Ces fillettes, ces jeunes cliqueurs obnubilés par les jeux électroniques, immergés dans le virtuel même quand ils marchent dans les rues, au point parfois de s'en rendre malades : préparons-nous une génération de robots télécommandés ? De « crétins impatients », comme le craignait Fellini ?

Nous les avons faits. Que feront-ils de nous ?

Luis s'en fout. Il me conseille de ne pas m'en faire pour ça. Depuis les Sumériens, toutes les générations ont eu peur de celle qui les suivait de près, qui se préparait à prendre la place. Cette peur est devenue découragement, puis dédain, puis mépris. Les « jeunes » sont toujours à blâmer, toujours décadents, toujours au-dessous des aînés.

— Vous trouvez, me demande-t-il en riant, que nous sommes si flamboyants, si exemplaires ?

Je ne peux que lui dire non. Bien sûr que non.

D'un côté, nous sommes certains de vivre dans le progrès des choses, des connaissances, des techniques. Nous n'avons, là-dessus, aucun doute sérieux. Et pourtant nous estimons que nous sommes supérieurs à ceux, et à celles, qui nous suivront, comme si ce « progrès » allait culminer, et donc s'achever, avec nous. Avant, c'était moins bien. Après, ce sera pire. Nous sommes la ligne de faîte, l'apogée, le moment idéal de l'histoire. Nous nous avançons sur une arête. Notre progrès, auquel nous avons contribué, est aussi, déjà, un déclin. Il va prendre fin avec nous. Comment est-ce possible ?

J'essaie de lui dire tout ça.

— Ne vous tracassez pas, me répond-il. Vous pensez pour rien. Vous verrez quand vous serez mort. Tous ces problèmes élémentaires disparaissent comme un vent qui se calme. Insignifiants.

— Le vivant est le centre du monde ?

— Comme vous dites. Un centre fugace. Et il n'y en a pas d'autre. C'est bête à dire, je sais bien, mais c'est ainsi.

Il ajoute un instant plus tard :

— Car le vivant est provisoire. Sinon, il ne serait pas le vivant.

— Et s'il y a d'autres mondes ?

À ma question, il éclate de rire. Je le retrouve exactement comme autrefois. Il rit à en pleurer, pendant quinze ou même vingt secondes. Il en lève une main, qu'il abat, frappant le bois du cercueil, ce qui dérange ses outils. Il ne peut plus parler. Je n'arrive pas à savoir pourquoi il rit.

Quand il se calme, je lui demande ce qui l'a si brusquement, et si follement, amusé. Il ne me répond que par un geste qui semble dire : ne vous en faites pas, ce n'est pas un problème. Ou bien peut-être : vous ne pourriez jamais comprendre, laissez tomber. Secret d'un rire.

D'autres mondes.

Il nous arrivait d'imaginer des histoires qui se dérouleraient ailleurs, mais il s'agissait toujours de nous-mêmes. Ainsi : deux astronautes se sont égarés, à bord de leur capsule, hors de notre système solaire. Ils réussissent à se poser sur une planète inconnue, non répertoriée. Par un fait étrange, leurs casques sont brisés, leurs combinaisons déchirées, mais ils peuvent respirer, bouger. L'atmosphère de cette planète est respirable. Coup de chance.

Ils se mettent en marche, tant bien que mal, pour chercher de l'aide. Un peu plus tard, ils entendent au loin des cris, des mouvements. Ils se hissent au sommet d'une colline et aperçoivent, à quelque distance, une ville, une autre colline. Des hommes et des femmes sont là, plusieurs centaines, ainsi que des soldats. On distingue un homme qui porte une croix et qu'on pousse vers le sommet.

Les deux astronautes se mettent à courir vers la ville en criant : « Non ! Arrêtez ! Surtout ne le crucifiez pas ! Vous ne savez pas ce que vous faites ! »

Est-ce ce vieux souvenir qui l'a amusé ? Je me le demande. Il ne réagit pas, il songe. Et tout à coup, comme s'il devinait mes pensées, il me dit :

— Des milliards de planètes. Vous imaginez ? Mourir des milliards de fois, c'est beaucoup, même pour un dieu.

Ces mots dits, il reste maintenant silencieux et parfaitement immobile. Je remets le couvercle du cercueil en place en laissant – je me demande bien pourquoi – un interstice, pour la respiration.

Je glisse le carnet dans ma poche, je saisis la bougie. Je suis sur le point de me hisser hors du caveau lorsque je pense à quelque chose.

Je me rapproche, j'appelle :

— Luis !...

Aucune réponse. Je rouvre le couvercle et je lui dis :

— Vous l'avez peut-être vu dans les journaux, je ne sais pas. Depuis quatre jours, la Terre s'est manifestée. Elle a réagi. Une fois de plus.

Il soulève à peine ses paupières et j'entends :

— *Que ?*

— Un volcan s'est réveillé, en Islande. Vous voyez où c'est, près du Groenland ?

— Non, mais ça ne fait rien. Et quoi ?...

— Ce volcan a lâché une énorme quantité de cendres nocives dans l'atmosphère. Le nuage monte jusqu'à onze mille mètres d'altitude. Dix-sept mille vols annulés. Au moment des vacances de Pâques.

— *Verdad* ?

— Oui, oui, c'est vrai. Et ce nuage, apparemment, va un peu partout, poussé par les vents. Jusqu'au Mexique, jusqu'en Australie. Les gens sont coincés dans les aéroports.

— Furieux ?

— Naturellement. On a installé des lits de camp, comme en temps de guerre. Du coup, tous les trains sont bondés, tous les cars. En plus, en France, nous avons une grève…

— Ah, c'est délicieux, délicieux…

— Oui, l'air se repose. Mieux encore : ce nuage, si j'ai bien compris, dégage de fines particules de poussière, qui restent suspendues dans l'air. Mais nous ne les voyons pas.

— Elles sont dangereuses ?

— Personne n'en est sûr. Si nous levons la tête, nous voyons un ciel bleu, admirable, un ciel de vacances ; mais un ciel trompeur. Nous sommes paralysés par une poussière invisible. Et par nos craintes.

— Merci, merci pour ces excellentes nouvelles… Je vais pouvoir me reposer en paix… Merci…

Jadis, c'était un autre de nos jeux : imaginer que tous les malheurs qui frappent l'espèce humaine – tremblements de terre, inondations, incendies énormes, épidémies – sont en fait des réactions de défense, instinctives ou calculées, mais de plus en plus perfectionnées, efficaces, de notre planète. Elle contre-attaque, à sa façon. Elle a identifié son ennemi et elle fait tout pour l'abattre, pour se débarrasser de lui comme un chien qui secoue ses puces, pour retrouver le calme d'avant l'homme.

Du point de vue de la planète, ça se tient. Nous lui avons déclaré la guerre, elle se défend. Peut-être même le sida, un virus parmi d'autres, n'est-il qu'un épisode de cette défensive sournoise, qui vise à nous exterminer. Assez joué, les enfants. Allez, dehors.

Il nous arrivait aussi d'imaginer une catastrophe extraordinaire, unique dans l'histoire du monde, la Terre dévissant sur son axe, par exemple, ou s'ouvrant en deux pour se refermer aussitôt, ou bien un virus dévastateur (un vrai), capable d'exterminer la moitié, au moins, de l'espèce humaine.

Nous pensions aussi à un rayon de la mort, d'une composition encore inconnue, qui permettrait d'effacer de la planète, en un instant, des millions et même des milliards de vies, sans souffrance. Mais comment lancer ce rayon ? « Avec une caméra », me répondait Luis. « Vous donnez l'impression de tourner un reportage, et vous exterminez. Vous jouez le rôle de l'ange. »

Je lui disais : « Mais la police va bien voir qu'un rayon mortel sort de la caméra ! Ils vont vous arrêter ! » Il souriait et me répondait qu'il avait pensé, naturellement, à cette objection raisonnable. « Notre rayon, me disait-il, n'exercerait ses effets que deux ou trois mois plus tard, vous comprenez ? Simple question de dosage. Tout à coup, sans raison, des foules entières disparaîtraient dans un souffle, ici ou là. Elles s'anéantiraient, sans aucune souffrance, en une fraction de seconde, ne laissant sur place qu'un tout petit tas de vêtements. Et nous, nous serions déjà loin. En train de filmer ailleurs. »

Il me dit aussi, une autre fois – mais sans doute l'a-t-il oublié –, alors que nous feuilletions un reportage sur je ne sais plus quelle fête, donnée à Venise, avec jupes ultracourtes (« *faldas cortas y cortissimas* », disait le texte du journal, je me rappelle, cela se passait dans les années 1975 ou 1976), bijoux aveuglants, sourires d'albâtre, gestes de bonheur, cette gaieté virtuelle qui déjà s'étalait partout, et dont il adoptait les tics et les ridicules à merveille, il me dit ceci, presque mot pour mot : « Tout cela n'est que du vent, de la pacotille. C'est un monde qui disparaît, une écume, une variété de l'espèce humaine qui tourne au fantôme. Des elfes, des apparitions, comme la rosée du matin. Rien de vrai. Le soleil dissipe les visions des nuits de Venise. Et vous savez quoi ? Notre espèce est en train de muter, très lentement, sans même s'en rendre compte. Une très large proportion des êtres humains change, en ce moment même, et partout dans le monde. Des centaines de millions d'hommes et de femmes sont en train de devenir sombres, lisses, silencieux, appliqués, sérieux, butés, sans sourire, sans aucune envie de rigoler. Ils seront bientôt plus puissants que nous, mieux entraînés à supporter le mal, d'une intelligence impénétrable, robuste, et dépourvus de toute tentation de pitié. Ce sera leur force. Ils composeront, en secret d'abord, des sociétés nouvelles, dont nous n'avons pas la moindre idée. Ils n'auront plus le sens du péché, de la faute. Oui, mon cher ami, la nouvelle espèce humaine se met en place, continent après continent. Peut-être nos successeurs seront-ils dotés d'autres organes, peut-être vivront-ils deux ou trois cents ans, peut-être comploteront-ils avec l'animal, avec des oiseaux, des reptiles, ou avec des sectes d'insectes. Le moment venu, quand ils en auront assez, quand ils seront suffisamment nombreux et organisés, avant que la planète n'agonise, d'un coup d'épaule ils élimineront tous les pimpants, tous les agités, les sautillants, les étincelants, un grand coup de râteau, nous rejoindrons ceux du Neandertal et jusqu'au souvenir de nous sera perdu. »

J'hésite à revenir à cette prédiction. Les bulles de surface et le fond de la mer : que me dirait-il aujourd'hui ?

Si notre variété souterraine et obscure se développe à notre insu, et s'apprête à nous expulser, si la mutation lente s'accomplit, comme il me l'annonçait, ce qui après tout est possible, les sautillants ne sont pas en déclin, au contraire. Du nord au sud, ils sont devenus l'idéal humain, et comme un modèle universel. Ils survivent aux crises boursières, ils mangent bio, font du yoga, possèdent l'image.

Pour les balayer, besoin d'un grand souffle.

Je laisse la question de côté. Les morts, me dirait-il, ont cessé d'évoluer. Ceux d'aujourd'hui ne valent pas mieux que ceux d'hier. C'est exactement comme les vivants.

Ils sont bien comme ils sont. Laissez-les donc tranquilles.

Nous abandonnons le volcan (gêne provisoire, de toute façon, oubliée demain, rien ne s'oublie plus facilement qu'un désastre) et je lui dis un mot du tsunami, un mot qu'il a relevé dans un article, à propos d'une opération bancaire, mais dont le sens lui échappe.

Le tsunami, une invention de notre temps. Je lui parle aussi de la montée des eaux, des tremblements de terre qui paraissent se multiplier, d'îles qui s'enfoncent sous la mer. Je lui dis tout ce que je sais, ou crois savoir. Que la Terre bouge et craque. J'en rajoute un peu dans le noir futur.

— Ah ! Merci, me dit-il avec un soupir. Le combat n'est donc pas terminé, il reste peut-être indécis, nous pouvons encore compter sur la Terre ?

— Et sur la mer.

— Elles ne nous ont peut-être pas tout dit ?

— Nous pouvons l'espérer.

— Si elles pouvaient se secouer un peu. Encore plus fort. Un tout petit peu.

— Comment le leur dire ?

Un geste des bras. Il regrette de ne pas pouvoir me répondre, il ne sait pas.

— Les outils que je vous ai apportés, ça va ? C'était bien ça ?

— Oui, mais j'ai du mal à m'en servir. Mes mains aussi ont oublié. J'ai du mal à serrer une pince, à tenir une vis entre deux doigts. Quelle pitié. Plus aucune force. Mais enfin, bon, ça me rassure. J'ai de quoi faire.

— Vous en voulez d'autres ?

— Non, non, merci.

J'ai envie de lui faire remarquer qu'il y a contradiction entre ces compliments à la planète, cette joie de la voir violemment réagir (presque avec optimisme, au fond) et son désir si souvent affirmé d'en finir avec notre espèce. Ce que je lui disais dès le premier soir réapparaît. Au fond, il l'aime bien, cette Terre, même si cet aveu, entre ses mâchoires, est parfois contraint. Cette Terre, cette mer.

Mais il ne me laisse pas le temps de lui parler encore. Ce sera pour une autre fois. De toute façon, les contradictions ont tissé sa vie, mais ne l'ont jamais ficelé. Il a vécu à l'aise dans des nœuds qui seraient, pour d'autres, inextricables.

— Partez, me dit-il. Ne faites pas attendre votre femme…

Je me lève, il me demande encore :

— Vous ne lui avez rien dit, au moins ?

— À quel sujet ?

— Au sujet de nos petites séances.

— Rien, rassurez-vous.

— Comment lui expliquez-vous vos absences, le soir ?

— C'est mon problème. Ne vous inquiétez pas pour ça.

Je crois le voir sourire, avec un geste calme de la main. Étrange qu'il s'intéresse aux excuses de vaudeville que je pourrais encore inventer, à mon âge.

Puis il me dit :

— Merci encore mille fois. Vous pouvez vous en aller maintenant…

Ce que je fais.

8

Vacances de Pâques. J'ai quitté Paris pendant douze jours, avec femme et enfants. Et Luis m'a manqué. Je ne savais que faire de mes soirées, sans lui. À ma femme, qui se doutait de quelque chose, évidemment, j'ai raconté que je devais travailler le soir, de temps en temps, avec un groupe de théâtre amateur, dans la banlieue.

À peine rentré à Paris, je me rends au cimetière Montparnasse. Comme les autres soirs, j'entre dans le caveau, je fais glisser le couvercle du cercueil et j'appelle doucement :

— Luis…

Je ne vois, je n'entends, d'abord, aucune réaction. Son visage, qui me semble amaigri, ne montre pas trace d'un frémissement. J'insiste. Rien. Se serait-il enfoncé, en mon absence, dans les abîmes sans retour ?

Et soudain, alors que je commence à m'inquiéter, les yeux s'ouvrent, le visage blanchi s'éclaire d'un sourire édenté, et sa voix me demande :

— Et si c'était une blague ?

— Quelle sorte de blague ? Comme celle que vous m'avez faite, à plusieurs reprises ? Quand vous jouiez à être mort ?

— Et pourquoi pas ?

Il a tourné sa tête vers moi, il me regarde en riant vraiment. On le dirait en pleine santé. J'ai presque peur. J'entends :

— Je ne suis pas mort, en fait. Je me suis fait congeler quelque temps et enterrer ici, en secret, pour mystifier certains de mes amis. Un système ingénieux, automatique, encore peu connu, me permet de revenir à la vie par moments, pour une heure ou deux. Le reste du temps, catalepsie.

— Je ne vous crois pas.

— Je m'en fous.

Je le regarde – il est toujours souriant –, je réfléchis cinq ou six secondes, et je répète que non, je ne peux pas y croire, non.

— Pourquoi ?

— Si un tel système existait, ça se saurait.

— Pas sûr, mon cher ami. Il peut s'agir d'un club privé, sponsorisé par des industriels spécialisés. Un club dont je ne suis pas le seul à faire partie.

— Uniquement pour mystifier les gens ?

— Et pour conserver un peu plus longtemps quelques personnages célébrés. Avec leur accord, bien entendu. Grâce à cette existence syncopée, j'ai atteint, j'ai même dépassé cent dix ans. Ce n'est pas mal, avouez-le, pour quelqu'un qui a bu et fumé.

— Parmi les célébrés, comme vous dites, quels sont les autres congelés ?

— Ah, je n'en sais rien.

— On ne vous dit pas tout ?

— On ne nous dit rien ! Absolument rien ! Tout est terriblement silencieux par ici ! Je n'entends pas d'autre voix que la vôtre !

— Chaplin ? Picasso ? Einstein ?

— Allez savoir ! Quelques femmes aussi, peut-être. Et des Orientaux, sans doute, des Africains.

— Gandhi ?

— Vous allez toujours au plus facile.

— Pas de visites discrètes, entre vous ? De réunions clandestines ? De conciliabules ?

— Et pourquoi pas des syndicats, tant que vous y êtes ? Non, non, tout ça est clandestin, et même illégal. Nous devons jurer de ne rien révéler. Jamais.

— Alors pourquoi m'en parlez-vous ?

— Parce que je ne tiens jamais mes promesses (ce qui est faux). Et aussi à cause de vos bontés.

— Je ne vous crois pas, je vous dis. Vous me faites marcher.

— Vous avez une autre explication ?

— Non, pas dans l'immédiat. Mais il doit y en avoir une.

— Cherchez bien.

Très farceur, sous ses dehors rugueux, et cela tout au long de sa vie. Une de ses raisons d'adhérer au groupe surréaliste fut sans doute ce goût têtu de la mystification, même sommaire, improvisée. J'en fus souvent victime. Fausses nouvelles, décision soudaine d'abandonner notre travail (« Tout ce que nous avons fait depuis six mois ne vaut rien ! Tout est à jeter ! »), suicide au gaz du producteur, explosion inexpliquée au Centre national de la cinématographie, à Paris, fugue de sa femme avec un jeune Argentin à moustaches, Silberman arrêté à Genève, la nuit, ivre et travesti en femme de peu, arrestation et mise en jugement du pape par un groupe d'anarchistes siciliens, j'ai eu droit à toutes ces annonces. Et à bien d'autres. Comme s'il lui fallait, chaque jour, changer quelque détail du monde.

Autre technique : il arrivait au travail, tout guilleret, il me disait : « J'ai une idée épatante, vous allez adorer, écoutez un peu. » Il me racontait alors, en détail, comme une nouveauté, une scène que nous avions déjà écrite et tournée, dans un autre film, deux ans plus tôt. Jouant le gâteux.

Ses blagues, il les inventait sur le motif, souvent. Ainsi, un jour, à Séville, nous sommes assis dans un hall d'hôtel. Passe un homme très vieux qui marche à tout petits pas, appuyé sur deux cannes et soutenu par un ami. Luis le regarde, se penche vers moi et me dit à voix basse : « Vous avez vu Buñuel ? Incroyable, comme il a vieilli. Il y a six mois à peine il marchait comme vous et moi. Et maintenant… »

Comme il détestait, à l'entendre, les « vieillards prodiges », ceux dont on vante encore l'allure et les exploits après qu'ils ont passé quatre-vingts ans (mais que dire de lui aujourd'hui ?), il jouait parfois à être vieux. Il toussotait, crachotait, tremblotait, perdait l'équilibre. Tout cela en public. Il était capable, dans les urinoirs d'un restaurant, de se prendre soudain la tête dans une main, en s'appuyant de l'autre au mur, devant lui, et de se mettre à gémir de douleur, comme pour une prostate tragique (j'y ai assisté, à deux reprises).

En Espagne, sous Franco, il adorait scandaliser ses amis républicains (ils l'étaient tous) en affichant, un moment, des opinions totalement réactionnaires (et le malicieux Bergamin, quand il se trouvait là, jouait le même jeu pervers). Ainsi, lorsque notre ami le docteur Barros, chez qui nous mangions souvent, nous apprenait, indigné, qu'il avait vu le matin même, dans l'autobus, un homme d'affaires disant son chapelet, son attaché-case sous le bras, Bergamin et Buñuel se regardaient et s'extasiaient d'une même voix : « Quelle merveille ! Quelle beauté ! Connaît-on un pays au monde où pareille chose serait possible ? »

Pendant le tournage de *Cet obscur objet du désir,* toujours à Séville, il vit un jour passer un curé et deux acolytes, qui portaient le saint sacrement à quelque mourant. Il s'écria, rouge de colère, ultrasérieux (certains, dans l'équipe, s'y laissèrent prendre) : « Ce pays est foutu ! Foutu ! » Un assistant lui demanda les raisons de ce pessimisme. Il indiqua le curé qui s'éloignait et dit : « Mais regardez ! Il manque la croix et la sonnette ! »

De même, à Madrid, au cours d'un autre dîner chez Barros, dans les derniers temps de la vie de Franco, alors que le vieux dictateur subissait un redoutable acharnement thérapeutique, je le vis un soir demander aux convives, toujours sérieux : « Savez-vous à quoi on reconnaît un homme de gauche, en Espagne ? À quel signe physique ? » Personne, naturellement, ne pouvait répondre. Il montra alors l'index de sa main droite et dit : « C'est simple. Il a ce doigt, là, nettement plus court que les autres. » Chacun de demander : « Mais pourquoi, Luis ? » Il répondit : « C'est à force de répéter (en tapant la table du bout du doigt, à plusieurs reprises) : "C'est cette année qu'il va mourir !" »

Un jour, agacé par une Américaine qui tentait un parallèle (un de plus) entre Goya et lui, sourds et aragonais tous les deux, il lui dit : « Oui, madame, vous avez parfaitement raison, il y a trois sourds célèbres en Aragon : Goya, Beethoven et moi. » Je n'étais pas présent. Il m'assura que la dame, après un instant de réflexion, troublée, lui dit : « Mais Beethoven… n'était pas espagnol ? »

Dans les années 1970, il racontait à des journalistes parisiens ébahis, plus jeunes que lui, qu'il avait connu André Gide et André Breton, bien entendu, mais aussi, auparavant, Verlaine et Rimbaud. Ces deux-là, toutefois, il les avait quittés assez tôt car (en baissant la voix, comme pour une révélation) « ils étaient pédérastes ». Il ajouta, un jour : « Mais celui que j'ai giflé le plus fort, à la Closerie des Lilas – quelle gifle je lui ai flanquée ! –, c'était, comment s'appelait-il déjà ? Celui qui a écrit des bêtises sur les jeunes filles en fleurs ! »

Il adorait jouer les impuissants pervers, les brutes, les bornés. Il disait parfois à ses meilleurs amis, l'air rêveur, sans le moindre sourire : « Il y a quelque chose d'attirant dans le métier de bourreau. » Il précisait même qu'à choisir il préférerait être bourreau à l'espagnole, car, pour serrer le garrot, il faut manœuvrer vigoureusement, des deux mains. On entend les os de la nuque craquer, signe d'un travail bien fait. « Appuyer sur un bouton n'a aucun charme », ajoutait-il.

Quand, à l'étranger, on lui demandait des nouvelles de sa femme, ou d'un de ses fils, il lui arrivait de répondre brièvement, avec froideur et négligence : « Il est mort il y a deux mois. »

Et il passait à autre chose.

Je le vis un jour, aux studios de Billancourt, à Paris, sortir de voiture et s'écrier, la main tendue, s'adressant à toute l'équipe du film qui l'attendait : « Salut à la canaille socialiste ! »

Deux jours après ma première arrivée à Madrid, en 1963, il m'emmena à Tolède, ville sacrée. André Labarthe et Janine Bazin tournaient un film sur lui, pour la télévision française. Matériel lourd : cinq camions avaient fait le voyage depuis Paris. Luis leur demanda de prendre place sur la rive gauche du Tage pour avoir toute la ville de Tolède dans le cadre, derrière lui. L'entretien commença, et la première question, comme on pouvait s'y attendre, fut : « Luis Buñuel, vous aimez Tolède ? » Il répondit avec la plus parfaite apparence de sérieux : « Moi ? Pas du tout. Nous autres Américains, nous sommes habitués à la propreté. Et les ruelles de Tolède sont sales et malodorantes. »

Le même jour, un peu plus tard, autre question attendue : « Quelles sont, selon vous, les différences entre la culture française et la culture espagnole ? » Luis répondit aussitôt : « C'est très simple. Les Espagnols connaissent par cœur la culture française. Vous pouvez m'interroger sur Balzac, sur Flaubert, vous verrez. Et les Français ignorent tout de la culture espagnole. Monsieur Carrière, par exemple, qui a été professeur d'histoire… »

Je me trouvais assis à proximité, hors champ. Luis s'avança soudain vers moi, obligeant ainsi la caméra à panoramiquer pour me découvrir, et ajouta, toujours sérieux : «… eh bien, quand il est arrivé en Espagne, avant-hier, il pensait que *Toledo* était une marque de motocyclettes. »

Toujours cette mise en dérision de la connaissance, des bonnes manières, de ce que nous appelons de nos jours le « politiquement, et même le culturellement, correct ». Il racontait par exemple de navrantes horreurs sur son père, honnête et prospère commerçant de La Havane. Il disait : « Oui, mon père était un brave homme, très droit, très correct en affaires, mais un peu dur. Un jour, il devait commander le peloton d'exécution de Marti (célèbre insurgé cubain), il avait déjà son épée levée pour l'ordre final, quand un cavalier arriva au grand galop, porteur d'un pli, qu'il tendit à mon père. Celui-ci prit le pli, l'ouvrit : c'était la grâce de Marti, accordée en haut lieu. Alors mon père abaissa son épée et cria : “Feu !” Oui, un brave homme, oui, mais un peu dur quand même. » (Histoire qu'il racontait de préférence à des Cubains.)

Nous nous trouvons, comme souvent, dans l'hôtel du Paular, au nord de Madrid. *Le Charme discret de la bourgeoisie* vient d'être nommé pour les Oscars, dans la catégorie « Meilleur film étranger ». Surgissent quatre journalistes mexicains, qui nous avaient facilement dénichés. (Nous partions la nuit, en cachette, mais tout Madrid savait où nous trouver.) Luis ne peut pas faire autrement que de déjeuner avec eux. Questions d'usage, en particulier : « Luis, tu penses que tu auras l'Oscar ? » Il joue l'étonné et répond, sans le moindre sourire : « Mais naturellement ! J'ai déjà payé vingt-cinq mille dollars, je dois en donner encore vingt-cinq mille le soir de la cérémonie... Naturellement, j'aurai l'Oscar ! J'y compte bien ! Les Américains ont des défauts, mais ils sont des hommes de parole. »

Quatre jours plus tard la nouvelle paraît dans les journaux mexicains, avec un assez gros titre : « BUÑUEL : J'AI PAYÉ VINGT-CINQ MILLE DOLLARS ET J'AURAI L'OSCAR ! ».

Scandale immédiat à Hollywood. Télégrammes, téléphones. Silberman affolé arrive de Paris et demande : « Mais Luis, qu'avez-vous dit ? Qu'est-ce qui vous a pris ? » Il répond, très calme : « Mais ce n'est rien, Serge. Rien du tout. Juste une petite blague innocente. »

Deux semaines plus tard, malgré tout le tintouin, le film obtient l'Oscar. Et Luis confie aux journalistes, espagnols cette fois, qui sont venus le féliciter : « Je l'avais dit. Les Américains ont leurs défauts, mais ils sont des hommes de parole. »

Au Mexique, pendant le tournage d'un de ses premiers films, il fit demander aux deux acteurs principaux combien ils voulaient de gros plans et de plans moyens, en leur précisant que cela se passait ainsi à Hollywood et en leur indiquant les tarifs. L'actrice principale et son partenaire masculin se laissèrent convaincre et établirent une liste, en s'efforçant, chacun, d'acheter plus de gros plans que l'autre. Luis prétendait que, lorsqu'il leur apprit la vérité, ils furent « légèrement déçus ».

Il aimait aller loin, trop loin même (qui sait ?). Joyce Buñuel, sa belle-fille, première épouse de Juan Luis, venait d'une famille juive américaine. Lorsqu'il la rencontra, au début des années 1960, au cours d'un déjeuner, il lui fit un aveu douloureux, les yeux baissés : « J'ai hésité à vous le dire, mais voilà : pendant la guerre, fait prisonnier, et ne pouvant pas agir autrement, j'ai été assistant médecin à Dachau. Comme vous entrez dans la famille, j'ai pensé que, par honnêteté, je devais vous en informer. »

Joyce, qui avait vingt ans, fut bouleversée. On eut beaucoup de peine à la rasséréner.

Il se présentait lui-même, parfois, comme un personnage méprisable, et même carrément odieux. Il s'ingéniait, auprès de ses amis, à défendre Franco, à dire que le Caudillo était au fond un brave homme et que les responsables devaient être recherchés dans son entourage, dans la *camarilla* – ce qui mettait les républicains espagnols en fureur. Quelques jours après l'attentat où périt somptueusement, à Madrid, l'amiral Carrero Blanco, le numéro deux du régime franquiste, Luis se trouvait à Paris. Des journalistes lui demandèrent ce qu'il en éprouvait.

— C'est bien simple, leur répondit-il (toujours avec un sérieux insoupçonnable), je me trouvais justement à Madrid ce jour-là. L'après-midi, avec Fernando Rey, nous décidâmes d'aller faire un tour sur les lieux de l'attentat. Impressionnant, très spectaculaire. La charge explosive avait creusé un énorme trou dans la rue, projetant la voiture sur le toit d'une maison voisine. Nous étions là, avec une centaine au moins de curieux. C'était comme une attraction de foire, comprenez-vous. Après cinq ou six minutes (il baisse alors la voix, il paraît embarrassé, comme si la suite était difficile à dire), je quitte Fernando sur un prétexte et je vais jusqu'au commissariat de police le plus proche. Il se trouve (ton confidentiel) que j'avais quelques renseignements sur les auteurs de l'attentat, vous me permettrez de ne pas vous dire comment. Bref, j'arrive au commissariat. Comprenez-moi bien, je ne suis pas un partisan du régime franquiste, pas le moins du monde. Mais il se trouve que (ici l'aveu déchirant, le regard coupable) j'aime dénoncer. C'est ainsi. J'ai toujours aimé ça. C'est plus fort que moi. Je demande donc à parler au commissaire, on me dit qu'il est très occupé, que je dois attendre. Je proteste, je dis que tout de même je ne suis pas n'importe qui, je suis Luis Buñuel, je suis venu tout exprès pour le voir ! Personnellement ! Deux minutes plus tard, le commissaire sort de son bureau, vient me recevoir, les mains tendues, un homme tout à fait charmant. « Monsieur Buñuel, me dit-il, mais quel honneur ! Vous ici ! Si j'avais pu m'attendre à votre visite ! » Il me fait entrer dans son bureau, m'offre un fauteuil, une cigarette, me propose un café, me demande ce que je veux lui dire. « Il se trouve, monsieur le commissaire, que je crois savoir où se cachent les auteurs de l'attentat. Et je suis prêt à vous le révéler. » Le commissaire lève alors les bras au ciel et s'écrie : « Monsieur Buñuel, si vous saviez ! Vous êtes le cent soixante-deuxième depuis ce matin ! »

Les journalistes à qui il racontait ce haut fait patriotique eurent du mal à rire, je m'en souviens encore.

Il lui est arrivé, au cours de parties de chasse (il s'y rendait, mais sans tirer), de disposer dans les branches d'un arbre un oiseau empaillé. Celui qui l'abattait trouvait, en le ramassant, un petit carton attaché à une patte. Et ce carton disait *Cortesia de Luis Buñuel* (c'est-à-dire : cadeau de Luis Buñuel, avec une nuance élégante, presque mondaine, dans le mot *cortesia*). À parler franchement, cette mystification, parfois racontée avec minutie, est sans doute inventée. Elle n'est donc que « presque vraie ».

Comme souvent, entre ses vies réelles et ses vies rêvées, il est difficile de faire un choix. Mieux vaut tout accepter comme vrai.

À Tolède, au cours du tournage de *Tristana,* il est assis à la terrasse d'un café, sur le Zocalo, à côté de Fernando Rey, qui est alors l'acteur le plus connu d'Espagne. Pas un Espagnol à qui son visage ne soit familier (il fait même de la publicité à la télévision). Arrive un lycéen, qui s'adresse poliment à Luis et lui demande un autographe. Luis, apparemment étonné (on ne connaît guère son visage en Espagne), s'exécute et signe. L'adolescent remercie et s'en va, sans même un coup d'œil à Fernando, qui ne dit rien et regarde ailleurs. Un instant plus tard une lycéenne s'approche : même jeu. Elle sollicite un autographe de Luis, l'obtient et se retire. Toujours rien pour Fernando, qui reste calme. Lorsqu'un troisième adolescent s'approche de Buñuel, Fernando éclate de rire. Il a compris. Luis avait embauché toute une classe du lycée de Tolède pour préparer cette petite blague à son ami.

Fernando Rey, un ami véritable, constituait aussi une de ses cibles favorites. Au cours d'un déjeuner, par exemple, ou d'une réunion, en présence de l'acteur, il commençait à dire, toujours avec le plus grand air de sérieux, qu'il ne connaissait rien de plus facile, au monde, que l'activité du comédien : « Pourquoi sont-ils payés aussi cher ? Je me le demande. C'est la chose la plus facile du monde. »

Fernando, qui chaque fois se laissait prendre au piège (ou faisait semblant), se récriait : « Pas du tout ! C'est un vrai métier ! Beaucoup plus dur qu'on pourrait le penser ! »

Luis ajoutait alors : « Mais non. Il n'y a rien de plus facile. On vous dit "asseyez-vous là", vous vous asseyez, "regardez à gauche", vous regardez à gauche, "un peu moins", vous ramenez un peu votre regard, “maintenant vous dites votre phrase”, vous dites votre phrase, “un peu plus fort”, vous la dites un peu plus fort, “bien, merci, c’est fini, on coupe”, et vous allez fumer une cigarette en attendant le prochain plan. Facile. Rien de plus facile au monde. »

Fernando protestait, naturellement. Luis se lançait alors dans une imitation de l’acteur dans *French Connection* et disait : « Bien sûr, il faut savoir faire quelques petites choses. Ouvrir un parapluie et manger des huîtres, par exemple, en tenant son petit doigt en l’air, comme ça, en souriant, en homme du monde. Ou des escargots. Oui, bon, pour certaines personnes, c’est difficile, je le reconnais. Mais Fernando sait très bien manger des huîtres. »

Il agissait de même avec Francisco Rabal, qui en riait.

Il aimait aussi se déguiser. Dans sa jeunesse, racontait-il, il s’habillait certains jours en ouvrier, pour voir combien changeaient les regards des autres, dans la rue, dans l’autobus, et surtout les regards des femmes. « On ne me voyait pas », disait-il. Quand il demandait des allumettes, le commerçant lui tendait les moins chères, à cinq centimes. Toutes les humiliations s’abattaient sur ses épaules de pauvre.

Il habilla un jour un de ses copains en « paysan arriéré », en *paleto*, et le promena dans Madrid. Ils s’asseyaient dans un restaurant, Luis demandait une banane et disait au serveur, à voix basse, avec un clin d’œil : « Vous allez voir. » Et le copain mangeait la banane sans la peler. Luis l’emmena aussi dans un bordel très bon marché, mais on refusa de leur ouvrir, bien que le « paysan » montrât de l’argent noué dans un gros mouchoir.

Il se mettait aussi en médecin militaire et même en curé (des photographies en témoignent), ce qui pouvait être, au temps de

Franco, puni de prison – d'autant plus qu'il faisait de l'œil aux filles. Il attendait un jour l'autobus, dans la rue, en soutane, et se mit à trembler de peur en voyant deux gardes civils s'approcher. Lorca devait s'habiller en prêtre, lui aussi, ce jour-là, mais il y renonça. Il garda sa soutane pliée sous son bras.

Luis se déguisa, une autre fois, en lieutenant, et obligea deux malheureux soldats, calle de la Montera, à Madrid, à le saluer, non sans les insulter vertement. Après quoi il les envoya chez l'officier de garde. Il alla les revoir le lendemain, en civil cette fois. Ils ne le reconnurent pas et lui parlèrent de ce « salaud de lieutenant », rencontré la veille.

Il s'agissait évidemment de discréditer l'armée, comme le clergé.

On connaît aussi une photographie de Luis en religieuse, avec robe et cornette, à Paris, vers la fin des années 1920. Il a les lèvres et les yeux maquillés. Ce soir-là, dans une rue de Montparnasse – pas loin de l'endroit où nous nous trouvons aujourd'hui –, deux agents s'approchèrent de lui et lui demandèrent (sans doute avait-il l'air un peu perdu) : « Que pouvons-nous faire pour vous, ma sœur ? » Il n'osa pas répondre, avec sa voix d'homme, et s'éloigna à pas pressés.

Dans les années 1960, ses vrais cheveux se dispersant, Luis se fit confectionner, par un coiffeur-maquilleur de cinéma, au Mexique, une superbe perruque aux ondulations blanches qui le transformait. Il s'en coiffa, un jour, aux studios de Mexico, alors que Louis Malle tournait une scène de *Viva Maria !* Il entra sur le plateau, où tous le connaissaient et où personne ne le reconnut, pas même Jeanne Moreau, avec qui il venait de tourner *Le Journal d'une femme de chambre*, pas même son fils Juan Luis, assistant sur le film. Pendant près d'une heure, il alla de long en large, silencieux, sérieux, regardant au passage la caméra, puis il sortit sans dire un mot. Louis Malle me dit, plus tard, qu'il avait bien remarqué « un vieux aux cheveux blancs » qui rôdait par là, mais sans un instant de soupçon.

Toujours ce souci de ne pas accepter la réalité telle qu'elle se présente à nous, d'en voir les accidents, les dessous, les contraires, les perversions ; de transformer, sinon le monde, au moins l'apparence du monde. Cela remontait à sa jeunesse, peut-être, à sa période universitaire en tout cas, à Madrid, et plus tard aux séances quotidiennes du groupe surréaliste, à Paris, au café Cyrano. Mais que pouvons-nous faire contre le réel, même s'il est intolérable ? Où et comment trouver et imposer un « surréel » ? À propos du mouvement surréaliste, il disait à la fin, avec quelque tristesse dans la voix : « Nous voulions changer le monde, et nous n'avons changé que les vitrines des boutiques de mode. »

De même, un jour, à Paris, juste après les émeutes de Mai 68, il me dit : « C'était assez semblable au mouvement surréaliste. D'abord, nous retrouvions tous nos slogans sur les murs. Ensuite, on a beaucoup parlé, et peu agi. »

Il me racontait aussi les blagues qu'il eût rêvé de faire. *Post mortem*, d'abord. On procède, chez un notaire de Mexico, à la lecture de son testament. Sa femme, ses enfants, toute la famille attristée est là. Entre un homme que personne ne connaît, élégant, un Américain. Il s'installe avec discrétion dans le fond de la pièce. Le notaire ouvre l'enveloppe, met ses lunettes et lit. Luis Buñuel, apprend-on, a laissé tous ses biens à monsieur Rockefeller. C'est lui qui est là, assis. Il a répondu à la convocation et il est venu de New York en avion privé. Le légataire universel se lève, serre quelques mains et s'en va dignement, avec les papiers nécessaires.

Ante mortem, cette fois. Il est mourant. Plusieurs de ses amis sont là, très attristés, tous athées de longue date, comme lui. L'un d'eux, qui s'appelle Mantecon, lui demande : « Luis, as-tu besoin de quelque chose ? Que veux-tu ? » Il lui répond, d'une voix à l'agonie : « Un prêtre… Appelle-moi un prêtre, je t'en prie… » Imaginer les visages désolés et furibards de ses amis. Mourir dans une dernière indignation.

Il disait que le recours à un prêtre n'avait pour but que de « faire enrager Mantecon », un vieil ami communiste, très anticlérical. Il ajoutait : « Mais malgré cette ultime confession, j'irais en enfer, de toute manière, car ce ne serait qu'une feinte, que Dieu reconnaîtrait sans peine. »

À plusieurs reprises, il me dit avoir nourri dans sa jeunesse, avec Dalí, le projet d'ouvrir à New York un bar qui s'appellerait Au coup de canon. On y servirait des consommations excellentes, sélectionnées dans le monde entier et extrêmement chères. Quand un client aurait consommé pour mille dollars (somme considérable à l'époque), un canon placé devant la porte tirerait un coup, de manière à réveiller tout le quartier. Et cela pour irriter les pauvres qui diraient : « Encore un salaud qui vient de s'en taper pour mille dollars ! »

Quelques-unes de ces blagues – parmi lesquelles celle du dernier repentir – ont été racontées dans *Mon dernier soupir.* Je les reprends ici, et je les complète. Mais je ne suis pas exhaustif, je le sais.

Que la mystification et le rire aient constitué partie de l'art poétique des surréalistes, cela ne fait pas de doute. Robert Desnos l'a dit, entre autres. Toute approche différente, singulière, onirique, « anormale », de la réalité avait leur préférence. Chez Buñuel, cette déviance venait de son origine, de son enfance. Elle était une réaction naturelle, très saine, contre son milieu, contre l'ambiance religieuse, monarchique et autoritaire qu'il dut supporter, enfant, chez les jésuites de Saragosse, par exemple. Il n'eut qu'à la laisser se développer, avec l'invention incessante qui était la sienne. La blague et le rire devinrent son refuge, son arme secrète. Un titre de noblesse, aussi.

Même là, dans sa tombe, il pense à rire. Parlerait-il encore, ici, si nous n'avions pas ri, d'une soirée perdue ?

Avec sa sœur Conchita, qui souvent lui servait de gouvernante à Madrid, quand nous travaillions ensemble, ils racontaient des histoires étonnantes sur les folies bourgeoises de la province d'Aragon, autour des années 1900, 1910. Par exemple : un jeune homme est invité pour la première fois, pour un repas, dans la famille de sa jeune fiancée. Il est aimablement reçu par sa future belle-mère qui lui dit, en bonne maîtresse de maison : « Je suis ravie de vous recevoir, mais vous allez très mal manger. » « Ah bon, dit le jeune homme, dans ce cas, je m'en vais. » Et il s'en va. Mariage rompu.

Un autre riche bourgeois de Saragosse possède un cheval magnifique, objet de l'envie entêtée d'un de ses amis. Celui-ci veut à toute force acheter le cheval, l'autre refuse. L'ami insiste tant et si bien que le propriétaire de l'animal l'invite un jour à déjeuner. Après les premiers services, une porte à deux battants s'ouvre et le cheval apparaît, tout rôti, poussé sur un large plateau, les quatre pattes en l'air. « Tu le voulais, lui dit l'homme, eh bien, le voici. Mange-le. »

Il me parlait aussi d'un nommé don Luis Gonzalès, qui arracha ses vignes lors de l'attaque de phylloxera, et surveillait ses terres un fusil à la main. Cet homme, encore jeune, venait de

Séville avec sa mère, doña Trinidad, qui avait apporté d'Andalousie un bidet portatif en forme de guitare. L'objet scandaleux fut repéré par les domestiques, et la bonne société de Calanda cessa de leur adresser la parole pendant plusieurs mois.

Depuis ce temps-là, Luis tenait le bidet pour un instrument d'émancipation sociale et de progrès des mœurs, voire des idées. Une des hontes de l'Espagne était d'ignorer le bidet. Il le répétait à tout propos. Il racontait comme un acte de bravoure le geste d'une Française qui, en arrivant à New York, vers 1931, saisit son bidet portatif et le plaça sous les yeux des douaniers – qui l'examinèrent sans doute avec curiosité, et indécision.

Parmi ses blagues imaginaires – mais qu'il fut tout près de réaliser, comme celle du gibier empaillé –, ses amis mexicains racontaient souvent (il en faisait volontiers le récit, lui aussi) celle qu'il prépara pour le cinéaste Luis Alcoriza, dans l'hôtel de San José Purúa, Michoacán, où ils arrivent ensemble pour travailler à un scénario. Alcoriza est un homme jeune, séduisant, qui aime les femmes. Buñuel le connaît bien.

Ils sont à peine assis dans le restaurant de l'hôtel, le premier soir, qu'une femme plutôt belle et seule vient s'asseoir à une table, non loin d'eux. Alcoriza se redresse immédiatement, regarde en douce, présente son meilleur profil. Buñuel le remarque et lui dit : « Nous sommes venus ici pour travailler. Si tu veux courir les filles, à ta guise. Moi, je te laisse, je rentre demain à Mexico. » Alcoriza présente des excuses (« c'était juste un réflexe, Luis ») et se tient à peu près correctement pendant le reste du repas.

Au dessert, c'est plus fort que lui. Profitant d'un moment où Buñuel ne le regarde pas (croit-il), il lance un œil en direction de la femme solitaire, lui sourit et – fatalité – celle-ci lui répond par un autre sourire.

Buñuel, qui a tout vu, explose : « Je t'ai prévenu ! Je ne supporte pas ces manières de *macho imbecil* ! Si tu veux t'amuser à ce jeu idiot, vas-y ! Continue ! Mais sans moi ! » Alcoriza, qui a le tempérament chaud et sec, riposte (tous les convives du restaurant sont aux aguets, naturellement) : « Eh bien, moi, je ne suis pas comme toi, moi je suis un homme, et quand une femme me sourit, surtout une jolie femme, il est de mon devoir de lui rendre son sourire, *cabron* ! Tu me fais chier ! Qu'est-ce que tu crois ? Ton scénario, tu peux te l'écrire tout seul ! Je n'en ai rien à foutre ! »

Buñuel ne répond rien. Il se lève, jette sa serviette sur la table et s'en va.

Les choses se calment. Dans le restaurant, les fourchettes, un moment levées, s'abaissent. Alcoriza va s'asseoir auprès de la femme seule. Ils bavardent. Plus tard, ils vont danser dans la discothèque de l'hôtel. Quand il l'emmène dans sa chambre et la déshabille, il peut lire, sur son ventre nu, l'inscription *Cortesia de Luis Buñuel.* Comme pour les gibiers empaillés.

Le lendemain, au petit déjeuner, Alcoriza réapparaît, soumis, un peu honteux. Il ne parle pas. La femme est partie dans la nuit. Le travail sur le scénario peut commencer.

Quand il racontait cette histoire – si détaillée qu'elle en devenait réelle, comme si véritablement il l'avait imaginée, mise en scène et vécue –, Luis ajoutait à l'occasion quelques détails, changeait parfois le dialogue. Il disait aussi – résidu d'un vieux chauvinisme espagnol – combien il lui avait été difficile de dénicher une putain mexicaine à l'air distingué.

Il disait aussi, en signe d'échec : « J'ai proposé à la fille de le lui tatouer. Elle a refusé. »

Je lui demande s'il pense encore au sexe.

— Oui, me répond-il. Très étrangement.

— Et qu'en pensez-vous ?

Silence.

Il me parlait, naguère, surtout de ses regrets, de ses timidités, mais avec pudeur, lui qui passait parfois pour un érotomane, un sadique, et qu'une sordide campagne de presse, à Paris, lors de la sortie de *Los Olvidados*, présentait comme « le metteur en scène le plus cruel du monde », un slogan qui lui tira des larmes quand il le lut sur une affiche, boulevard Raspail. Il demeurait chaste dans ses propos, dans ses gestes. Pas de ragots, pas d'histoires salaces. C'est à peine si, un soir, au festival de San Sebastian, il me montra une loge en me disant, à voix basse, qu'il avait pratiqué là, dans sa jeunesse, son premier cunnilingus. En Espagne, il s'agissait en ce temps-là d'une rareté. On disait que seuls les Français étaient assez dégradés pour s'y livrer.

Il me raconta aussi que, lors de sa venue à Paris, il tenait en sa possession une potion magique, un philtre d'amour dont lui avait fait cadeau, en Espagne, un capitaine d'artillerie. Une goutte dans le verre d'une femme et la voici – selon le capitaine – follement excitée, prête à tout. Il reçoit à Paris, un jour, chez son ami Hernando Viñes, trois charmantes jeunes femmes, dont une, Jeanne, qui venait du nord de la France, lui paraît fort belle. Il saisit sa fiole et envisage d'en verser plusieurs gouttes dans le verre de la jeune fille, quand son ami Hernando l'arrête : « Non, Luis, je suis catholique, je ne te laisserai pas faire ça. C'est une sale canaillerie. » Luis rangea sa petite bouteille et, deux ans plus tard, épousa Jeanne.

Autre récit : il fut invité à Hyères, avec Jean Cocteau, à un spectacle de ballets russes. À propos des danseuses, Cocteau dit à Luis : « Fais attention, elles gagnent très peu d'argent, elles sont extrêmement faibles, au moins qu'une d'entre elles ne se retrouve pas enceinte ! » Faibles, oui : le soir de la première représentation, trois danseuses s'évanouirent à leur sortie de scène.

Luis, qui, de son propre aveu, avait « beaucoup rêvé » aux danseuses, alla dîner dans un cabaret avec son ami le chef d'orchestre Roger Désormière, la maîtresse de celui-ci et une jeune danseuse russe (qui ne faisait pas partie de la troupe). Désormière et son amie allèrent se coucher, Luis resta seul avec la jolie danseuse et se lança dans une discussion politique. La fille se révéla totalement antisoviétique. La discussion, très vive, dura une heure, Luis la traita de réactionnaire, se fâcha, prit un fiacre et laissa la danseuse rentrer à pied. Elle logeait à plus d'un kilomètre de là. « Plus tard, me disait-il, je l'ai souvent regretté. »

Il avouait parfois : « Je me suis presque toujours méfié de cet élan qui nous expulse hors de nous-mêmes et nous jette vers quelqu'un d'autre, où nous allons nous perdre, au moins quelques instants. Je m'y suis abandonné quelquefois, bien sûr, comme tout le monde. Mais rarement. D'ailleurs, je crois que je faisais peur aux femmes. »

« Pas à toutes, lui confiai-je un jour. Jeanne Moreau vous trouvait très attirant. »

Il me répondait : « Et j'avais du mal à le croire. Et même à le voir. Je viens d'une jeunesse sexuellement oisive, opprimée dans ses désirs, hantée par la curiosité érotique, malade d'absence. Le sexe nous était présenté comme une occupation inhumaine, infernale, qu'il fallait enfouir dans des puits obscurs et puants, dans nos égouts, et depuis des siècles. Une vraie saleté. Notre sperme : un déchet, un crachat. J'ai laissé mon pucelage dans le vagin d'une putain de Saragosse, comme il se devait. Les *señoritos* de Saragosse allaient au bordel deux fois par an. C'était toute leur débauche. De temps en temps, mais très rarement, un patron engrossait une femme de chambre, et venait alors un scandale énorme, dont la faute retombait naturellement sur la fille, que l'on chassait. Un peu plus tard, quand nous fûmes à Madrid, étudiants soi-disant délurés, nous n'avons connu là aussi que des putains. Aller au lit avec une jeune fille, dans l'Espagne de cette époque-là, était une expédition savante vers un territoire inconnu, un exploit inimaginable. »

« Les choses ont bien changé. »

« Il paraît (cela nous semblait clair, déjà, vers la fin des années 1970). Mais ne vous y trompez pas : les putains étaient excellentes, en Espagne. Meilleures qu'à Paris. Vous devez en avoir gardé quelques souvenirs. »

« Exact. »

« À Paris, c'était souvent Derain qui m'emmenait au bordel. Il était beaucoup plus vieux que moi, d'au moins trente ans, puisqu'il disait avoir connu la Commune, mais encore grand consommateur, connu partout, au Sphinx, au Chabanais. »

Luis se rappelait ces noms-là (sans doute oubliés aujourd'hui), et aussi qu'ils buvaient des cerises à l'eau-de-vie, et comment une maquerelle leur proposa, un soir, une « toute nouvelle, innocente, une vraie jeune fille ». Ils demandèrent à la voir. Elle arriva en sautillant, avec des petites chaussettes blanches et un cerceau. « Horrible, me disait Luis en l'imitant. Une naine de quarante ans. »

Il affirmait aussi :

« Et puis, sans nationalisme inutile, je peux dire que les Espagnols étaient champions du monde de masturbation. »

Il a toujours été très fier de ce titre, décerné – par lui-même – sans compétition véritable. Il me décrivait même des techniques extraordinaires, avec un hameçon, par exemple, accroché à la peau du gland, et tout un système de mise en action. Authentique ?

Il me dit une fois, alors que nous lisions sur les murs, un peu partout, à Paris, en mai 1968, « Faites l'amour et pas la guerre » : « Mais faire l'amour, c'est faire la guerre ! » Je l'ai laissé dire, je crois.

Je lui demande :

— Les morts se masturbent encore ?

— Mais non, voyons. Comment voulez-vous ? Nous n'avons plus de sexe, plus de nerfs, plus de sang, et par conséquent plus de vie sexuelle. Plus de vie sexuelle physique. La masturbation, c'est pour les vivants. Comme le rêve.

— Il vous reste tout de même la pensée ?

— Oui, peut-être. Masturbation par la pensée. *Cosa mentale.* Comment nous imaginons ce que va être le sexe, et comment plus tard nous nous le racontons.

— En falsifiant notre mémoire ?

— Toujours. C'est presque inévitable. La mémoire sexuelle est une des plus exposées, des plus fragiles. Quand nous racontons nos souvenirs, et même peut-être quand nous nous les remémorons, ils deviennent aussitôt notre passé. « Elle a dit ceci, elle a fait cela… », et rien n'est scrupuleusement exact, comme vous savez. Pas d'histoire vraie. Nous avons tous récrit nos amours.

Et le plaisir véritable est celui-là. « Une cérémonie somptueuse dans un souterrain » : ainsi Breton définissait l'érotisme, dans une enquête surréaliste célèbre. Une cérémonie, un rituel, un secret de luxe, l'ombre tiède d'un souterrain. Fantasmes.

— Et quand les morts imaginent le sexe, me dit-il, c'est toujours avec une femme vivante. Rien n'est moins nécrophile qu'un mort.

Je le menaçais, de temps à autre, d'écrire un livre intitulé *La Vie sexuelle de Luis Buñuel.* « Vous n'aurez pas grand-chose à raconter, me disait-il, et qui ça intéressera ? » Il conservait, même dans sa vieillesse, une image assez inquiétante du sexe, dangereuse, une image liée sans doute aux lourds interdits de la tradition espagnole, au poids secret du péché de chair, mais aussi à des sentiments plus anciens et plus difficiles à déceler. Ainsi, il citait, souvent, quelques vers d'un poète latin (Catulle ?), où il est dit :

Le désir au teint pâle
Frappe du même pied
Aux tavernes des pauvres
Et aux palais des rois

Il aimait ce « désir au teint pâle » (*pallida libido*), cette image macabre et inquiétante de l'amour physique. Il n'y voyait rien de joyeux, rien de ludique, tout au contraire. La libido frappait aux portes des riches comme à celles des pauvres, ainsi que la mort. La même indifférence. Il aimait aussi ces « sept noms de l'amour » que j'avais trouvés dans les textes d'une béguine flamande, Hadewijch : « Lien, lumière, charbon, feu, rosée, source vive et enfer. » Il me les faisait répéter, souvent. Et je l'entends encore dire, en regardant par la fenêtre : « Feu… Rosée… Enfer… »

Malgré nos centaines d'heures de discussions, malgré toutes nos confidences, plus ou moins sincères, je ne l'ai jamais entendu parler de ses secrets, dans ce domaine, de ses préférences, de ses écarts (sauf pour la loge de San Sebastian). Un lourd flacon bouché à la cire et dissimulé au fond de la mer. Aucun accès.

Il ajoutait : « Et puis, comme disait encore André Breton, il y a toujours ce moment très difficile, dans l'amour, où il nous faut enlever notre pantalon. Quoi que nous fassions, où que nous le fassions, c'est un embarras. Même dans un souterrain, je parie. »

Sur le modèle du *Charme discret de la bourgeoisie*, nous avions imaginé, pour un autre film, un personnage d'homme, ou de femme, ou peut-être un couple illégitime, en état de vive excitation, d'urgence même, qui cherche à faire l'amour quelque part, n'importe où. C'est la grande affaire de leur vie, tout en dépend. S'accoupler ou cesser de vivre, cesser d'être. Et partout se dressent des obstacles, comme celui-ci : l'homme doit enlever son pantalon sans perdre son aisance, son équilibre et son désir d'aimer.

Il existe un surprenant court-métrage de Laurel et Hardy où, évadés de prison, changeant de vêtements dans la voiture des complices qui les emporte, et lâchés en pleine cité, ils découvrent, sur le trottoir, qu'ils se sont trompés de pantalons. Tout le moteur de film est celui-ci : comment changer de pantalons dans une grande ville. Cela ne va pas sans acrobaties, sans cache-cache, sans situations équivoques, délirantes. Nous connaissions tous les deux ce film, qui est une rare merveille. Et nous n'avons jamais pensé que nous pourrions faire mieux.

Dans chacun de nos scripts, à un moment donné, la même tentation revenait, celle du *pastelazo,* de la tarte à la crème. Nostalgie tenace de Mack Sennett et de ces combats à armes sucrées. Mais nous n'avons jamais pu trouver l'exacte situation où cette scène, aujourd'hui, se justifierait.

Un de nos regrets, loin d'être le seul.

— Le sida, me demande-t-il, c'est quoi ?

— Le sida ?

— Oui. J'ai trouvé ce mot dans quelques articles. Ici, tenez : « Avant l'apparition du sida ». C'est quoi ? Un nouvel astre dans le ciel ? Un nouveau prophète ?

Je lui en parle, avec prudence. Soudain, lui dis-je, après quinze années d'euphorie (les antibiotiques, la pilule, le pouvoir de la fleur et les filles qui nous draguaient, enfin), énorme surprise, mondiale : il y a danger de mort autour du sexe. Pire, lui dis-je, qu'au temps de la vérole et de la syphilis.

— Pire ?

— Oui.

— D'où venait ce danger ?

Pas de réponse. Les victimes – presque tous des hommes, au début, et presque tous homosexuels – dépérissent et meurent, décharnées, hâves, dans la souffrance et l'interrogation. Rien à faire pour les soulager, pour les sauver. Torture.

— Une nouvelle épidémie ?

— Voilà.

— Liée au sexe ?

— En tout cas, comme nous disons, « sexuellement transmissible ».

Un virus inconnu jusqu'au XXe siècle. Où donc se cachait ce poison ? Depuis combien de temps ? Retour – presque banal – d'un paradoxe oublié : le sexe peut donner la vie, mais aussi la mort.

Retour du « désir au teint pâle ». Nous qui pensions l'avoir rendu, et pour toujours, inoffensif.

Luis ne sait que dire, il est étonné, comme nous l'avons été au commencement. Il me pose des questions et je lui réponds, comme je peux. Je reviens en arrière, je revois mes amis disparus sans savoir pourquoi (« Mais de quoi je souffre et maigris ? Pourquoi je meurs ? Qu'est-ce que j'ai fait ? »), je lui raconte. Dès les premiers morts, des fanatiques surgirent des buissons, avec leurs trompettes. Ils y voyaient une contagion surnaturelle, quelque chose comme une juste punition divine bien ciblée, décimant une nouvelle fois les sodomites. Ce qui rassurait les hétéros, même modérés.

Mais cette prédication fut vite close. Nous vivions tous sous la menace, tous sauf les abstinents, que l'Église installait, évidemment, en première ligne des élus, des rescapés de la damnation. Et si vous ne pouvez pas vous abstenir, mariez-vous, hommes et femmes, et soyez fidèles ! « Santé, fidélité » ! Inexplicable châtiment : c'était donc un virus ? Dieu, le grand pharmacien, fabriquait donc ces sortes d'assassins ?

— Mais ce virus, d'où venait-il ? D'un savant fou ?

— D'un singe africain, croit-on savoir.

Ou bien d'un ailleurs, d'un hasard, d'un *alien,* d'un caillou heurtant la Terre en passant. On accusa les météorites, les oiseaux migrateurs, le vent, les eaux de pluie, nous entendîmes des charretées d'extravagances. Je lui dis tout ça. Nous apprîmes quelque part qu'un haut personnage biblique, je ne me rappelle plus lequel, était mort, déjà, du sida. Alfred de Musset, aussi, peut-être (c'était moins sûr). Les pays communistes s'en voyaient officiellement préservés, tout comme l'Iran récemment islamique. Source de délires, d'arguties, de malheurs inavoués, de malédictions provinciales. Et même de fiertés. Ainsi, à Barcelone, un soir, quelqu'un me montra du doigt les fenêtres d'un immeuble, dans le *barrio chino*, et me dit, exalté : « C'est ici que Magic Johnson a attrapé le sida ! Ici, et pas ailleurs ! »

— Qui est ce Magic *Fulano* ?

— Un basketteur américain. Très connu à l'époque.

— À Barcelone, tout est possible.

— Si je vous racontais ce qu'on y voit, dans certains spectacles !

— Des scènes pornographiques ?

— Oui, mais ça, on en voit partout.

— Alors quoi ?

— Un homme entre en scène, avec une infirmière. Elle lui fait une prise de sang, en public. Une grosse seringue. Ensuite, l'homme prend un petit réchaud, casse un œuf ou deux et fait une omelette avec son sang. Après quoi, il propose aux spectateurs d'en manger un petit morceau.

— Et les gens acceptent ?

— Quelques-uns, oui. D'autres sont écœurés et s'en vont.

— C'est devenu ça, l'Espagne ?

— Par endroits, oui.

— Mais l'omelette pourrait être contagieuse, si l'homme est malade ?

— Je crois bien. On dit que ce virus pourrait être transmis par le sang.

J'attends quelques secondes avant de lui demander (je n'ai raconté l'histoire que pour en venir à cette question) :

— À votre avis, ce que fait cet homme, c'est un acte surréaliste, ou non ?

Il réfléchit brièvement avant de me répondre :

— Non, au contraire. C'est un acte logique et raisonnable. Très espagnol. Directement inspiré par le Christ. Un de nos hérétiques aurait pu le commettre. C'est un sommet de la religiosité, mon cher ami. Bien entendu. « Prenez et buvez, ceci est mon sang. » Quand on dit de pareilles idioties, il faut s'attendre au pire, un jour ou l'autre.

— À attraper le sida en prenant la communion ?

— Par exemple.

Je lui apprends que les bordels sont maintenant ouverts, en Espagne, et même très florissants, surtout au voisinage de la frontière française. Je lui dis aussi que le mariage homosexuel est autorisé en Espagne, et toujours interdit en France. Le monde à l'envers.

Informations qui l'intéressent peu. Il revient au sida :

— Cette maladie, on l'a éliminée ?

— Non, pas encore. L'ange exterminateur ne cesse de frapper.

— Comment est-ce possible, avec ces brochettes de prix Nobel qui doivent s'agiter partout ? L'industrie de la pharmacie n'a rien trouvé ?

— On atténue les souffrances, on repousse petit à petit l'échéance, mais l'épidémie court encore. Et tue beaucoup.

— Sur toute la Terre ?

— En Afrique, c'est un fléau.

— Gloire à la science, mon cher ami ! Vous voyez ? On plonge dans le secret des particules, on prétend dominer tous les périls du monde, et un petit virus qui passait par là vous liquide !

— On dirait que ça vous réjouit.

— Vous savez bien que non. Au contraire, ça m'attriste. Beaucoup. Vous me connaissez. Et ça irrite tous les atomes qui me restent. Mais m'irriter contre qui ? Hein ? Contre quoi ? Ma colère est vide. Qu'est-ce que je peux faire, dans cette caisse ? Je ne peux même pas être malade !

Il se tait un instant, s'adoucit, me demande :

— Et comment les gens vivent ça ? Les jeunes ?

— Mal. Ils mettent des préservatifs, la plupart du temps. Ils n'ont connu l'intimité de l'autre qu'à travers la matière plastique.

— *Pobrecitos.*

Une vraie compassion, soudain, pour tous ces amants nés après sa mort, sur la Terre entière, sous la menace. Quelques blasphèmes murmurés entrouvrent ses lèvres. Mais il y a très longtemps que Dieu n'entend plus les blasphèmes, même espagnols. Alors, à quoi bon ?

Le sexe, le plaisir le plus haut, le plus doux, le seul que nous pouvons partager, qui ne demande que nos corps bienveillants. Que de fois en avons-nous parlé, nous qui nous en privions délibérément pendant nos longues semaines d'isolement ! Pourquoi la mort est-elle de nouveau là, debout, sa faux brandie, auprès du lit des amants d'aventure ? Et que pouvons-nous dire ? Nous demander pourquoi est idiot, d'accord. Alors, comment ? Mais les savants docteurs eux-mêmes sont incapables de répondre. Est-ce un détail, dans l'aménagement du monde, qui a dérapé ? Une anicroche ? Un effet papillon ? Un grain de sable dans notre antique horlogerie ?

Nous ne pouvons que nous lamenter, l'un et l'autre. Pour le distraire, je lui apprends que l'ayatollah Kazem Sedighi, un des religieux les plus influents de l'Iran chiite, a déclaré récemment, au cours de la prière du vendredi, que la multiplication des relations sexuelles illicites entraîne un accroissement du nombre des tremblements de terre.

— Merveilleux, me dit Luis. Il a vraiment dit ça ?

— Publiquement.

— Et rien sur les volcans ?

— Rien.

— Ce qui est magnifique, me dit-il, c'est qu'il le croit vraiment. Cela aurait pu se dire en France ou en Espagne au Moyen Âge, et tout le monde, ou presque, l'aurait cru. Toujours cette énorme prétention : non seulement le monde tourne autour de nous, mais il tourne à cause de nous.

— C'est lourd à porter.

— Écrasant.

Et toujours cette peur, cette haine du sexe. Cette prohibition si hautement souhaitée. Avec une trace de nonchalance – nous l'avons fait souvent – nous évoquons, sans le moindre espoir d'y remédier, cette antique malédiction qui pèse sur l'acte. D'un côté, il est nécessaire à la vie, nous ne sommes là que grâce à ce geste (jusqu'à maintenant, en tout cas, cela peut changer), et en même temps nous le condamnons, nous le rejetons dans l'obscur, dans le détestable. Luis disait souvent qu'il ne fallait pas chercher plus loin l'origine du péché originel. Elle est là, dans l'horreur que nous inspire l'acte d'union qui nous a fait naître (pas à tout le monde, quand même).

Je l'entends murmurer :

— *Pallida libido aequo pulsat pede...*

Il s'interrompt. Peut-être a-t-il oublié la suite. Assez souvent, naguère, nous parlions latin entre nous. Par amusement, par complicité méditerranéenne. Quand un journaliste lui demanda pourquoi, dans *La Voie lactée*, il m'avait confié le rôle de Priscillien, l'évêque hérétique d'Avila (qui fut brûlé), il répondit : « Parce qu'il est très difficile, aujourd'hui, de trouver un acteur parlant correctement latin. »

— Ce qui est frappant, me dit-il encore en manipulant ses magazines, c'est que ce sexe, qui est une menace, une mort chaque fois possible, est là, sous mes yeux, à toutes les pages. Étrange, non ?

— Exact. Toutes les femmes, apparemment, écrivent des romans dans la seule intention de raconter leur vie sexuelle.

— Assez monotone, non ?

— Je trouve aussi.

— Et même, me dit-il en pointant une image, regardez : pour vanter une voiture, on vous plante là une belle fille, les jambes nues, écartées.

— Cela veut dire que si vous conduisez une voiture pareille, les filles de cette allure s'ouvriront à vous.

— Je me fous de la voiture. Mais cette idée de la femme est amère.

— Dans cette image il y a peut-être autre chose ; plus flou, mais plus grave.

— Quoi ? me demande-t-il, presque curieux.

— Cela va avec votre théorie de la destruction inévitable. Cette voiture, mal conduite, est un engin mortel. Et cette femme, imprudemment baisée, peut aussi vous tuer.

— De quelque manière que nous retournions les choses, c'est la mort qui fait sa réclame.

Il se tait et je le regarde, tenant cette image publicitaire entre les mains. Cet homme est mort, mais il m'écoute, il me comprend et il me parle. Et il me parle de la mort.

À moins, comme il l'a suggéré, qu'il ne s'agisse d'une blague particulière. De quelque chose qui se tortille et s'enchevêtre dans ma tête, m'apportant l'hallucination que la lumière du jour me refuse. L'idée m'en vient de temps à autre, mais je l'écarte.

Je lui demande :

— Le paradis, c'est une blague ?

— Vous ne m'avez pas déjà posé la question ?

— Si, peut-être.

— C'est une vaste blague, mon cher ami. Une blague à tiroirs, à étages, une fumisterie très raffinée, que nous avons imaginée, bâtie, décorée. J'aimerais connaître celui qui, le premier, en conçut l'idée. Un génie aux ailes larges, celui-là. Il a parfaitement compris ce qui nous manquait. Et nous avons fini par ajouter foi à nos propres élucubrations. Étrange, tout de même. Et nous nous trouvons intelligents.

— C'est comme votre histoire avec Alcoriza, que vous avez inventée de toutes pièces, et à laquelle vous avez fini par croire.

— Par faire semblant de croire. Nuance. Mais il y avait de ça, vous avez raison. Par moments, je me demandais : c'est arrivé, ou non ? Un instant, j'hésitai à répondre. Mon imagination avait pris forme, je connaissais les lieux, la salle à manger, les garçons, le paysage. Le *balneario* de San José Purúa s'appelait un « paradis tropical », n'est-ce pas ? Dans ce paradis se glisse une femme tentatrice – toujours la femme, remarquez bien –, un malheureux scénariste se laisse séduire, il chute et il est expulsé, au moins provisoirement.

— Alcoriza s'est repenti, le lendemain matin ?

— Par moments, j'imaginais qu'il me revenait, tout repentant.

— Sans un mot pour l'événement ?

— Sans un seul mot. La tête basse sur son croissant. Je le vois encore. Comme si c'était vrai. Comme si je l'avais vraiment vu.

— Vous jouiez donc le rôle de Dieu ?

— Et du Diable, les deux en même temps. Pour une fois l'antinomie théologique était dissoute. Dieu et le Diable : une seule personne.

— Quelques-uns s'en doutaient.

Nous remarquons une fois de plus – entre nous, il s'agit d'une discussion plus de cent fois recommencée – que, lorsque les croyants parlent de leur foi, et qu'ils tentent de la justifier, ils n'ont qu'un argument en bouche : « Je crois en Dieu, donc Dieu existe. » Car il n'est pas concevable que notre cerveau, notre merveilleux, prodigieux cerveau, objet de notre constante adoration, le mien surtout, se trompe. Toute hallucination m'est interdite. J'en suis miraculeusement préservé. Ce sentiment que j'ai en moi est véridique.

— Je crois en Dieu, mes ancêtres ont cru en Dieu…

— … donc il existe, me dit Luis. Oui, les arguments se limitent à ça. N'en cherchez pas d'autre. Et c'est d'une prétention, si vous y pensez une minute ! Et d'une bêtise ! Je vais vous dire : la voilà, la vraie preuve que Dieu n'existe pas.

— Le fait que nous croyions en lui ?

— Exactement.

— La preuve de l'inexistence de Dieu, c'est donc la foi ?

— Nous venons de le démontrer.

— Il était temps.

— D'ailleurs, ajoute-t-il en riant, nous pouvons retourner les choses. Si Dieu existait, si Dieu était, comment pourrait-il souffrir que notre foi repose sur un tel socle de vanité ? Vous comprenez ?

— Très bien.

Il cesse de rire :

— Comment tolérer, quand on est Dieu, mettez-vous à sa place, qu'une espèce aussi débile, laide, vulgaire et criminelle puisse se dire « à son image » ! Mais il nous aurait exterminés depuis longtemps ! D'un souffle !

— Un souffle, peut-être, ne suffirait pas, lui dis-je.

— À nous détruire ?

— À nous détruire, si. Sans doute. Mais à nous faire changer d'avis, je me demande. Nous sommes de l'espèce entêtée.

— C'est vrai.

— Nous avons tenté, depuis un siècle ou deux, d'éliminer Dieu de nos pensées, de nos certitudes, et nous n'avons réussi qu'à nous mettre en péril nous-mêmes. À force de rivaliser avec un créateur fantôme, vous allez voir que nous finirons par nous supprimer.

Il ferme les yeux et me dit encore avec un sourire – large rêverie d'outre-tombe :

— La Terre ne sera plus qu'un grand cimetière fantôme. Et dans le ciel toujours vide, il n'y aura personne pour en rigoler. Fini, la blague.

9

À ma neuvième visite, je n'ai pas réussi à le réveiller. Il était là, je l'ai vu, je lui ai parlé, je l'ai même touché, mais il n'a pas ouvert les yeux, et il ne m'a pas répondu. Je ne sentais dans le cercueil aucune odeur nouvelle de décomposition, son visage restait blême et froid quand j'y posais ma main, comme lors de mes autres visites, mais il paraissait ne pas m'entendre.

J'attendis près d'une heure, seul avec les araignées et sans doute d'autres bestioles. Rien. Pas une crispation, pas un frémissement. Pas le moindre souffle. Il me semblait qu'il venait de trépasser, une heure plus tôt, et que je le veillais. Qu'on allait l'enterrer demain, ou l'incinérer. Je retrouvais ce sentiment que nous avons tous en présence d'un cadavre récent : cette immobilité ne va pas durer, il va ouvrir les yeux, tousser, se redresser, nous regarder. Toute mort est impossible, au moins au début. Ensuite, au fur et à mesure que les heures passent, et que l'immobilité se confirme, puis la raideur, nous nous habituons, nous reconnaissons la mort. Oui, c'est bien elle. Le temps l'a acceptée.

Pendant cette heure de silence, ce soir-là, j'ai évoqué des souvenirs. Que faire d'autre ? J'ai tenté de revoir notre première rencontre, au festival de Cannes, en 1963. Silberman m'envoya à sa rencontre, ainsi que d'autres scénaristes, un par jour. Rendez-vous à l'hôtel Montfleury, à treize heures, pour déjeuner, un hôtel agréablement situé sur les hauteurs, un peu en dehors de la ville. J'arrivai légèrement en avance, venant de l'aéroport de Nice. Buñuel bavardait avec des amis sur la terrasse. Je le reconnus, de dos, d'après ses photos. Il avait alors soixante-trois ans et quelques mois.

Dès mon adolescence, je me précipitais dans les ciné-clubs pour voir ses films. Et il était là. À treize heures moins deux minutes, premier indice de sa ponctualité féroce, il se leva, serra les mains de ses amis, entra dans le hall, vint vers moi : « Monsieur Carrière ? »

Première poignée de main. Et nous passâmes dans la salle à manger, où nous étions seuls. Nous prîmes place. Sa première question, et je crus sentir, à son regard, qu'il ne s'agissait pas d'une question indifférente, mais d'une enquête plus attentive, plus profonde, fut : « Est-ce que vous buvez du vin ? » Lorsque je lui répondis que non seulement je buvais du vin, mais que j'étais le fils d'un (modeste) vigneron du Languedoc, son visage s'illumina. Il appela le sommelier et commanda : « Deux bouteilles. » D'un vin rouge de Provence, je pense.

Plus tard, il devait me dire : « Au moins, à défaut de travailler ensemble, nous avions un sujet de conversation. »

Il s'agissait d'adapter *Le Journal d'une femme de chambre,* d'Octave Mirbeau. J'avais lu le livre, bien sûr, attentivement, en prenant des notes, mais Luis, avant de parler du projet, me demanda d'abord ce que j'avais fait, dans le cinéma. Peu de choses, à trente-deux ans bientôt : deux courts-métrages avec Pierre Étaix, dont l'un avait gagné l'Oscar, et, comme scénariste, son premier long-métrage, *Le Soupirant*, lauréat du prix Delluc. J'avais donc commencé dans une tradition purement comique, dans la lignée directe des grands burlesques américains et de Jacques Tati, dont Étaix avait été l'assistant. À côté, je ne pouvais mentionner qu'un travail de scénariste sur un film animalier de Gérald Calderon, *Bestiaire d'amour*, d'après un livre du biologiste Jean Rostand : les habitudes sexuelles des animaux.

Il se trouvait que Luis Buñuel, comme la plupart des surréalistes, admirait les films comiques américains de la grande époque. Dans le premier numéro de la revue *La Révolution surréaliste*, où nous pouvons penser que tous les documents furent soigneusement choisis, figure une photo de Buster Keaton. Tout sauf un hasard. Buñuel lui-même avait écrit un article sur lui, qui commençait ainsi, je crois m'en souvenir : « Les films de Buster Keaton sont beaux comme des salles de bains. »

Quant à la vie animalière, je touchais sans le savoir aux premières amours de Luis, qui, dans sa jeunesse, à Madrid, étudiait l'entomologie.

Nous avions donc de quoi parler, déjà, outre le vin. J'avais aussi préparé, assez vaguement, l'adaptation du roman de Mirbeau, et je lui proposai de réunir dans une même famille plusieurs des employeurs successifs de Célestine, la femme de chambre. Luis tournait autour de la même idée, me dit-il.

Le déjeuner dura plus de deux heures. Je repris l'avion à Nice, le jour même, un peu ivre, sans mettre les pieds au festival. Une semaine plus tard, Silberman m'appelait pour m'annoncer que je partais pour Madrid. Début de vingt années d'aventure, de travail et de vie commune. M'en doutais-je, en préparant mes valises ? Je ne crois pas. Les moments décisifs d'une vie, nous ne savons les désigner que beaucoup plus tard. D'ailleurs, au cours du déjeuner, Buñuel tint à me préciser, à deux reprises, qu'il s'agissait de son dernier film. Je ne pouvais ni prévoir ni prédire.

Debout auprès du cercueil entrouvert, j'essaie de me rappeler le détail de ces journées-là, mon premier voyage à Madrid, les commencements de notre travail, les restaurants où nous allions ensemble, les amis espagnols qu'il me présentait, la Torre de Madrid où nous vivions, sur le même palier. Ce passé que nous avons tissé ensemble et qui nous réunissait tous les deux, dont nous étions les seuls acteurs et dépositaires, les seuls au monde à connaître les incidents, les rires, les difficultés, les silences. Puisque cet homme mort ne m'entend plus et ne me parle plus – ce soir, en tout cas –, me voici abandonné, sans contrôle, désormais seul devant des événements jadis partagés, disposant de nos deux mémoires, pouvant mentir, calomnier, tricher, oublier peut-être.

Je ne sais pas, ce soir, si je dois refermer le couvercle. Oui, sans doute. Pour toujours ? Je ne peux pas l'affirmer. Je lui dis au revoir, quand même, à voix basse et en espagnol. *Hasta luego*. Je range de mon mieux ses outils, qui semblent un peu désordonnés. Je ne remporte pas les journaux. Mais je ne laisse aucune bougie allumée, cette fois.

Je reviens le lendemain soir. Comme d'habitude, je me laisse enfermer dans le cimetière (j'ai découvert que je ne suis pas le seul, d'autres font comme moi, dans quelle intention ? Je ne veux même pas le savoir) et je me glisse dans le caveau.

Je le trouve éveillé, presque impatient.

— Alors ? Quoi de neuf ?

— Je suis venu hier, mais pour rien.

— Hier ?

— Oui. La nuit dernière.

— Ça veut dire quoi, hier ?

— C'est le jour d'avant, le…

Je m'arrête vite. Sans doute inutile, l'explication. Nous partageons apparemment l'espace, ce caveau, mais nos temps, désormais, diffèrent. Hier, demain, dans une semaine, l'année dernière : sens perdus. Que de lourdes explications seraient nécessaires ! Sans intérêt.

Autrefois, lorsque nous bavardions de ses longues journées inactives, comme vides, il m'arrivait de parler de « temps perdu », ce qui tout aussitôt l'irritait. « Ça veut dire quoi, "temps perdu ?" C'est justement quand on fait quelque chose qu'on oublie le temps, qu'on ne voit pas le temps passer, comme vous dites. Et c'est bien dommage. D'une certaine manière, j'ai adoré toutes les périodes de ma vie où je ne faisais que "perdre mon temps". En réalité, dans ces moments-là, j'avais le temps. J'étais seul avec lui. Aucun travail, aucune distraction ne nous séparait. Il n'y avait que le temps et moi. Rien d'autre. »

Sans doute me dirait-il que, dans sa condition présente, tout a changé, qu'il est seul, vraiment seul, sans le temps, et que l'idée de « perdre son temps » ne lui vient même plus à l'esprit.

Je lui raconte :

— J'ai attendu, je me suis assis, je vous ai parlé. Rien. Pas une réaction. Pas un mot. Vous n'avez même pas ouvert un instant les yeux.

— Je ne m'en souviens pas.

— Vous vous sentez fatigué ?

— Pas plus que d'habitude. Mon état n'est pas vraiment fatigant, vous savez, à condition de ne pas trop se dépenser. Hier soir, je devais être ailleurs. Ou ne pas être du tout.

— Ainsi, vous seriez par intermittences ?

— Ne m'en demandez pas trop, s'il vous plaît.

Il tend la main, presque avidement, vers les journaux que j'apporte, et il me demande (preuve qu'une partie au moins de sa mémoire s'active encore) :

— Alors ? Et ce volcan ?

— Ça se calme.

— Et merde.

— On n'en parlera bientôt plus. Les avions volent de nouveau, le nuage va très vite se dissoudre dans nos mémoires, et nous continuons à tout enfumer et à tout détruire.

— Il faudrait interdire tout trafic aérien trois semaines par an. Pour permettre au ciel de se reposer.

— Je vais soumettre cette idée à l'ONU. Je peux dire qu'elle est de vous ?

— Ne vous moquez pas d'un défunt, c'est inélégant et superflu.

— Il faudrait interdire tant de choses, si vous saviez.

— Non, pas tellement, me dit-il. Il suffirait d'interdire l'espèce humaine.

— On reconnaît bien là un mort qui parle.

J'espère le distraire en lui racontant ce que j'ai récemment appris. Un physicien racontait, à la télévision, que l'eau, au fond, n'est que du gaz, un mélange d'hydrogène et d'oxygène, ce que nous savons tous. Pourquoi ce gaz se maintient-il sous une forme liquide ? Par une sorte de hasard, de petit miracle dans l'agencement des molécules (je n'ai pas très bien compris, à vrai dire). Mais il suffirait d'un rien, disait le savant, pour que toute l'eau de la planète retourne à l'état gazeux, s'évapore en un instant, et ne laisse qu'un sol sec et aride, assez semblable à la planète Mars.

— Pas mal, dit Luis.

— Adieu les tomates, les oignons et le chorizo.

— Qu'est-ce que ça peut me faire ? C'est vous qui devriez vous alarmer.

— Je n'arrête pas de m'alarmer, depuis des années. Et après ?

Il ne répond rien. Un silence. Il abaisse et relève plusieurs fois ses paupières, puis il me demande, et j'en suis surpris :

— Le communisme, c'est bien fini ? C'est vrai ?

— Il reste deux ou trois pays qui se disent encore marxistes, ou communistes. La Chine et la Corée du Nord, par exemple. Mais en Europe, oui, c'est cuit. À l'exception des nostalgiques, qui prient encore autour du drapeau rouge.

Il me demande de tout lui raconter, à commencer par *Solidarnosc* en Pologne, puis nous passons par tous les craquements, le dégel, Gorbatchev et finalement le mur de Berlin, abattu en 1989.

— On a démoli le Mur ?

— Mais oui.

— Qui ?

— Les Allemands, ceux de l'Est comme ceux de l'Ouest. À coups de pioche et de marteau. Une grande fête, avec Rostropovitch jouant du violoncelle. Les pierres du Mur se vendaient comme celles de la Bastille, autrefois. Des pierres de collection, des pierres précieuses. Après quoi l'Allemagne s'est réunifiée. Les belles maisons, autour des lacs, à Potsdam ou ailleurs, ont été rachetées par des Japonais, qui se sont montrés les plus rapides. Et finalement l'Europe s'est unie, vous n'allez pas me croire. Pas en totalité, mais tout de même. Avec monnaie unique, passeport commun.

— L'Espagne et le Portugal se sont unis ?

— Au sein de l'Europe, oui.

— Comme informations, cela fait beaucoup, d'un seul coup. Allez-y doucement, s'il vous plaît.

En lui parlant, je vois combien la présence de ce que nous appelions « le bloc communiste » a pesé sur la vie des hommes et des femmes de sa génération. Le nazisme dura peu, et fut unanimement condamné, détesté. Nous en sommes probablement guéris – sauf exceptions. Le communisme, plus pervers, s'était établi pour toujours, sur une idéologie qui semblait solide, et dura longtemps. Il divisa férocement le groupe surréaliste. Luis, homme de gauche, républicain espagnol, résista à la tentation de s'inscrire dans les rangs serrés du fameux Parti. Je n'ai jamais compris ce qui l'en avait préservé. Peut-être parce qu'il était un des rares « vrais » surréalistes, comme André Breton ?

Aragon, Éluard, Georges Sadoul, Pierre Unik plongèrent. Dans les années 1970, après l'invasion de la Tchécoslovaquie par les troupes du pacte de Varsovie, quand il n'était plus possible d'ajouter foi aux mensonges étiquetés par Moscou, Luis lisait avec effroi des poèmes d'Éluard, datant des années 1950, qui chantaient à tue-tête la gloire prodigieuse, quasi divine, de Staline. « À quoi peut conduire la poésie ?, me disait-il alors, avec désolation. Éluard, vous vous rendez compte ? »

Il restait cependant sensible au « charme » au moins théorique du communisme, qui avait dû l'exalter autrefois, comme tant d'autres. Après l'invasion de la Tchécoslovaquie par les troupes du pacte de Varsovie, au mois d'août 1968, nous eûmes, trois semaines plus tard, une querelle assez forte. Il soutenait encore, comme la propagande communiste l'affirmait avec indécence, que les troupes rouges n'étaient intervenues que pour déjouer un vaste complot américain. Lorsque les choses s'éclaircirent, il changea d'avis. Mais avec tristesse. Et une humiliation légère.

Il évoquait souvent les « terribles désillusions » qui frappaient certains de ses proches amis, et posaient une charge d'obscurité sur leur vieillesse.

Il nous est difficile d'imaginer, aujourd'hui, alors que toute idéologie s'est effacée – ou presque – devant la réalité insistante des choses, ce que furent le découragement, la déception et le chagrin des hommes (et des femmes, souvent) nés avec le siècle, comme Luis, qui avaient cru trouver enfin une certaine vérité, historique et sociale. Ou mieux encore : une manière juste de vivre ensemble, à partir d'une idée, d'un projet, d'un modèle. De reconstruire notre monde à partir d'un bout de papier. J'ai vu Buñuel – et aussi Aragon, que je connus vers la fin de sa vie – souvent envahi par un brouillard de déception, qui voilait son regard, qui l'empêchait même de parler. Une génération avait cru trouver la solution humaine, purement humaine, à tous les désirs des hommes. Et puis…

Sera-t-il possible, un jour, de se débarrasser de cette illusion ? Le communisme n'est plus qu'un mot, alourdi de souvenirs atroces, mais qui garde encore des chantres. Comment lui redonner vigueur et santé ?

Ou bien : par quoi le remplacer ?

Je le dis à Luis, mais il le sait déjà. Le vieux rêve est en nous, celui d'un partage équitable, d'une harmonie, d'un équilibre possible entre fortunés et déshérités. Mais nous voyons justement le contraire, des richards qui s'étalent et des peuples entiers, efflanqués, qui mendient. Alors ? Faut-il légiférer ? Imposer le partage ?

Par la force ? En renonçant aux principes qui sont les nôtres ? Comment lutter contre nous-mêmes ? Comment répondre aux questions simples que nos enfants ne cessent de poser ?

Tout le monde se le demande. Et nos réponses tournent en rond.

Nous avons déjà longuement évoqué, jadis, cette contradiction exaspérante, au sein même du groupe surréaliste. Des jeunes gens enflammés, qui chantent la « beauté convulsive », « le dérèglement de tous les sens », « l'écriture automatique », « l'imagination au pouvoir », l'exaltation de toutes les facultés, même les plus secrètes et les plus dangereuses de l'individu, et qui soudain s'alignent devant les manuels politiques les plus pesamment ennuyeux que des bureaucrates au front bas aient jamais écrits. Des poètes englués dans le conformisme stalinien ! Aragon en train de lire Ceausescu ! C'était à ne pas croire. Outrage à toute une furie de jeunesse, autotrahison spectaculaire, castration mentale, asservissement. Que s'était-il passé ?

Luis n'aimait pas rappeler ses combats d'autrefois, qu'il menait avec ses amis, les rêves bouleversants qu'ils avaient soulevés, il n'aimait pas, quand il venait à Paris, revoir ses anciens compagnons, comme Louis Aragon précisément, de peur de n'avoir que quelques lamelles de désespoir à partager. Il rencontra Breton deux ou trois fois, dans les années 1960, mais celui-ci, tout en continuant à porter beau (clairvoyant, il s'était toujours défié du marxisme-léninisme), n'était plus que tristesse et amertume. Il pleura même, un soir, dans un café, en disant à Luis : « Mais, mon ami, comment voulez-vous scandaliser encore ? » Et c'était vrai. L'arme principale s'était émoussée, dissipée. Luis me demandait, à son tour : « Après Auschwitz et le goulag, qu'est devenu le scandale ? »

Ces larmes qui coulaient sur les joues de Breton, Luis ne pouvait pas les oublier.

Vers qui se tourner ? Qui insulter ? Quelle idole nouvelle ? L'argent ? Oui, après tout, peut-être. Il le mérite. Mais c'est une idole ancienne et solide, qui a fait ses preuves. Aucune insulte ne peut l'atteindre en profondeur, depuis le temps. Tout rebondit sur cette divinité inaltérable, tout s'englue. Alors, sur qui frapper ? Quels yeux ouvrir ?

— Et Castro, au fait ?

— Toujours là.

— Cuba, ça dure ?

— Tant bien que mal. Mais à vrai dire on n'y comprend plus rien. Fidel a été malade, il est resté longtemps en pyjama à l'hôpital, son frère exerçait le pouvoir, puis il est ressorti, tout fringant, il a repris sa place à la tribune, il a déclaré que le système cubain avait du plomb dans l'aile, que ça ne marchait plus, que tout allait changer. Le monde attend.

À la différence des plus célèbres écrivains et artistes latino-américains, Garcia Marquès, Alejo Carpentier, Vargas Llosa, qui tous saluèrent, au moins au début, la révolution cubaine et son chef, Luis n'aimait guère Castro, dans le passé. Un clown, un *payaso*. Cependant, quelque chose en lui l'intriguait, cette comédie de la parole, ce long discours hypnotisant qui avait commencé dans la sierra Maestra. À Cuba, je m'en souviens, quand il prenait la parole pour de longues heures, impossible d'échapper à cette voix. Dans les rues, dans les magasins, dans les couloirs d'hôtel, dans les taxis, sur les plages, nous n'entendions qu'elle. Une lourde musique d'ascenseur. Un mot, par moments, sortait du magma, *imperialismo, norteamericanos, revolucion cubana, nuestro futuro,* et tout revenait au fond sonore, à l'indistinct. Au pathos.

Il me raconta ceci, qui est invérifiable : un ami de son père se promenait, en fin d'après-midi, avec sa femme et sa fille, dans une avenue de La Havane. Passe Battista, le dictateur d'alors, en calèche. Il se retourne vers les trois promeneurs et lance un regard appuyé à la jeune fille.

« Vite, dit le père. Rentrons à la maison et partons. »

Ce coup d'œil avait suffi. La famille regagne son domicile. Pendant toute la nuit, ils font leurs bagages. Le lendemain matin, ils s'en vont.

« Ça au moins, disait Luis, c'était une dictature. »

Il me demande maintenant, comme pour échapper au souvenir :

— Après la chute du communisme, qu'est-ce qui s'est passé ? L'Amérique est devenue la reine du monde ?

— Elle l'a cru. Un moment. D'autant plus que l'Europe, trop diverse, trop provinciale, peinait à trouver une cohésion, et que la guerre du Vietnam était réglée.

— Et la Russie ?

— Transformée du jour au lendemain en une machine capitaliste.

— Pas étonnant. Et qui en a profité ?

— Les services secrets, évidemment.

— Dites-moi (il se montre très curieux, tout à coup).

— La fin du communisme, ce fut, en Russie et dans tous les autres pays du bloc, la plus vaste privatisation de l'histoire. D'un seul coup, tout était à vendre. Les terres, les usines, les entreprises, les mines, les services, les transports, tout. Et les membres des services secrets se trouvaient évidemment les mieux placés pour acheter, à des prix aussi écrasés que possible. Pour presque rien. Nous avons vu s'élever en quelques semaines des fortunes inimaginables. En pleine sauvagerie. Avec des guerres de gangs, des armées privées, vous ne pouvez pas savoir.

— Ça dure encore ?

— Depuis dix ans, ça s'est un peu calmé. Mais quand même. Vous auriez adoré. Retour au temps des pirates. Ou à Chicago. Des milliardaires instantanés. Ah ! J'ai oublié de vous dire : nous avons même vu, à la télévision, en 1989, Ceausescu et sa femme arrêtés et jugés, par un tribunal improvisé. Après quoi, on les fusille, dans une cour.

— Vous avez vu ça ?

— Le monde entier l'a vu.

— C'est à regretter d'être mort.

— Avec même un détail étonnant, que vous auriez aussitôt remarqué. Ceausescu changeait constamment de vêtements, de chaussures, plusieurs fois par jour, par crainte d'être empoisonné. On le voit donc haranguer la foule, du balcon de son palais, à Bucarest, en pardessus sombre, avec une écharpe rouge. Il entend soudain des cris, des protestations. Il est étonné. Cela ne lui est jamais arrivé. Déconcerté, il choisit de se retirer. Il s'échappe en hélicoptère, il perd le pouvoir, on ne le voit plus. Deux jours plus tard, il est arrêté et conduit avec sa femme devant ce tribunal, qui n'en est pas un. Le « procès » dure toute une journée, devant des caméras. Après quoi vient l'exécution, bizarrement filmée d'ailleurs. Et quand nous voyons enfin les deux corps, morts, tombés à terre, il porte toujours son écharpe rouge sur son manteau foncé. Pendant ces trois ou quatre jours, il n'avait pas changé de vêtements.

— L'imprudent.

— Si vous voulez, je peux essayer de retrouver ces images et vous les montrer, ici.

— Non, non, c'est mieux quand vous me racontez. Comme ça, je fais la mise en scène.

Il réfléchit un instant avant de revenir à l'essentiel :

— Et alors ? La Russie, quoi ?

— Oh, rien. Un homme fort a mis de l'ordre, comme on dit. Avec tabassage des minorités et assassinat des journalistes. Habituel. La Russie boit beaucoup.

— Pas forcément un défaut.

— Non. Mais on y vit moins longtemps qu'ailleurs. Il y a de moins en moins de Russes.

— Et qui s'en plaint ?

Je ne trouve pas la réponse. Il me relance :

— Qu'est-ce que c'est que cette exposition universelle à Shanghai ? C'est sérieux, ou c'est une blague ?

— Non, non, ça n'a rien d'une blague.

Je prends dix minutes, au moins, pour lui raconter ce que je crois savoir de la Chine, ou du moins ce qu'on en dit partout. Pour lui, c'est une autre planète, la Chine. Non seulement il n'y a jamais mis le pied, mais la culture et l'art chinois lui ont été, toute sa vie, je ne sais pas pourquoi, fermés. Pour tous les surréalistes, ce fut toujours un territoire négligeable. Aux yeux de Dalí, les formes chinoises – à vrai dire peu connues à l'époque – représentaient même une approximation assez réussie de la laideur fondamentale, indiscutable, de la laideur « pythagoricienne ». Et voici que ce grand pays mou, indistinct, dont on n'a jamais très bien su les frontières et l'histoire, que les puissances européennes dépeçaient à leur appétit, tombé dans les mains communistes, accablé d'un « grand bond en avant », martyrisé et mutilé par une « révolution culturelle », se redresse, s'organise, produit, conquiert mille petits marchés dans toutes les parties du monde, fabrique tous les objets de notre vie, colonise subrepticement l'Afrique, entasse des dollars par milliards, organise des jeux Olympiques irréprochables et finalement une exposition universelle qui, en six mois, attire plus de soixante-dix millions de visiteurs.

C'est à ne pas croire.

— Vous êtes sûr de ce que vous me dites ?

— Je suis sûr de ce qu'on me dit.

— La Chine en train de devenir la première puissance mondiale ?

— C'est parti pour ça. Dans une dizaine d'années, peut-être, si ça dure.

— Et quoi d'autre ?

J'ai beaucoup, beaucoup trop, à lui dire : les guerres en Yougoslavie, au Rwanda, au Soudan, au Congo, en Afghanistan, en Irak (j'en oublie sans doute, nous oublions tout), les attentats islamiques un peu partout, même à Londres, à Madrid (il veut des détails), à Moscou, Ben Laden introuvable, les massacres impunis du Cambodge, la naissance unanimement souhaitée et obstinément reportée d'un État palestinien, l'élection aux États-Unis d'un président à demi noir, beau parleur et plutôt sexy, mais déjà publiquement détesté, les mystères persistants de l'argent, la crise de 2008, par exemple, où l'on vit des employés de banque, à New York, sortir en panique de leurs bureaux en emportant dossiers et ordinateurs, comme d'un paquebot qui coule, pour apprendre quelques mois plus tard que ces mêmes banques, à cette occasion, avaient ramassé des milliards de dollars dans les poches mêmes qu'elles venaient de vider, les musulmans massacrant d'autres musulmans au Pakistan, des chrétiens en Irak, les Israéliens écrasant vainement Gaza, les manifestations vertes à Téhéran, rouges à Bangkok, les troubles à...

— Arrêtez ! Arrêtez !

Il a tenté de m'écouter, mais trop, c'est trop. Ce monde en accéléré l'étouffe. Il agite sa main droite. Je me tais. Il respire un peu.

— Ce que vous me racontez, à toute vitesse, me semble une caricature de l'histoire. Vous jetez des événements dans un panier, ou dans un sac, vous secouez, vous tirez au hasard. On dirait un loto. Vous avez joué au loto ?

— Oui, il y a longtemps.

— On ne sait jamais ce qui va sortir. Mais ce sera toujours un mauvais numéro.

— Il y en a qui gagnent.

— Qui gagnent quoi ?

Je n'ai pas de réponse, et il le sait.

Il me semble réfléchir pendant une dizaine de secondes, les yeux mi-clos, puis il me dit :

— J'ai retenu deux choses de votre chaos. Vous m'avez dit : un président noir en Amérique ?

— À demi noir.

— C'est un désastre.

— Pourquoi ?

— Vous ne connaissez pas l'Amérique. C'est le pays le plus moderne et le plus arriéré du monde, mon cher ami, le plus violent, le plus rudimentaire. N'importe quelle peuplade amazonienne est plus civilisée que le Middle West. Ce sont des gardiens de vaches analphabètes.

Je lui rappelle tout le plaisir que nous avons pris, lui et moi, ensemble ou séparément, à vivre et à travailler aux États-Unis. Il n'en disconvient pas. Après quoi, pour information, je lui dis quelques mots du Tea Party qui rassemble, à ce que nous en voyons, la fine fleur de la crétinerie d'outre-Atlantique. Il se montre à peine surpris.

— Je vais même vous dire plus : ces gens-là gardent une arme lourde dans chaque tiroir et ne rêvent que d'assassiner le reste du monde.

— Quel rapport avec leur président ?

— Mais élire un Noir, c'est une provocation pour les imbéciles ! Des racistes qui élisent un Noir ! Mais ils sont malades ! Cette élection va tout envenimer, et vous verrez le Mississippi charrier du sang. Un président noir ! Pourquoi pas pédéraste et athée ?

— On va le tuer ?

— Pas seulement lui ! Attendez-vous à une grandiose hécatombe américaine ! Je la vois d'ici…

Il sourit largement, mais d'un sourire plutôt grave, et même attristé, en disant encore :

— Et c'est un pays qui possède l'arme nucléaire, ne l'oubliez pas.

— Ils pourraient s'en servir contre eux-mêmes ?

— Les fascistes et racistes américains n'hésiteraient pas une seconde. L'Amérique s'autodétruira, je vous le prédis. Je vois très bien le Michigan atomisant la Californie. Vous voulez parier ?

La prophétie enregistrée (nous verrons bien), je laisse passer un court moment et je demande :

— Et la seconde chose que vous avez retenue de mon exposé ?

— C'est à propos de la Chine. Je vais certainement vous surprendre, mais si j'en crois ce que vous dites, et ce que je lis ici et là, la Chine a réalisé le paradoxe de Salvador Dalí.

— Quoi ? Lequel ?

— La méthode paranoïa-critique.

— Vraiment ?

— Réfléchissez un peu. D'un côté vous avez une idéologie puissante, indiscutable, un pouvoir fort, auquel personne ne peut s'opposer, et de l'autre côté l'entière liberté de gagner de l'argent.

— Les deux forces fondamentales.

— Exactement. Les deux forces qui sont contraires l'une à l'autre, et qui n'ont pas cessé de se déchirer depuis des siècles, enfin réconciliées, accouplées même. *Stupendo* ! La dictature et la liberté ! Les deux ensemble ! Vous comprenez ce que je vous dis ? Mais c'est le rêve ! Le plus ancien, le plus récurrent des rêves humains !

— La Chine serait donc un pays surréaliste ?

— Mais oui ! Le seul, peut-être. Salvador y courrait, s'il était encore vivant !

— Il y ferait fortune.

— Il y serait divinisé.

Nous restons un moment sur cette image, qui vient de surgir entre nous : la tombe de Salvador Dalí en Chine. Serait-il enfoui dans quelque cavité profonde et tenue secrète, avec inscriptions énigmatiques, girafes, rhinocéros et parfums rares, avec même des serviteurs de marbre, habillés en hommes d'affaires à tiroirs ? Érigerait-on sur cette tombe une antenne parabolique universelle, nommée Gala, en forme de moustache noire, effilée et pivotante, pouvant communiquer avec les espaces lointains ? Ou bien l'incinérerait-on, pour donner ses cendres à manger, parcimonieusement, aux poissons carnivores du bassin doré de la plus grande banque chinoise ?

Nous nous amusons un moment, comme autrefois. Ces séances d'improvisation pouvaient parfois durer une heure, ou plus, avec des pauses. Elles servaient à maintenir nos têtes en alerte, à les entraîner, pour ainsi dire. Chaque jour, nous nous accordions une demi-heure de solitude, dans nos chambres, vers la fin de l'après-midi. Pendant ces trente minutes, nous nous donnions l'obligation d'inventer chacun une histoire, ou du moins une situation nouvelle, un épisode, une action. Cela pouvait être gai ou triste, bref ou long, en rapport avec le scénario du moment, ou non. Il ne s'agissait que d'entraîner ce muscle bizarre, que nous appelons imagination ; de lui éviter de se racornir et de s'endormir. « Notre cerveau a toujours sommeil, me disait Luis. Méfiez-vous. »

La demi-heure accomplie, nous nous retrouvions au bar – silencieux, désert, confortable, obligatoirement sans musique – et nous devions raconter l'un à l'autre ce que nous venions d'inventer. Quand j'entrais dans le bar, Luis était déjà là, le plus souvent. Je le revois, par exemple, dans l'hôtel du Paular, en Espagne, assis devant la reproduction d'un moine gris de Zurbarán. Il me faisait signe de loin, le pouce tourné vers le sol pour m'indiquer que son idée ne valait rien, ou au contraire souriant, l'œil vif, le verre en main, et me faisant signe : « Venez vite, vous allez voir, j'ai quelque chose… »

Je retrouve dans le caveau des bribes de ces souvenirs-là, qui me manquent tant.

Comme j'aimerais travailler encore. Avec lui. Une fois, au moins.

La tombe chinoise de Salvador Dalí. D'une tombe à l'autre. Je ne me rappelle même plus tout ce qui nous passa par la tête, ce soir-là. Je n'avais pas le temps de noter, mais nous avons ri.

Luis travaillait au musée d'Art moderne, à New York, lorsque parut un livre de Dalí où celui-ci écrivait, très innocemment, et sans mauvaise intention sans doute, que Buñuel était athée. Lorsque Luis arriva au bureau, peu de jours après la parution du livre, il vit ses collaborateurs en larmes. Pour eux, très clairement, et malgré l'apparente modernité de l'Amérique, il y était impossible d'être athée. Religion obligatoire. Sinon, il était inconcevable d'obtenir un poste dans une institution, quelle qu'elle fût. Luis devait donc démissionner, ce qui rendait sa situation matérielle très difficile.

Furieux, il décida d'aller casser la figure de Dalí et se rendit à son hôtel. Mais les deux hommes, qu'unissaient trente années d'amitié, de travail en commun, de souvenirs, de rêves échangés, se mirent à boire, et Luis garda ses poings dans ses poches.

De ce jour, cependant, il cessa de voir Dalí, de lui parler, de lui écrire – séparation que l'attitude de Dalí à l'égard du franquisme allait rendre, pour Luis, de plus en plus facile, encore que Buñuel considérât que Dalí constituait, pour Franco, « un supporter plutôt encombrant ». N'avait-il pas proposé au régime d'élever tous les dix kilomètres, entre le palais de l'Escurial et Madrid, des tas d'ossements, ceux des morts de la guerre civile ?

Mais Dalí ne se considéra jamais comme « fâché ». Il écrivait à Luis, lui envoyant même des dessins, des affiches. Lorsque *Belle de jour* remporta le Lion d'or au festival de Venise, le premier télégramme de félicitations, que Luis trouva glissé sous la porte de sa chambre, en rentrant, au milieu de la nuit, était signé Dalí – j'en suis témoin. Et ainsi de suite. Un jour où nous travaillions face à face, à la Torre de Madrid, on lui apporta un autre télégramme, venant de Cadaquès, et rédigé (snobisme) en français. Le télégramme, que Luis me tendit après l'avoir lu, disait : « J'ai, pour la suite d'*Un chien andalou,* des idées qui te feront pleurer de joie. Viens immédiatement à Cadaquès, sinon je viens à Madrid. Salvador. »

Luis haussa les épaules, sourit, non sans quelque tristesse cachée, je pense, et répondit, le jour même, par un télégramme (en espagnol) qui disait : « *Agua pasada no rueda molino. Luis.* » En français : « L'eau passée ne fait plus tourner le moulin. »

La chose en resta là. Mais il arrivait à Luis de me dire, dans les années suivantes, en riant : « Aujourd'hui, vous allez voir, j'ai des idées qui vous feront pleurer de joie. »

Plus tard, lorsque le Centre Beaubourg, à Paris, organisa une importante rétrospective Dalí, celui-ci fit demander à Luis de prêter, à cette occasion, le portrait de Buñuel qu'il avait peint jadis, au temps de leur jeunesse madrilène.

Luis, que je vis à Mexico, ne savait que faire. Accepter ou non ? Incapable de décider. La tentation restait forte de revoir son illustre et fantasque compagnon, mais la répugnance demeurait. Connaissant un peu Dalí, je jouai l'intermédiaire. Luis trouva une excellente excuse : le tableau n'était pas signé. Le fait de figurer dans la rétrospective officielle l'authentifierait. Ainsi fut fait.

À la faveur de l'inauguration, je pus les convaincre l'un et l'autre de venir déjeuner chez moi, à Paris, pour des retrouvailles historiques. Pour Luis, ce ne fut pas facile, mais il accepta. Trois semaines avant le jour fixé, ils tombèrent assez sérieusement malades, tous les deux. Ils durent regagner l'un Mexico, l'autre Cadaquès. Ils ne se revirent jamais.

— Rien de neuf sur les animaux ?

— Que voulez-vous dire par « neuf » ?

— Des espèces apparues ? D'autres disparues ?

— Disparues, lui dis-je, oui, probablement. On dit même que, parmi les insectes, il en disparaît chaque jour, avant même que nous ayons pu les connaître. Mais des espèces nouvelles sont-elles apparues ? Je ne pense pas. En réalité, il ne se passe pas grand-chose dans l'histoire des animaux, croyons-nous savoir. Nous avons fait de l'évolution notre chasse gardée, notre territoire exclusif. Nous ne le partageons pas avec le reste du vivant. Nous nous disons les seuls à vivre dans la flèche du temps. Les autres restent figés, ils ne bougent plus. Nous sommes les seuls à détruire et à inventer, les seuls à occuper l'histoire.

Les animaux ont été un de ses supports de méditation, depuis son enfance, depuis ses études d'entomologie. Depuis l'âne mort d'*Un chien andalou* et les scorpions du début de *L'Âge d'or*, les critiques ont souvent parlé de son « bestiaire », qui n'était ni obsessif ni systématique. Mais il est vrai qu'il pouvait observer une mouche, ou un défilé de fourmis, pendant des heures, comme s'il pénétrait par effraction dans un autre monde. Les insectes, surtout. Ce cerveau collectif, ces destinations secrètes, ces décisions communes qui toujours nous échappent. Une merveille à portée de l'œil, de la main. Il disait : « L'homme est le seul animal qui ne peut pas vivre tout nu. Il a besoin de chaussures, de vêtements, et d'idées. » Je lui objectais les climats, les mœurs. Il ne me répondait que par un geste du bras, comme pour chasser ce que je disais. « Les bêtes nous survivront, de toute manière. Certaines d'entre elles, en tout cas. Des insectes, que peut-être nous ne connaissons même pas, se montreront plus résistants que nous. Nous ne sommes qu'une maigre tempête passagère. Une intelligence égarée. »

À certaines allusions rapides, qu'il me fit quelquefois, je crois que le spectacle des animaux lui permettait d'oublier sa pensée, de sortir de nos structures habituelles, que nous projetons malgré nous sur toute méthode d'oubli. Il détestait l'idée d'un gourou, qui s'installerait en maître de notre esprit, qui en disposerait selon ses propres habitudes, qui nous guiderait dans une direction choisie par lui, qui nous enseignerait comment ne rien savoir.

De toute manière, l'idée de s'inscrire dans le sillage d'un « maître » lui répugnait, et plus encore l'idée d'en devenir un lui-même. Un maître, oui, à la rigueur pour un artisan. Mais un « maître spirituel » ! Un « directeur de conscience » ! Quelle horreur, quelle canaillerie (un mot qu'il adorait) ! Il disait s'en protéger de toutes ses forces, rejeter toute adoration, et tous les honneurs, et toutes les marques de respect. « Je n'ai aucun conseil à donner, disait-il. Je ne crois en rien, je n'adhère à rien et je m'efforce d'en savoir le moins possible. »

L'idée de devenir à son tour une référence l'épouvantait. Un cercle autour de lui, écoutant sa parole : l'imposture, l'enfer. Une mouche sur un coin de table – sur laquelle je vois encore son regard se poser – lui apportait le vide recherché, la paix précieuse. Au moins, elle n'avait pas besoin de ses leçons.

Il me disait : « Au début, oui, je vois ses ailes et ses pattes, j'en connais le nombre, je les compte, je vérifie, j'observe ses yeux, quelquefois même avec une loupe, mais assez vite je ne me fixe sur rien que sur ce mouvement incompréhensible, ces sursauts, ces froissements, cette rapidité inimaginable dans la perception d'un danger, cette fragilité complexe et magnifique, ces parcours inconnus. Alors, sans aucun effort, j'en viens à abandonner tout sentiment de surprise ou d'admiration, mon esprit s'est transporté dans un autre lieu, je suis quelque part en train de penser, mais je ne sais pas où, toute ma tête est creuse, elle n'a pas de fond, pas de couvercle, je suis devenu cette mouche. »

Marco Ferreri et Marcello Mastroianni, qui avaient fait dix-sept films ensemble, possédaient l'un et l'autre un appartement à Paris. Vers la fin de leur vie (ils moururent à quelques mois d'intervalle), ils se réunissaient, une fois ou deux par semaine, généralement chez Marcello, rue de Seine. Ils s'asseyaient devant la télévision, se tenant parfois par la main, et regardaient, pendant deux ou trois heures, en coupant le son, des films d'animaux. Rien d'autre. Je les ai vus plusieurs fois ainsi. Marcello me confia un jour que, des hommes, ils pensaient avoir tout vu, tout montré. Plus rien ne pouvait les surprendre, les séduire. Les animaux demeuraient créatures de rêverie, inépuisables.

Par le simple fait qu'ils étaient vivants. Juste vivants.

Luis aurait apprécié, j'en suis sûr, cette attitude. Marcello me dit un jour, alors que Marco s'en allait : « Ce que j'aime, avec Marco, c'est qu'il ne parle pas. » Goût du silence, aussi. Du beau partage.

Luis était l'aîné de sept frères et sœurs. Cette famille, à ce niveau de génération, s'unissait autour d'un animal totémique, l'araignée. Et cette passion, faite d'attirance et de répulsion poussées jusqu'à l'extrême, s'est transmise à la génération suivante. En famille, à l'occasion d'un repas par exemple, la conversation conduisait sans faute à quelque histoire d'araignée. « L'autre jour, dans la salle de bains, je sortais de la douche, elle était là, monstrueuse, avec des pattes comme un crabe équatorial, des poils rouges, elle me regardait fixement… » Et tous de frémir d'épouvante, de se cacher le visage dans les mains, de quitter quelquefois la table, et même de s'évanouir. Vite une carafe d'eau fraîche.

Entre nous deux, il ne passait pas une journée sans une aventure d'araignée, la plupart du temps imaginaire. La description de « l'araignée monstrueuse » constituait un exercice récurrent. Luis y excellait. Il me disait, avec toutes les traces d'une émotion profonde, qu'il avait surpris quatre araignées en train de prier autour du cadavre d'un hanneton, près d'un calvaire, d'autres qui, sans musique, dansaient au clair de lune dans la campagne du Michoacán, d'autres qui négociaient avec des rats le cadavre d'un hérisson, une autre enfin, de très grande taille, qui portait des vêtements épiscopaux et semblait lancer des anathèmes (de celle-ci, il me fit un dessin). Il connaissait des araignées marchandes, des araignées monacales, des araignées athées, d'autres qui tramaient des complots, d'autres qui parvenaient à convoquer le Diable (mais dans certaines occasions, seulement). Il était capable d'acheter au bazar une araignée en matière plastique, hideuse, jaune et rouge, et de la mettre dans les toilettes pour faire peur à Jeanne, son épouse (qui en avait vu d'autres).

D'ailleurs, quand quelqu'un demandait à Jeanne si son mari était aussi cruel qu'on le disait, elle répondait : « Quand il faut tuer une araignée, il vient me chercher. »

Il a longtemps songé à tourner un film, ou une séquence dans un film, où des personnages humains se conduiraient comme des animaux. Il y avait travaillé avant notre rencontre, nous y avons travaillé ensemble, à plusieurs reprises, mais sans jamais atteindre cette ambiguïté acceptable – tout en restant énigmatique – que nous recherchions. De la même manière que nous prêtons toujours aux animaux des sentiments humains (car nous n'en connaissons pas d'autres), il voulait donner aux hommes, et aux femmes, mais sans les déguiser, des sentiments, des gestes, des habitudes d'animaux ; entretenir une confusion, dénaturer le monde connu, là encore. Ainsi, une femme piquait les passants avec un dard, une autre poussait sur un trottoir une grosse boule de nourriture, un homme et une femme s'avançaient en zigzag, accolés, d'autres s'accrochaient à des arbres, au soleil, et chantaient à perdre le souffle, toujours le même air. Dans les jardins publics, des hommes se livraient à une multitude de parades nuptiales, gloussaient, tapaient des pieds, chantaient. Leurs cheveux se dressaient.

Mais comment ne pas faire un film d'« imitation », où tout serait factice ?

J'ai perdu mes notes et mes dessins, qui couvraient des pages. Bien entendu, des araignées traînaient par là, tapies au fond de je ne sais plus quelles toiles humaines, à l'affût des passants.

Il me racontait avec ravissement, comme il l'a fait dans *Mon dernier soupir*, un récit que lui fit André Breton au retour du voyage au Mexique où il rencontra Léon Trotski. Celui-ci caressait un chien, assis auprès de lui. Trotski demanda soudain à Breton : « Vous ne trouvez pas que ce chien a un regard humain ? » Et Breton, parlant à Buñuel, d'exploser : « Comment un homme comme Trotski a-t-il pu dire une imbécillité pareille ? Un chien a un regard de chien, un point c'est tout ! »

Il l'a dit souvent : le livre qu'il aimait par-dessus tous les livres, lu et relu dès sa jeunesse, c'était les *Souvenirs entomologiques* de Jean-Henri Fabre, en dix volumes. L'observation patiente et silencieuse d'un insecte suffisait à sa vie. Pourquoi chercher ailleurs d'autres merveilles ? demandait-il. Il suffit de partir à pied dans les collines de Provence, ou d'ailleurs, avec une loupe et un carnet de notes. J'avais souvent l'impression que, dans sa conduite ordinaire, dans ses silences, et jusque dans ses moments de solitude, il tentait de trouver en lui cette part animale, instinctive, que nous sentons ressurgir quelquefois mais que, la plupart du temps, nous avons étouffée et perdue. Il essayait de « perdre la raison », comme nous disons en parlant des fous, mais pour percevoir d'autres appels, d'autres murmures, qui d'ordinaire sont arrêtés et menottés par nos gendarmes. Assis en face de lui, ou me tenant à son côté pendant les repas et les promenades, il me semblait percevoir par moments ces mouvements venus d'une autre individualité vivante. Une nostalgie sporadique du sauvage.

Et cela se sentait dans le travail, toujours. L'animal, dont il pressentait la présence dans la « nouvelle espèce » qu'il annonçait parfois, était toujours là, prêt à bondir ou à se faufiler. Pendant l'écriture du *Journal d'une femme de chambre*, nous pataugions un jour dans une scène de repas, qui nous semblait nécessaire autant qu'ennuyeuse. Comment l'animer, l'agiter ? Soudain, il me proposa, en faisant le geste : « La maîtresse de maison prend un morceau de pain sur la table, elle se détourne, se penche, fait psst psst du bout des lèvres, nous découvrons à ce moment-là un gros sanglier couché à ses pieds, et elle lui donne le bout de pain. »

Un gros sanglier dans une maison bourgeoise, l'idée me plut. Je le lui dis. Tout aussitôt, il secoua la tête et me dit : « Mais non, que vous êtes bête, c'est impossible. — Et pourquoi ? — Parce que, à partir de cette image-là, les spectateurs ne penseront plus qu'au sanglier ! Ils oublieront la scène ! Ils se demanderont : alors, on le revoit quand, le sanglier ? »

Le cinéaste reprenait le dessus sur l'animal. Il en était souvent ainsi dans sa démarche imaginative. J'étais frappé par la vitesse de ses associations neuronales, par la présence constante, au même instant, dans son cerveau, de la surprise et de la raison. Un jour, il me dit même, dans une seule émission de voix : « J'ai une bonne idée… mauvaise. »

Mouvement de l'esprit plus rapide que les mots. Et je n'ai jamais su de quelle idée il s'agissait.

Cherchant à tout prix du nouveau, je lui appris, un soir, au cours d'une de mes visites, que des oiseaux réputés sauvages viennent s'installer, de plus en plus nombreux, dans les grandes villes, pour y trouver davantage de nourriture et de sécurité. Ainsi, nous rencontrons à Paris de plus en plus de corneilles (celles qui envahissaient le film de Hitchcock, *Les Oiseaux*), mais aussi des perruches, des serpents, des éperviers, entre autres, et même un couple de martins-pêcheurs dans la Seine, près de Bercy. Une vie sauvage dans Paris ? L'idée lui plaisait.

— Ils se préparent pour la fin, me dit-il, ils se partagent déjà la ville.

Je lui parle aussi d'une visite que je fis récemment dans un centre scientifique fort pointu, à Saclay. Cela s'appelle Neurospin, et de jeunes spécialistes, au demeurant fort aimables (et apparemment compétents), y étudient le fonctionnement de notre cerveau grâce à des ondes magnétiques ultrapuissantes. Un d'eux nous dit qu'il y avait là, tout à côté, des singes, qui allaient en classe tous les jours, avec ordinateurs et calculettes. Il ajouta que quelques-uns d'entre eux parvenaient à battre des humains dans certains jeux électroniques.

— C'est le progrès, me dit Luis. Nous finirons singes, comme nous avons commencé. Bien fait.

Si je pense à ses films, l'image animale qui me reste est celle de l'autruche, à la fin du *Fantôme de la liberté*. Derrière les barreaux d'une cage du Jardin des Plantes, à Paris, elle est là, elle regarde. Nous entendons – mais rien n'est montré – des manifestations, des cris, une révolte réprimée. Les animaux capturés, prisonniers, sont-ils entrés en rébellion ? Nous ne le savons pas. Mais le préfet de police s'est déplacé en personne.

Le film se ferme lentement sur l'image oscillante de cette autruche qui regarde, hautaine, ne daignant même pas comprendre, les agissements énigmatiques des hommes.

J'ai essayé de lui parler des prêtres, du clergé, de la pédophilie ecclésiastique récemment révélée –, mais cela ne l'intéresse guère. Anecdotes, surface. Athée profond, solide, il n'a jamais plongé dans la polémique, qu'il estimait superficielle et sans effet. À quoi bon se battre, ou même se disputer, pour des fantômes ? Ou pour des domestiques de fantômes ?

Il bavardait volontiers avec des prêtres et des moines, comme nous le fîmes à plusieurs reprises dans le monastère du Paular, accolé à l'hôtel, où nous étions invités à déjeuner une fois par semaine. Il s'amusait quelquefois, jouant de sa réputation, à passer pour un anticlérical forcené, ce qu'il n'était pas. Il me disait à voix basse en entrant dans le réfectoire des moines : « J'ai l'impression que je sens le soufre. » Mais cela n'allait pas plus loin. À l'opposé de Benjamin Péret, qu'une photographie montre insultant un prêtre dans la rue, et de quelques autres surréalistes, il était plutôt bienveillant, et même parfois compatissant. Il lui arrivait de dire : « Les pauvres, qui ont renoncé à vivre. »

Il ne s'excita – et encore, pour en rire – que lorsque je lui parlai de ce prélat mexicain, Marcial Maciel, décédé depuis peu. Fondateur d'un ordre fanatisé, composé de « légionnaires du Christ », il était en réalité un vaurien débauché, sodomite et corrompu, la honte noire de l'Église. Il réussit, croit-on, à tromper quatre papes successifs.

— Merveilleux, me dit Luis. Encore un personnage que nous n'aurions pas osé imaginer.

— Il me rappelle un peu Ambrosio, dans *Le Moine*, qui finissait pape, au balcon de la place Saint-Pierre. Quel beau masque, quand on y pense !

— Tous les Mexicains sont nés masqués. Et il leur arrive d'enfiler encore d'autres masques, tout au long de leur vie. Des dizaines, des centaines de masques. Quand ils s'en débarrassent, ils ne savent pas où s'arrêter, ils ne se reconnaissent plus.

— Quel masque portez-vous ?

Il ne répond que d'un geste, comme pour dire : vous le savez bien. Ou bien : comme si j'étais mexicain !

Et puis il me dit :

— Vous le savez bien. Mon masque mortuaire.

Son excitation et son rire – quelques instants – s'effacent vite. Pourquoi s'étonner des agissements de certains prêtres ? Des hommes comme les autres. Ne pas oublier que les Borgia, qui eurent un pape dans leur famille, étaient espagnols.

En tout cas, rien de nouveau. Sous les soutanes, des sexes rêvent, et depuis longtemps. Pourquoi m'a-t-on oublié, insulté et abandonné ? Pourquoi Dieu m'a-t-il placé là, entre deux cuisses ? Pourquoi ces testicules sans avenir ? Pourquoi suis-je condamné au martyre du vain désir ?

Tout cela n'est sans doute que surface, agitation d'un jour. La pédophilie des prêtres ? Et alors ? Passage. Toujours cette méfiance à l'égard de l'information, ce besoin malsain, vainement combattu, de connaître les événements du moment, de dévorer « ce qui arrive ». Cet éparpillement dans les faits. Cette peur haletante de passer, par inadvertance, à côté d'une épouvante, ou même simplement d'une inquiétude. Nous sommes au monde pour nous renseigner. Il existe un « droit à l'information ». Et nous pouvons nous y noyer, y disparaître.

Et aussi un droit à la sécurité, une garantie de bien-être, de protection contre toute alarme. Nous l'évoquons au passage.

— Ça a commencé depuis longtemps, me dit Luis. Et ça ira loin. Vous verrez, bientôt, quand vous sentirez le commencement d'une grippe, vous appellerez votre avocat.

Sans doute est-il là, caché, ce sentiment de répulsion que Luis disait éprouver, depuis longtemps, à l'égard des révélations et promesses de l'« actualité », contre lequel il avait lutté lui-même sans aucun succès. Ne pas se noyer dans la liste des événements qui demain seront retournés à l'oubli, comme l'attentat à la bombe, jadis déjà, contre le Sacré-Cœur de Montmartre, ou comme le volcan d'Islande, plus près de nous. Résister à la tentation, à la séduction des gestes et des actions du jour, de l'écume. Ne pas ouvrir le journal, ne pas écouter la radio, la télévision. Et aujourd'hui, naturellement, Internet, immense fleuve de trépidation et d'oubli. Nous y sommes devenus maîtres de l'événement, nous pouvons annoncer n'importe quoi, refaire chaque jour le monde, ou le défaire. Inventer des amis, les trahir et les perdre. Bientôt les tuer, peut-être.

Les faits du jour et les garanties de demain : aucun intérêt. Et même : aucune réalité, désormais. Les faits nous masquent probablement le réel. Ce qui importe, au fond, c'est ce qui ne se passe pas, ou en tout cas ce qui ne se voit pas, ce qui ne se dit pas, le mouvement invisible, de plus en plus invisible, des choses et peut-être aussi des êtres, notre imperceptible et constante métamorphose.

Précisément, le Mexique. Nous n'en avons pas parlé, jusqu'à maintenant. Ces guerres de gangs de la drogue, dans le Nord, ces massacres répétés, ces *narcos* insolents, impunis, et surtout ces femmes tuées sans aucune raison, dans la région de Ciudad Juarez, et même ailleurs. Il lève sa main gauche et la laisse retomber en disant :

— Les Mexicains sont comme tous les autres, trop nombreux.

— Il doit y avoir d'autres raisons.

— Des raisons de surface, vous en trouverez toujours. La vraie, si vous creusez un peu, c'est celle-la.

— Ce pays, vous l'avez aimé, pourtant ?

— Beaucoup. D'ailleurs, je suis devenu mexicain. Il y avait sur cette terre quelque chose d'irrationnel, qui venait sans doute de loin, de très loin. Et qu'on ne trouvait que là.

— Vous avez raconté qu'en arrivant de Los Angeles, à la fin de la guerre, vous aviez vu, à Mexico, deux aveugles, dans une rue, qui se masturbaient l'un l'autre. Et que cette image vous avait décidé à vous installer là. Vous pouvez me l'avouer, maintenant : ces deux aveugles, vous les avez rêvés ? Imaginés ?

— Je n'en sais plus rien. Les sourds ont une façon particulière de voir les aveugles. Ce que je sais, en parlant du Mexique, c'est que je n'étais pas le seul à subir cette séduction. Breton l'avait profondément aimé.

— Au point d'organiser à Paris la première exposition d'art mexicain, avec des objets anciens, des ex-voto et même des toiles de Frida Kahlo.

— Artaud était venu lui aussi, ou je me trompe ?

— Il est venu, il a écrit *Les Tarahumaras,* rappelez-vous. Et Benjamin Péret a vécu au Mexique. Assez longtemps. Vous avez dû l'y rencontrer.

— Sûrement.

— Vous vous souvenez d'Alatriste ?

— De qui ?

— De votre producteur. Alatriste.

— Ah oui ! Gustavo ! Comment il va ?

— Il est mort, lui aussi.

— Ah.

Un des personnages les plus étonnants qui aient croisé notre chemin. Un nouveau riche, fils d'un *gallero*, d'un organisateur de combats de coqs, et lui-même propriétaire de coqs redoutables, dont il disait qu'ils pouvaient mettre un lion en fuite, ce de quoi nous doutions.

Gustavo Alatriste fit fortune dans la presse populaire et dans le cinéma. Il possédait, au Mexique, trente-cinq salles. Ce même homme pouvait s'enfermer pendant deux heures dans un placard pour ne pas payer deux cents pesos qu'il devait à une modeste employée. Coproducteur de *Viridiana*, puis de *L'Ange exterminateur* et de *Simon du désert* (dont il n'assura pas le financement jusqu'au bout), il accablait Luis de montres de luxe, de briquets à diamants, de vêtements chers, de voitures. Et il négligeait parfois de le payer.

Il fut un homme beau, élégant, très habile parleur, avec quelque chose des années 1930, capable de réserver, pour lui-même et Luis, toute la salle du restaurant le plus huppé de Mexico, et de payer pour le reste. Il épousa plusieurs femmes très belles, parmi lesquelles la chanteuse et comédienne Silvia Pinal (*Viridiana*), et se montra, chaque fois, férocement jaloux. Il fit même plusieurs films comme réalisateur, « pas si mal que ça », disait Luis. Un de ces films se passait dans les bas-fonds, dans les quartiers les plus pauvres de Mexico. Inspiré par *Los Olvidados*.

Un de ses journaux, qui s'appelait *Sucesos* (« Faits divers »), se mit brusquement à taper dur sur les Américains. Le gouvernement mexicain intervint comme médiateur. Alatriste dut recevoir des délégués américains dans son bureau, pendant une heure. En sortant, il réunit tout son personnel et leur dit : « Un moment. » Tout le monde se tut, écouta. « À partir d'aujourd'hui, leur dit-il, plus un mot contre les Américains. » Et il rentra dans son bureau.

On lui obéit, sans questions.

— Il disait que le pouvoir est fait pour qu'on en abuse. Vous vous en souvenez ?

— Oui, vaguement. Le personnage, je ne sais pas pourquoi, me plaisait.

— Il s'était fait construire une maison somptueuse, dans la région de Guanajuato.

— Avec dix-huit salles de bains, je me rappelle. Oui, dix-huit. Je lui disais : une pour chaque partie de ton corps.

— Et il eut une fille qu'il appela Viridiana.

— La pauvre.

Un jour, à Madrid, alors que nous déjeunions tous les trois, il demanda à Luis s'il est possible de reconnaître les aristocrates, en Europe, à quelque signe physique, corporel. « Par exemple, Luis, est-il vrai qu'ils ont le sang bleu ? »

Luis lui répondit négativement, et je fis de même. Alatriste insista : « Tu es sûr ? »

« Gustavo, lui dit alors Buñuel, je te le jure. »

J'apprends à Luis que j'ai rencontré Silvia Pinal à Mexico, deux ans plus tôt. Très bien tenue, élégante, sa belle voix rauque. À plus de quatre-vingts ans, elle joue encore au théâtre, tous les soirs.

Au Mexique, Luis adorait les histoires de *ballazos*, de coups de feu, d'assassinats rapides et gratuits, pour un oui, pour un non. Il en racontait sans cesse et il fit même un film, *El Rio y la muerte*, qui tournait autour de cette mort mexicaine – facile à donner comme à recevoir. Un film qui n'eut aucun succès. Luis disait : « Au Mexique, il paraît banal. Ailleurs, il passe pour une caricature. »

Parmi les histoires que Luis aimait raconter, je retiens celle d'un homme de bonne compagnie qui revenait de Toluca par l'autoroute, et qui dit : « Tout à coup, j'ai vu des gens qui faisaient de l'auto-stop. J'ai tiré deux fois par la portière, quelqu'un est tombé, je ne sais pas si je l'ai touché, mais vraiment il est devenu impossible de rouler la nuit au Mexique. »

Rapports du Mexique et de la mort. C'est le moment ou jamais d'y revenir. Un Mexicain n'est jamais tout à fait vivant, ni tout à fait mort. Vivant, il se voit, il se représente déjà sous les traits d'un squelette, d'une *calavera*. Qu'il soit notable, général, paysan, danseuse, musicien ou amant, il vit sous la forme d'un mort. J'ai même trouvé, dans un marché de Mexico, la statuette populaire d'une femme squelette accouchant d'un bébé squelette.

Impossible de s'y tromper. Tous les vivants sont des morts vivants.

Et le contraire est vrai. Mort, le Mexicain revient, une fois par an, début novembre, pour participer à la grande fête. La famille s'installe autour de sa tombe, avec nourriture et boissons, et lui parle, lui donne des nouvelles du village, des voisins, du pays, et même du gouvernement.

Au fond, n'est-ce pas ce que je suis en train de faire, depuis quelques mois ? Est-ce que, sans le savoir, à Paris, au beau milieu du cimetière Montparnasse, j'accomplirais un rituel mexicain ?

Je lui rappelle quelques autres personnages, qui le surprirent, l'acteur-chanteur Jorge Negrete, qui joua dans le premier film mexicain de Luis, *Gran Casino* (« un échec mérité », disait-il, qui le laissa deux ans sans travail). Negrete, une vedette d'extrême importance, ne se déplaçait qu'à cheval, habillé en *charro* mexicain et suivi d'un écuyer. Avant de se mettre à table, où que ce fût, il récitait le *Benedicite.*

Il y eut aussi Victor-Manuel Mendoza, qui joua dans *Suzannah*, nationaliste illuminé qui fit un jour le tour de la place de la Concorde à cheval (les passants pensèrent qu'il s'agissait d'un cirque). L'arme à la main, devant les studios de Billancourt, il obligea tout un groupe de personnes à crier *Viva Mexico !* À la fin du tournage, toujours sous la menace d'une arme, Luis dut admettre qu'il était (lui, Buñuel, et non pas l'acteur) un génie. Ce qui fut reconnu sous la contrainte.

Le plus étonnant de ces personnages, qui s'incorporaient à la mythologie personnelle de Luis (lequel s'adonnait lui-même au tir, non sans adresse), fut Emilio « Indio » Fernandez, acteur et metteur en scène, qui tua carrément trois hommes (sans compter les blessés) et fit trois fois de la prison. Auteur de *Maria Candelaria*, de *La Perla*, il fut la plus grande figure du cinéma mexicain dans les quinze années qui suivirent le fin de la guerre.

Il ne se déplaçait jamais sans un .45, cran de sûreté relevé. Totalement alcoolique (une bouteille de cognac mexicain par jour) et mythomane, il racontait volontiers qu'un jour, à Madrid, Franco, entouré de son escorte de cavaliers maures, s'était arrêté devant son hôtel pour lui parler et l'inviter à déjeuner le lendemain. Selon les jours, Franco lui aurait parlé d'en bas, de la rue, Emilio restant sur son balcon. D'autres fois, Franco serait descendu de cheval et l'aurait attendu dans le hall. « Il voulait me parler des rapports du Mexique et de l'Espagne, disait Emilio. Malheureusement, le jour suivant j'étais pris, je n'ai pas pu y aller. »

Il affirmait aussi qu'il avait violé une jeune nonne dans un couvent voisin de sa maison, à Mexico. « Le lendemain, disait-il, elle est venue d'elle-même, en souriant. Le troisième jour, elle a sonné à la porte. »

Luis était attiré par ce personnage (que je n'ai pas connu). Il le visitait une fois par an et se laissait aller à partager son cognac, ou autre chose. À la fin d'une de ces visites, Emilio lui donna – de force – un rifle, un chapeau « authentique de la Révolution », un foulard, une cartouchière, et, ainsi affublé, Buñuel rentra chez lui, à l'étonnement de sa femme.

Il le vit pour la dernière fois en prison, très luxueusement installé.

Luis aimait ces personnages excessifs, même s'ils pouvaient être dangereux. Il racontait assez souvent l'histoire (vraie ?) de ce Brésilien qui entre dans un restaurant en dehors des heures des repas. On lui dit qu'il n'y a rien à manger. Il s'énerve, se coupe une oreille et la dévore, crue.

Il aimait aussi ces deux enfants aragonais qui se disputent, se battent, s'insultent. « Ta mère est une chienne, une salope ! dit l'un. Et la tienne est une putain ! lui répond l'autre. Et ton père est cent fois cocu, et ceci, et cela. » Un passant, étranger au pays, veut les séparer. « Laissez-les, lui dit un autre, ce sont deux frères. »

Il trouvait étonnante et réjouissante la raison donnée par un Mexicain qui décida de vivre en France. Cet homme entendit un Français dire, en parlant de ses enfants : « Ce sont de vrais crétins. » Le seul pays, disait cet homme, où l'on puisse entendre une phrase aussi admirable. Il devint français.

Luis me raconta plusieurs fois, comme un épisode obscur, impénétrable, le suicide du philosophe Eugenio Imaz, directeur de la revue *Cruz y raya* et grand ami de José Bergamin. Imaz bavardait tranquillement dans un hall d'hôtel avec quelques amis, quand il leur dit : « Excusez-moi, je dois monter faire quelque chose dans ma chambre, je reviens. » Deux heures plus tard, comme il n'était pas redescendu, les autres montèrent, ouvrirent sa porte. Il s'était pendu dans sa penderie, avec ses bretelles.

Luis commentait aussi la mystérieuse fonction du *gafé*, ce mot espagnol qui désigne un personnage qu'il vaut mieux éviter, un homme marqué d'une mauvaise étoile, un porte-malheur. Il avait connu un capitaine, en Espagne, un vrai *gafé*, à qui personne n'adressait la parole. Quant à Jacinto Brau, un auteur de théâtre, il était le *gafé* à l'état pur. On ne pouvait même pas prononcer son nom. Au cours d'une conférence qu'il donnait en Argentine, un lustre tomba, blessant gravement plusieurs personnes.

Plusieurs voix, je le savais, ont accusé Buñuel d'être *gafé*. Parmi ces accusateurs il y eut Gustavo Alatriste lui-même, dont la voiture tomba en panne alors qu'il se rendait chez Luis. « Jamais arrivé avec cette voiture ! » criait-il. En outre il se cassa le bras en 1978, la même année où Serge Silberman, autre producteur de Luis, se brisa la jambe à New York.

Plusieurs acteurs qui travaillèrent avec Luis connurent des ennuis divers. Une comédienne d'origine tchèque, Myroslava, se suicida, juste après *La Vie criminelle d'Archibald de la Cruz (Ensayo de un crimen)*, par chagrin d'amour. Le toréador Dominguin, de qui elle était alors fort éprise, venait de lui refuser le mariage, donnant comme prétexte que sa mère exigeait qu'il épousât une aristocrate espagnole. En fait, il se maria avec une autre actrice, Lucia Bose.

Myroslava, par testament, demanda à être incinérée. Il se trouve que, dans le film de Buñuel, l'homme achète un mannequin à son image et le brûle dans un four.

Luis me raconta cette histoire à San José Purúa le 3 août 1978, le jour même de notre arrivée. À la table voisine se trouvait une dame seule qui nous interrompit pour nous dire : « Je m'appelle Myroslava. »

Les surréalistes appréciaient ces « hasards objectifs », qui n'ont aucune raison, même cachée, de se produire. Ainsi, toujours à San José Purúa, nos deux maillots de bain, attachés à la fenêtre de ma chambre pour sécher, disparurent le jour même où, dans le scénario de *La Voie lactée*, nous écrivions la scène où deux chasseurs se font voler leurs vêtements tandis qu'ils se baignent.

Cela faisait-il de Luis un *gafé* ? Pour parler franchement, je ne crois pas. Je l'ai fréquenté de près pendant quelque vingt ans (sans compter nos veillées récentes au cimetière Montparnasse), et il ne m'est jamais rien arrivé. Rien de grave, en tout cas. D'ailleurs, il me faisait confiance. Il m'avait demandé, au cas où on l'accuserait publiquement, de lui servir de témoin.

Je le fais volontiers.

J'ai une question à lui poser. Il m'écoute.

— Voilà, c'est assez simple, au fond. Nous sommes ici dans un pays ancien, cohérent, apparemment solide, organisé, démocratique, blotti dans un filet de lois de toutes sortes, qui prévoient tout, même l'imprévisible. Nous vivons entourés, à chaque pas, de mille témoignages d'un passé solide, souvent somptueux, qui nous font, quoi que vous en pensiez, une longue escorte de beauté. Nous traversons une période de paix exceptionnelle, qui dure depuis plus de cinquante ans, nous pouvons faire ce que nous voulons, nous ne dépendons d'aucun tyran extérieur, d'aucune religion contraignante, nous pouvons décider de notre système de vie, de nos relations avec les autres nations, de nos interdits, de notre justice, et nous n'arrivons pas à nous en sortir. Nous glissons sur la pente d'argile. Rien pour nous retenir. Comment expliquer ça ?

— Je ne suis pas là pour expliquer, je vous l'ai dit déjà plusieurs fois.

— Au moins aidez-moi à y voir plus clair. Écoutez, pour d'autres peuples, nous sommes même une terre d'attraction, un gâteau magique, presque un morceau de paradis. Ils risquent leur vie, et même ils la perdent, pour venir tendre la main sur nos trottoirs. Et nous, nous avons tout faux, nos paysans crèvent de faim, brandissent des fourches, se suicident, nos ouvriers sont licenciés par milliers, nos rues sont semées de mendiants, nos retraités tirent la langue, des jeunes gens vivent de charité. Comment est-ce possible ? Dites-moi !

— Les pays vieillissent, eux aussi. Ils se fatiguent, ils s'usent. Ils sont frappés de maladies, de sclérose sociale, de rhumatisme économique, avec des attaques terribles de temps en temps.

— Comme celle qui nous a tous frappés en 2008 ?

— Je ne sais pas. J'étais déjà mort, vous savez.

— Que faire, alors ? Il faut se soigner ?

— Naturellement.

— Mais comment ?

— Il faut d'abord se mettre au régime. Regardez comme l'Allemagne, dans les années 1930, nous a fait une crise aiguë d'hypertension. Et tout ce qu'il a fallu pour la calmer. Hein ? Combien de villes anéanties ? Combien de millions de morts ?

— Pour d'autres pays, c'est la déprime. Ou bien l'asthme. Des difficultés de respiration. Une sensation d'étouffement.

— Due à l'excès de sucre, me dit-il. Ou à l'excès de gras.

— En 2008, c'est l'argent qui a manqué, tout à coup. Pour des raisons encore assez peu claires. Plus rien dans les caisses. Il me semblait que nous étions comme un obèse, qui vient d'avoir une crise sérieuse, une rupture d'anévrisme, tous les médecins se sont précipités à son chevet, l'ont sauvé de justesse et lui ont dit : « Vite, vite, il faut se remettre à manger, à boire, à consommer ! Vite, vite ! »

— Étonnez-vous qu'à la prochaine crise il en crève.

— Pour vous rassurer tout à fait, lui dis-je alors (car je le sens un peu inquiet, malgré tout), sachez que le seul remède à nos malheurs, qu'on nous serine sur tous les tons, c'est que la croissance doit reprendre.

— Ils disent ça ?

— Ils ne disent que ça. Tous ceux qui ont droit à la parole. Que la croissance doit reprendre. Je crois bien qu'ils font brûler des cierges dans les ministères.

— Pour que la croissance reprenne ?

— Oui.

— Alors, c'est foutu.

— Foutu. Je vous le disais.

— On ne peut pas souffler perpétuellement dans le ballon. Un jour, il pète. Désolé pour vous et pour vos enfants.

— Et moi pour les vôtres.

— Au moins, ils pourront jouir du spectacle. Et puis, que voulez-vous, de toute façon c'était inscrit, c'était dans nos gènes, comme vous dites maintenant. Je vous parle de notre désir obscur de destruction.

— C'est plus qu'un désir, Luis.

— Oui, c'est un destin. (Un assez long moment de silence, encore.) Nous sommes venus sur cette Terre pour la détruire.

Dieu savait bien ce qu'il faisait. Dès le départ, nous étions programmés pour tout foutre en l'air. Nous portions avec nous notre ordre de mission.

— Et tout donne à croire que nous approchons de la fin. À une vitesse qui s'accélère d'elle-même, de mois en mois, de jour en jour. Et pour nous faire changer de cap, personne.

— Mais il faudrait changer de vie, mon cher ami ! Il faudrait renoncer aux puits de pétrole, aux aciéries, à la matière plastique, aux conteneurs multicolores, aux cargos qui dispersent un peu partout nos marchandises…

— Il faudrait même renoncer aux marchandises.

— Pour les puits de pétrole (une de ses vieilles idées, qui lui revient), ou les mines d'uranium, il faudrait les attaquer à coups d'explosions nucléaires. Là, au moins, elles serviraient à quelque chose, les bombes. Il faudrait tout casser, tout, mais c'est impossible, vous le savez bien. À moins que…

Ici, un autre silence. Je demande, naturellement :

— À moins que quoi ?

— Vous savez ce qu'il nous faudrait ?

— Quoi ?

— Moi, je m'en fous, vous pensez bien, mais pour vous, pour vos dernières années, pour vos enfants, pour tous les innocents du monde, surtout pour ceux qui ne sont pas encore nés, vous savez ce qu'il faudrait ? Vraiment ?

— Une révolution ?

— Mais non. Toujours cette naïveté agaçante. Arrêtez un peu. La révolution, c'est un mot, rien de plus. Vous devriez le savoir, tout de même, depuis le temps (il s'énerve un peu). Il faudrait quelque chose de beaucoup plus fort !

— Quoi, par exemple ?

— Ça va vous paraître drôle, ce que je vais vous dire, mais il nous faudrait un nouveau Jésus.

J'en reste sans voix.

— Oui, quelqu'un dans son genre. Mais en plus décidé, en plus radical. Il apparaîtrait, il parlerait à la radio, à la télévision, partout, et les gens l'écouteraient et le suivraient en masse. Partout dans le monde. Un séducteur immense. Ils s'agglutineraient derrière lui, et ils feraient ce qu'il leur dirait. Oui, les gens. Tous les gens. Par dizaines, par centaines de millions. Par milliards.

— Il ferait des miracles, lui aussi ?

— Ça, il faudrait voir.

— Les miracles, lui dis-je, c'est l'affaire de Dieu. Et comme il n'y a plus de Dieu…

— Ah ! (il m'interrompt d'un geste du bras). Toujours ce petit Français qui raisonne. Ce petit cerveau logique dans sa cage.

— Forcément. Je n'en ai pas d'autre.

— Comprenez que ce personnage-là, celui dont je vous parle, s'il se manifestait, sa pensée nous écraserait ! Il aurait des idées éblouissantes, irrésistibles ! Et le génie de la parole, des gestes, le sens des foules ! Voilà ce qu'il vous faudrait ! Un Christ, oui ! Un vrai ! Et qui commencerait par dire : « Éloignez de moi les enfants ! Je ne veux plus les voir ! Arrêtez-moi tout ça ! »

— Mais dites-moi : si ce nouveau messie apparaissait, s'il élevait la voix, s'il amassait des disciples, vous seriez le premier à l'insulter ! À le fuir ! À le crucifier, même, peut-être !

— Oui, c'est bien possible. Probable, même.

Cela m'avait frappé, le 11 Septembre, et je n'étais pas le seul. Alors que déjà les tours s'effondraient, ceux qui ne pouvaient pas s'enfuir de leurs bureaux continuaient, frénétiques, à tripatouiller des affaires. Jusqu'à ce que les fils de leurs ordinateurs grésillent et s'enflamment, jusqu'à ce qu'ils soient eux-mêmes précipités dans le désastre, ils achetaient et ils vendaient. Jusqu'au bout, comme les guerriers héroïques, autrefois, encerclés sur le champ de bataille, se battaient jusqu'à la mort, au lieu de se rendre.

— Nous en sommes là, lui dis-je. La catastrophe qui nous attend est moins visible, et beaucoup moins spectaculaire. Le poison qui brûle la Terre est plus lent, plus sournois, plus rampant. Mais aucune parcelle de la planète ne peut y échapper. Ni terre, ni mer.

— Vous me le garantissez, au moins ? Avec vous, j'ai toujours un doute.

— Un doute ?

— J'ai peur que vous ne vouliez à tout prix me faire plaisir.

Je proteste et je le rassure de mon mieux. Je lui dis que, pour les Hindous, au moins la chose est claire. Nous sommes entrés dans l'âge de Kâli, qui est celui de la destruction (un mot qui lui plaît, je commence à le savoir). Quoi que nous fassions, quoi que nous tentions, tout sera détruit. La Terre ne sera plus qu'un marécage gris et froid.

— Mais tout le monde a annoncé la fin des temps ! Depuis longtemps ! Et à grands coups de trompettes ! Vous le savez bien, l'orchestre de l'apocalypse fait partie du gala religieux. Il faut terroriser, avant de passer parmi les fidèles pour faire la quête. « S'il vous plaît, pour lutter contre la fin du monde… »

Peut-être. Oui, peut-être une fois de plus nous trompons-nous sur la menace. Peut-être n'est-ce qu'un frisson de surface. Je lui avoue que je n'en sais rien. Ceux qui disent que l'espèce humaine s'adaptera, qu'elle saura trouver la parade, sont des idiots, évidemment. L'espèce humaine ne s'est jamais adaptée, pas plus que les autres espèces. Mais elle passera peut-être à travers les mailles malgré elle, sans même se douter du péril. Sauvée, peut-être, malgré sa hargne et son avidité. Par quelque caprice du temps.

Pour le moment, la mort constitue-t-elle un remède à cette avidité ? Le seul remède ?

Je le lui demande, j'insiste. Il me répond, mais en hésitant :

— Pour certaines choses, oui, sans doute. Pour les progrès de la médecine, par exemple. Je m'en fous, vous pensez bien. Pour tout ce qui me concerne directement, ma santé, mon argent, mes douleurs, mon arthrose, mon emphysème : terminé. Plus aucun souci de tous ces côtés-là. Mais pour le reste... Bizarre. Non, une curiosité demeure. Rien de dramatique, mais tout de même.

— Curieux du néant ?

— Non, plutôt de...

— De quoi, Luis ?

Il ne répond pas, il reste un long moment silencieux, puis il me dit :

— Vous en ferez ce que vous voudrez, mais écoutez-moi. Après ça, je n'aurai plus rien à vous dire.

— Oui, quoi ?

— Je ne m'en suis que rarement douté de mon vivant. Maintenant, j'en suis sûr. Ou presque sûr. Enfin.

Il ferme un instant les yeux, les rouvre. Son regard est celui de saint Bruno dans les tableaux de Zurbarán, qu'il aimait tant. Un regard qui ne voit qu'en lui-même. Il me dit, presque mot pour mot (je note à toute vitesse, en sautant des mots) :

— C'est à la mort que nous devons tout. Tout ce que nous sommes, tout ce que nous avons fait, désiré, aimé, connu. Toute notre vie. Tout. Sans la mort, pensez-y un peu, que serions-nous ? Des ombres engluées dans une lassitude immortelle.

— Rien de plus ?

— Non, rien. Si en plus nous devions travailler chaque jour, durement, sans aucune fin promise, quel cauchemar ! Aller à l'usine, au bureau, et nous mettre en grève, pour l'éternité ! Ne pas dépérir, ne pas vieillir, quelle anomalie, quelle angoisse ! Nous n'aurions aucun sentiment, aucune émotion, nous n'aurions aucun sens du tragique, du temps, du commencement et de la fin. Rien ne nous distinguerait d'une pierre sur le chemin. Mon cher ami, toute beauté vient de la mort. Elle est la référence première et dernière, l'arbitre souverain, l'émotion suprême, elle est ce sans quoi nous ne serions pas. Car nous ne pouvons pas nous concevoir comme des vivants immuables. L'idée même nous en est interdite. Hors de nos sens, de notre esprit. Avoir peur de la mort est une absurdité. C'est la vie qui est effrayante.

— Difficile, aussi, dis-je. Presque impossible, pour beaucoup.

— Oui. Je le sais. (Un court silence.) Plus rien n'a de sens. Vous pouvez retourner ça de tous les côtés. Plus de désirs, plus de regrets, plus de joie, plus de peine, plus de malheur, plus de bien-être. La mort a pris toute la place. Elle se suffit, elle est souveraine. Elle ne se commente pas, ne se discute pas. Dans notre cas, elle tolère quelques instants de vie car elle sait bien que tout, bientôt, lui reviendra. Elle dure depuis des centaines de millions d'années et pour très longtemps encore, jusqu'à la fin dernière des mondes. Et là encore, elle ne disparaîtra pas. Elle est immortelle.

Il reste un instant sans parler, les yeux presque clos. Je ne vois pas sa poitrine se soulever quand il me dit :

— C'est peut-être pour ça que ces quelques moments de lucidité m'ont été offerts.

— Pour quoi exactement ?

— Pour que je comprenne enfin ce que j'ai cherché, comme d'autres, sans le savoir, toute ma vie. Et qui est très simple. Nous ne respirons, nous n'agissons, nous n'écrivons, et ainsi de suite, que par rapport à notre mort certaine.

— Même si, vivants, nous n'y pensons jamais ?

— Surtout dans ce cas-là. La mort est au fond de nous-mêmes, nous la portons comme un bébé. Oui, toute notre action, toute notre pensée reposent constamment sur elle. La mort est parfaite. Rien à retoucher. Elle est l'action suprême, elle est la substance de notre vie. Toute notre vie, nous sommes morts. (Sa voix se ralentit, s'affaiblit, je dois me pencher vers sa bouche.) Nous n'avons rien de plus profond, rien de plus incomparable, rien, aussi, de mieux partagé... Elle est notre inspiration perpétuelle, elle est notre solidarité, notre signe de ralliement, notre lien, notre mot de passe. Tout ce que nous avons cherché, partout, toujours, c'est elle.

Encore un court silence, puis :

— Et c'est pourquoi, mon cher ami, il faut l'aimer. Au fond, c'est tout ce qu'elle demande.

Il referme les yeux. Il me semble qu'il a fini.

Rien ne bouge dans ce corps étendu devant moi. Un instant plus tôt, il me parlait. Maintenant, silence.

J'arrange un peu sa veste, comme s'il attendait d'autres visiteurs, je regarde assez longuement son visage, puis je referme le couvercle du cercueil. J'ai pris l'habitude de ces gestes. Je les accomplis sans difficulté.

J'éteins la bougie, je m'en vais.

10

L'été 2010, que je passai, pour plus d'un mois, dans le Midi, fut riche de nouvelles mondiales que Luis, à mon retour, jugea « délicieuses » : une marée noire qui paraissait sans fin dans le golfe du Mexique (« Ils sont très forts, ils ont percé un abcès dans le foie de la Terre, une magnifique hémorragie ! »), des inondations bibliques au Pakistan, puis dans le nord de l'Inde, de vastes incendies en Russie, qui menaçaient les centrales nucléaires et bourraient de fumée le métro de Moscou.

Je lui demande :

— Et vous savez ce qu'ils ont fait, les Russes ?

— Non. Quoi ?

— Des prières. Ils ont prié Dieu pour la pluie. Comme autrefois, dans votre enfance, les gens le faisaient à Calanda. Des processions et des prières.

— Voilà à quoi Lénine et Staline ont conduit les Russes ! C'est merveilleux !

J'ajoute, pour répondre à ses questions habituelles (je me répète un peu, mais il lui arrive d'oublier), que la déforestation se poursuit à grande vitesse, que nous suçons et pompons la planète par tous les bouts, que les réserves d'oxygène de l'océan ne cessent de se restreindre, que des déchets en matière plastique forment des îles dans les mers, que les glaces fondent, plus vite même que nous ne pensions, que le nombre des espèces en danger (dont nous faisons dorénavant partie) s'accroît d'année en année et surtout, surtout, que rien de sérieux n'est entrepris pour lutter contre la menace.

On dirait un cantique qui se répéterait. Sans aucun effet, comme tout cantique.

Nous avons même connu, au début du mois d'octobre, des « boues rouges » dans les rivières de Hongrie. Des résidus de bauxite, et d'autres horreurs chimiques, ont tout dévasté, la terre et les eaux, jusqu'au Danube. Des villages se sont vidés, des terres sont mortes. Oublié, déjà ; comme est oublié le volcan d'Islande. Toujours cet oubli.

Le choléra attaqua Haïti. Un autre tsunami frappa l'Asie, à la fin du mois. Mais de celui-ci nous avons très peu entendu parler. Pas assez de morts.

Je me demande, et je lui demande, ce qui peut le réjouir dans la mort de plusieurs milliers de Pakistanais, et la détresse de millions d'autres, ou de ces Hongrois chassés de chez eux.

— Rien, me dit-il. Absolument rien. Ne vous méprenez pas sur mon rire. Je suis plein de compassion, comme vous dites, pour ces pauvres gens qui périssent. Et aussi, et plus encore, pour ceux qui ne sont pas morts et qui ont tout perdu. Non, ce n'est pas ça qui me fait rire.

— C'est quoi ?

— C'est l'attitude de la planète. La surprise. On la croyait soumise et docile, et voilà. Comme dans un film de Laurel et Hardy. Soudain tout s'écroule, le plancher, le plafond, les murs. C'est notre certitude démentie qui me fait rire. Notre arrogance impuissante. Des prières pour la pluie en Russie. Des usines dont on disait qu'elles étaient la richesse de la région, et qui la détruisent en quarante-huit heures. Et tout le reste, que nous ne savons pas. Mais ce n'est pas un rire de joie. Non, pas du tout. Je ne ris pas parce que je suis gai.

— Je croyais.

— C'est parce que vous vous en tenez, comme d'habitude, à des sentiments élémentaires. Je pleure, donc je suis triste. Je ris, donc je suis content. Mon cher ami, vous n'y êtes pas du tout.

Il ferme un instant les yeux, puis les rouvre. Chaque fois qu'il les ferme, j'ai peur qu'il ne les rouvre plus. Je lui souhaite alors de vivre encore longtemps, si la chose est possible, car il me reste tant de choses à entendre.

À mon retour de vacances, je lui ai dit ma joie d'être là, de le voir, de lui parler. Comme si une autre vie m'était donnée, à moi aussi, une vie qui recommencerait sans cesse, montée en boucle, inépuisable.

L'atmosphère, dans le caveau, s'est détendue. Nous avons abordé toutes les questions graves, nous avons décidé de l'avenir du monde, décidément compromis. Il est vrai que, du point de vue de la tombe, tout est sombre. Sombre et humide.

Il me dit un soir :

— La Terre est une poutre rongée par des termites. Personne ou presque n'y prend garde. Un beau jour, tout le toit s'effondre. Même les termites sont étonnés.

— Nous tordons le cou à la planète, lui dis-je de mon côté (j'en rajoute). Nous l'essorons comme un vieux chiffon. Il ne lui restera bientôt plus rien. Un déchet du système solaire. Qui continuera à tourner. Sans nous.

— Et dans ce déchet des milliards de fossiles. Un *Homo aragonensis*, entre autres. Que faisait-il dans un caveau de Montparnasse ?

Il nous reste à rire, encore et encore, à boire, à manger même. Je lui ai apporté du chorizo, du jambon espagnol et du fromage français, celui qu'il aimait tant, du brie. J'ai étalé une serviette sur une étagère et, à chacune de mes visites, nous partageons un pique-nique à la bougie. Ce n'est pas sans charme. Il ne mange et ne boit pas beaucoup, il avale lentement, mais il y prend un vrai plaisir, je le vois. Il me semble même, par moments, qu'un peu de rose apparaît sur ses joues.

Serait-il en train de ressusciter ? Va-t-il se lever et sortir ?

Quand nous préparions *La Voie lactée*, il nous arrivait de nous interroger (nous n'étions pas les premiers) sur la résurrection de Lazare. Comment se fait-il que Jean, le plus tardif des évangélistes, soit le seul à mentionner cet événement ? Les trois autres l'ont-ils tenu pour négligeable ? Ou pour incertain, imaginaire ? « Les disciples, me disait Luis, détestaient Lazare, qui était un con. Un riche con, dont ils étaient jaloux. Quand il a eu son attaque, et qu'il est tombé dans le coma, ils ont tout fait, aidés par la famille, pour qu'il ne revienne pas à la vie. Et d'ailleurs – ce que Jean oublie de dire – il est mort, à nouveau, une semaine plus tard. »

La « fin du monde », comme s'il la souhaitait. Pour ne pas disparaître seul. Pour éteindre notre planète en un seul souffle. J'hésite à lui dire que ceux qui l'annoncent le plus fièrement, le cataclysme du jugement suprême, ce sont d'un côté les évangélistes américains, les partisans de l'*intelligent design*, très attachés à la politique de l'État d'Israël (« Repentez-vous, repentez-vous, la fin est proche ! »), et d'un autre côté les fondamentalistes musulmans, leurs ennemis. L'image prophétique, et populaire, d'un avion fracassant des tours occidentales existait déjà, dans les pays musulmans, avant le 11 Septembre. Comment ces deux idéologies (si on peut dire) se rejoignent ? Par quel bout se donnent-elles la main ? Aurait-il une réponse ?

Je préfère ne pas me lancer dans les évangélistes et dans ce fondamentalisme universel, qu'il pressentait, quand il était vivant. Inutile de le troubler davantage. Assez de crétins enfiévrés. Il s'en énerverait, il n'en dormirait plus, peut-être.

Mieux vaut boire un verre de vin.

Je lui rappelle, pour l'amuser, que nous avions imaginé, autrefois, un homme qui répond au téléphone et qui dit : « Quoi ? Comment ? La fin du monde a eu lieu ? Vous en êtes sûr ? La fin du monde a eu lieu et on ne m'a pas prévenu ! Mais comment est-ce possible ? Moi qui n'attendais que ça ! Depuis si longtemps ! On aurait pu me prévenir, tout de même ! Et dites-moi : est-ce que cela s'est passé comme je l'avais annoncé ? Comment ? Je ne vous entends plus ! Je disais : est-ce que ça s'est passé comme j'avais dit que ça se passerait ? Quoi ? Mais répondez-moi ! Allô ? Allô ? Allô ? Vous êtes mort, ou quoi ? »

Nous nous racontons quelques histoires drôles d'autrefois, et je lui apprends même d'autres blagues qu'il ne connaît pas, et qui l'amusent. Qui invente les histoires drôles ? Malgré nos enquêtes, nous n'avons jamais pu le savoir. Des professionnels, sans doute, secrètement payés pour maintenir les peuples au calme, en les faisant rire. Mais non, cela se saurait. Et les auteurs réclameraient des droits, forcément.

Auteurs fantômes, donc, voix sans visage – et depuis si longtemps déjà. Nous en aurions besoin, dans notre Bibliothèque des Limbes.

Sa voix rauque, son sourire amical mais sardonique, que j'aperçois de temps en temps, le même, exactement, que dans mes rêves, un sourire complice et cependant secret, comme pour me dire, encore et encore : « Mon cher ami, que vous êtes naïf… Il y a tant de choses dont vous n'avez pas la moindre idée… Patientez un peu, vous verrez… »

Un soir, en sortant, j'emporte une bouteille vide – toujours du rioja – et je m'en débarrasse un peu plus loin, près d'une autre tombe.

Il nous arrive aussi, comme autrefois, de répéter plusieurs fois la même histoire. Lorsque Luis me parlait de sa vie, je notais dans un cahier – que j'ai gardé – le nombre de fois où il m'avait raconté, tout au long des années, tel ou tel épisode. En se répétant, il semblait vouloir empêcher le temps de se dérouler normalement, l'obliger à faire du surplace ou même à revenir en arrière. Piétinement obstiné de l'instant. Il s'agit peut-être d'une protection, ou d'un exorcisme à usage intime.

En racontant une histoire, nous empêchons une autre histoire de se produire. Pendant que je parle, si ce que je dis est intéressant, aucune mauvaise surprise n'est à craindre, aucune débâcle ne peut m'emporter. Lutte sans fin contre le silence et la mort. Ne jamais avouer, à qui que ce soit : « Mon histoire est finie. » Ou alors, si elle est finie, la recommencer.

En est-il de même avec notre vie ? S'achève-t-elle dès que nous commençons à la raconter ?

Je rentre chez moi, vers onze heures, et ma femme me demande d'où je viens. Il y a longtemps qu'elle ne croit plus à mes histoires de travail, le soir. Je le sais, je le vois dans ses yeux.

D'un autre côté, je ne pense pas qu'elle me soupçonne, à mon âge, de quelque escapade à répétition. Pas mon genre, elle me connaît.

Alors quoi ?

Je lui réponds sincèrement. Je lui dis tout, que je viens du cimetière Montparnasse, que Buñuel n'est pas mort, pas tout à fait mort, que je pénètre le soir dans son caveau, qu'il me parle de temps en temps, que je prends des notes. Je lui montre mon carnet.

— Buñuel te parle ?

Elle paraît étonnée, mais cela ne me surprend pas. Qui ne le serait pas ? Je lui dis que cela dure depuis des mois, que nous bavardons, que je lui apporte des journaux, que nous commentons les nouvelles, que même il mange un peu de jambon, maintenant, boit un peu de vin.

Sur le visage de ma femme, je devine, après l'étonnement, un passage d'inquiétude réelle. Elle me demande :

— Dans le cimetière Montparnasse ?

— Oui, dans son caveau.

— Tu es sûr de ce que tu dis ?

— Oui.

— Mais Buñuel n'est pas enterré au cimetière Montparnasse ! Il a été incinéré, au Mexique, et ses cendres ont été dispersées dans la montagne !

— Tu crois ?

— C'est toi qui me l'as dit ! Tu te disais même surpris par cette incinération. Il ne t'en avait jamais parlé, de son vivant. Souviens-toi.

Je me tais, j'essaie de réfléchir calmement. Ce n'est pas facile.

Incinéré ? Au Mexique ?

Ma femme dit encore :

— Le jour où il est mort, rappelle-toi, on t'a demandé de parler de lui à la télévision. Au journal télévisé. Moi, j'étais très jeune à l'époque, nous n'étions pas mariés, mais je te revois encore. Tu étais à Paris. Et il est mort à Mexico. J'en suis sûre. Tu étais en direct à la télévision. Je t'ai vu.

Elle a raison. Je commence à sentir qu'elle a raison. Je me souviens de cette télévision. Mais alors, que s'est-il passé ? Que m'est-il arrivé ? Ce carnet dans ma main, ces notes ? Je lui demande :

— Veux-tu venir avec moi ?

— Maintenant ?

— Oui, maintenant. J'ai besoin de toi. Tu n'as pas peur ?

— De quoi veux-tu que j'aie peur ? Allons-y.

Nous prenons un parapluie, car il pleut, un petit escabeau, et un taxi nous emporte. Je retrouve l'endroit où, ordinairement, je passe par-dessus la muraille. L'escabeau nous aide. Il est tard. Personne.

Nous nous avançons tous les deux dans les allées du cimetière, mais j'ai de la peine à reconnaître mon chemin. À plusieurs reprises, je dois revenir en arrière. Les allées se ressemblent, les lieux me paraissent plus vastes. Où donc est ce caveau ? Je crois l'apercevoir, mais je me suis trompé. La porte ne s'ouvre pas. Ce n'est pas celui-ci. Les autres soirs, je le trouvais facilement.

Incinéré à Mexico, c'est vrai. Je m'en souviens maintenant. Et ses cendres jetées dans la montagne, dans le Desierto de los leones. Nous avions même soupçonné, à l'époque, son fils Juan Luis et moi, un dominicain qui se trouvait là de les avoir emportées pour les disposer sur un autel, dans une chapelle anonyme, où quelques moines iraient les vénérer.

Je tourne en rond, je suis fatigué. Par moments, ma femme me saisit par le bras et me demande comment je me sens. Bien, lui dis-je, mais un peu… indécis, troublé.

Elle me demande :

— Tu es sûr que tu venais ici ?

— Absolument sûr. Une fois par mois, au moins. Tu as bien vu mes notes.

— Et tu ne retrouves pas la tombe ?

— Non. C'est comme… c'est comme si quelqu'un l'avait déplacée depuis tout à l'heure.

— Nous devrions rentrer. Tu vas prendre froid.

Elle a raison, bien sûr. Elle pense à quelque dérangement passager, à quelque folie hallucinatoire. Elle craint pour moi.

Nous déambulons encore un peu, puis je décide de la suivre, de rentrer. Dans un vieux roman bon marché, à ce moment-là, nous trouverions une bouteille de rioja posée contre une pierre tombale, dans le coin. Mais non. Pas de bouteille. Je cherche un peu : rien. Pas même une page de journal.

Au moment de franchir le mur, je regarde une dernière fois le cimetière. Parc silencieux, terre des morts. Les tombes recouvertes de marbre brillent sous la pluie. Les autres ne sont que des formes sombres.

FIN

FILMS RÉALISÉS PAR LUIS BUÑUEL

1929 *Un chien andalou*
1930 *L'Âge d'or*
1933 *Terre sans pain* (*Las Hurdes ou Tierra sin Pan*)
1946 *Tampico* (*Gran Casino*)
1949 *Le Grand Noceur* (*El gran Calavera*)
1950 *Los Olvidados* (*Les Réprouvés/Pitié pour eux*)
1951 *Susana la perverse* (*Susana, demonio y carne*)
1951 *Don Quintin l'amer* (*La Hija del Engaño*)
1951 *Une femme sans amour ou Pierre et Jean* (*Una Mujer sin Amor/ Cuando los hijos nos juzgan*)
1952 *La Montée au ciel* (*Subida al Cielo*)
1952 *Les Aventures de Robinson Crusoé* (*Aventuras de Robinson Crusoe*)
1953 *L'Enjôleuse* (*El Bruto*)
1953 *Tourments* (*Él*)
1953 *On a volé un tram* (*La Ilusión Viaja en Tranvía*)
1954 *Les Hauts de Hurlevent* (*Abismos de Pasión, Cumbres Borrascosas*)
1954 *Le Fleuve de la mort* (*El Río y la Muerte*)
1955 *La Vie criminelle d'Archibald de la Cruz* (*Ensayo de Un Crimen*)
1956 *Cela s'appelle l'aurore*
1956 *La Mort en ce jardin*
1958 *Nazarin*
1959 *La fièvre monte à El Pao*
1960 *La Jeune Fille* (*La Joven*)
1961 *Viridiana*
1962 *L'Ange exterminateur* (*El Ángel Exterminador*)
1963 *Le Journal d'une femme de chambre*
1964 *Simon du désert* (*Simón del Desierto*)
1967 *Belle de jour*
1969 *La Voie lactée*
1970 *Tristana*
1972 *Le Charme discret de la bourgeoisie*
1974 *Le Fantôme de la liberté*
1977 *Cet obscur objet du désir*

FILMS COÉCRITS AVEC JEAN-CLAUDE CARRIÈRE

1963 *Le Journal d'une femme de chambre*, avec Jeanne Moreau, Georges Géret, Michel Piccoli, Jean Ozenne, Daniel Ivernel, Muni

1967 *Belle de jour*, avec Catherine Deneuve, Jean Sorel, Michel Piccoli, Geneviève Page, Georges Marchal, Francisco Rabal, Françoise Fabian

1969 *La Voie lactée*, avec Paul Frankeur, Laurent Terzieff, Delphine Seyrig, Julien Guiomar, Julien Bertheau, Alain Cuny, Michel Piccoli

1972 *Le Charme discret de la bourgeoisie*, avec Fernando Rey, Paul Frankeur, Delphine Seyrig, Bulle Ogier, Jean-Pierre Cassel, Stéphane Audran, Julien Bertheau, François Maistre, Claude Piéplu, Michel Piccoli

1974 *Le Fantôme de la liberté*, avec Bernard Verley, Jean-Claude Brialy, Monica Vitti, Paul Frankeur, Michael Lonsdale, François Maistre, Jean Rochefort, Julien Bertheau, Claude Piéplu

1977 *Cet obscur objet du désir*, avec Fernando Rey, Carole Bouquet, Angela Molina, Piéral, Julien Bertheau

FILMS ÉCRITS PAR JEAN-CLAUDE CARRIÈRE

1961 *Rupture*, de Pierre Étaix (court-métrage), coréalisé

1961 *Heureux Anniversaire*, de Pierre Étaix (court-métrage), coréalisé

1963 *Le Soupirant*, de Pierre Étaix

1963 *Bestiaire d'amour*, de Gerald Calderon

1965 *Yoyo*, de Pierre Étaix

1965 *Viva María !*, de Louis Malle

1967 *Le Voleur*, de Louis Malle, d'après Georges Darien

1968 *La Pince à ongles* (court-métrage), écrit et réalisé par J.-C. Carrière

1968 *Tant qu'on a la santé*, de Pierre Étaix

1969 *La Piscine*, de Jacques Deray

1969 *Le Grand Amour*, de Pierre Étaix

1970 *Borsalino*, de Jacques Deray

1971 *Taking off*, de Miloš Forman

1971 *Un peu de soleil dans l'eau froide*, de Jacques Deray, d'après Françoise Sagan

1971 *L'Alliance*, de Christian de Chalonge, d'après son propre roman

1972 *Liza*, de Marco Ferreri, d'après Ennio Flaiano

1972 *Un homme est mort*, de Jacques Deray

1975 *La Chair de l'orchidée*, de Patrice Chéreau, d'après James Hadley Chase

1975 *Le Franc-Tireur*, de Maurice Failevic, télévision

1975 *Sérieux comme le plaisir*, de Robert Benayoun

1977 *Le Diable dans la boîte*, de Pierre Lary

1977 *Julie pot de colle*, de Philippe de Broca

1978 *Un papillon sur l'épaule*, de Jacques Deray

1978 *Le Jardinier récalcitrant*, de Maurice Failevic, télévision

1979 *Retour à la bien-aimée*, de Jean-François Adam

1979 *Le Tambour* (*Die Blechtrommel*), de Volker Schlöndorff, d'après Günter Grass

1979 *L'Associé*, de René Gainville, d'après Jenaro Prieto : *El Socio*

1980 *Les Étonnements d'un couple moderne*, de Pierre Boutron, télévision

1980 *Sauve qui peut (la vie)*, de Jean-Luc Godard

1982 *Le Retour de Martin Guerre*, de Daniel Vigne

1982 *Passion*, de Jean-Luc Godard (non crédité au générique)

1983 *Danton*, d'Andrzej Wajda

1983 *Credo*, de Jacques Deray, télévision

1983 *La Tragédie de Carmen*, de Peter Brook, d'après Prosper Mérimée et Georges Bizet

1984 *Un amour de Swann*, de Volker Schlöndorff, d'après Marcel Proust

1985 *Max mon amour*, de Nagisa Oshima

1988 *L'Insoutenable Légèreté de l'être*, de Philip Kaufman, d'après Milan Kundera

1989 *Le Mahabharata*, de Peter Brook, d'après l'épopée indienne

1989 *Bouvard et Pécuchet*, de Jean-Daniel Verhaeghe, d'après Gustave Flaubert, télévision

1989 *Valmont*, de Miloš Forman, d'après *Les Liaisons dangereuses* de Choderlos de Laclos

1990 *Milou en mai*, de Louis Malle

1990 *Cyrano de Bergerac*, de Jean-Paul Rappeneau, d'après Edmond Rostand

1992 *La Controverse de Valladolid*, de Jean-Daniel Verhaeghe, adapté de son propre récit, télévision

1992 *Le Retour de Casanova*, d'Édouard Niermans

1995 *Le Hussard sur le toit*, de Jean-Paul Rappeneau, d'après Jean Giono

1996 *Le Roi des aulnes* (*Der Unhold*), de Volker Schlöndorff, d'après Michel Tournier

2004 *Birth*, de Jonathan Glazer

2004 *Le Père Goriot*, de Jean-Daniel Verhaeghe, d'après Honoré de Balzac, télévision

2007 *Les Fantômes de Goya*, de Miloš Forman

2008 *Ulzhan*, de Volker Schlöndorff

2009 *Le Ruban blanc*, de Michael Haneke, contribution au scénario

DU MÊME AUTEUR
CHEZ ODILE JACOB

Tous en scène, 2007.

Fragilité, 2006.

Einstein, s'il vous plaît, 2005.

Entretiens sur la multitude du monde, avec Thibault Damour, 2002.

Cet ouvrage a été transcodé et mis en pages
chez Nord Compo (Villeneuve-d'Ascq)

N° d'édition : 7381-2625-Y
Dépôt légal : avril 2011

Inscrivez-vous à notre newsletter !

Vous serez ainsi régulièrement informé(e)
de nos nouvelles parutions et de nos actualités :

https://www.odilejacob.fr/newsletter

www.ingramcontent.com/pod-product-compliance
Lightning Source LLC
LaVergne TN
LVHW020705110826
845149LV00012B/2114
9782738126252